W. St. Reymont

Die Empörung

W. ST. REYMONT

DIE EMPÖRUNG

EINE GESCHICHTE VOM AUFSTAND DER TIERE

Aus dem Polnischen
von Jean Paul d'Ardeschah

Mit einem Nachwort von Martin Pollack

Westhafen

Die Deutsche Nationalbibliothek verzeichnet diese Publikation in der Deutschen Nationalbibliografie; detaillierte bibliografische Angaben sind im Internet über http://dnb.dnb.de abrufbar.

Die deutsche Erstausgabe von W. St. Reymonts Roman »Die Empörung« erschien 1927 im Rhein-Verlag, Basel. Ungleichmäßigkeiten im Schriftbild dieses Nachdrucks sind der Druckqualität und dem Erhaltungszustand der verwendeten Vorlage geschuldet.

Titelbild: »Heulender Wolf«, © Franziska Heß
Druck und Herstellung: BoD – Books on Demand, Norderstedt
Gedruckt auf FSC®-zertifiziertem Papier (Lizenzcode: C105338)

Westhafen Verlag
Thomas Jaeger
Am Höllenberg 36
60437 Frankfurt am Main

www.westhafenverlag.de
www.facebook.com/westhafenverlag

ISBN 978-3-942836-12-8

ERSTER TEIL

1.

IM WIRTSCHAFTSHOF

Jetzt wollen wir abrechnen, du Stinkhund!" schrie das Weib triumphierend, nachdem sie Rex in die Küchenecke gejagt hatte, und begann auf das hingekauerte Tier mit dem Ofenhaken dreinzuschlagen, bei jedem Hieb ihm verbissen seine Gewissensrechnung vorzählend: „Da hast du für den Braten! Da, für die gestrige Wurst! Da für die Truthennen!" — Der Hund wand sich unter den niedersausenden Schlägen und leckte unter flehendem Winseln die Füsse seiner Herrin. — „Und da hast du für die Dachshunde, du dreckiger Bauernköter, damit du dir merkst, dass du von den herrschaftlichen Hündchen abbleiben sollst, du Aas! Und da, dass dich endlich einmal der Teufel hole!"
Damit versetzte sie dem Hund einen solchen Schlag auf den Kopf, dass er aufheulte, das Weib mit gefletschten Zähnen ansprang, sie mitten in der Küche zu Boden riss und davonrannte. Sie stürzte ihm mit lautem Fluchgeschrei nach.
Aber Rex war schon im nahen Dickicht der Flieder- und Akazienbüsche verschwunden. Er versuchte, obgleich arg zerschunden, mit dem letzten Rest seiner Kräfte ein besseres Versteck kriechend zu erreichen, als von der Küche her abermals gellendes Geschrei ertönte.
Die Wirtschafterin hielt den Stummen an den Zotteln fest und hieb erbarmungslos auf ihn ein. „Du niederträchtiger Wechselbalg! Du bist ja noch viel schlimmer als der räudige Hund. Deine

Kaldaunen werd ich dir herausprügeln, du schlimmer Dieb! So was füttert man auf aus Gnade, und das will noch stehlen!"

Sie brüllte aus Leibeskräften, und da der Junge ebenfalls markerschütternd schrie und sich vergeblich der eisernen Umklammerung ihrer Krallen zu entreissen versuchte, geriet der ganze Wirtschaftshof des Herrenhauses in Aufruhr. Die Kettenhunde begannen an ihren Ketten zu zerren und zu winseln. Aus den Hühnervolieren wurde erschrockenes Gegacker vernehmbar. Die Perlhühner flüchteten mit ängstlichem Geschrei auf die anliegenden Dächer. Die Tauben flatterten davon, um sich in den Bäumen am Brunnen zu verstecken. Die erregten Truthähne blähten ihre korallenroten Warzen und Schwänze auf und trippelten unter drohendem Kollern erregt auf der Stelle umher. Die Pfauen flogen von der Veranda des Herrenhauses herbei, entfalteten die regenbogenfarbenen Reife ihrer Räder und brachen in ein verächtliches Kreischen aus. Selbst die Hausherrin eilte aus dem Schloss herbei, hinter ihr das Gutsbesitzerssöhnchen mit der Flinte, die jungen Fräulein mit ihren Puppen im Arm und die beiden Dachshunde, die sich mit schlangenartigen Bewegungen um ihre Herrschaft eifrig zu schaffen machten.

Da liess die Wirtschafterin den Stummen endlich los und gab ihren Tränen und Klagen freien Lauf.

Der Stumme sprang in die Büsche und sank wie ein Stück Holz neben Rex zu Boden.
Sie lagen beide da, ganz erschöpft und kaum mehr bei Sinnen — beide im gleichen Masse verprügelt und beide gleich unglücklich.
Die Sonne wärmte, und ein laues Lüftchen drang durch die Büsche; das Säuseln der Blätter und das Summen verschiedener Insekten klang so süss und einlullend, dass die beiden alsbald in Schlaf sanken. Und noch im Schlaf war es, als ob sie sich über das ihnen geschehene Unrecht beklagen wollten, denn ein leises Winseln und klägliches Schluchzen mischte sich in ihre Atemzüge. Plötzlich und lautlos erschien in ihrem Versteck ein grosser schwarzer Kater, ein Freund von Rex aus vergangenen Tagen, und schmiegte sich, nachdem er behutsam herumgeschnuppert hatte, mit mitleidsvollem Schnurren an den Hund an. Dann liessen sich ein paar Krähen auf die niederhängenden Zweige der Akazienbäume herab und bohrten ihre diebischen Augen ins Dickicht; sie wetzten unaufhörlich ihre Schnäbel und versuchten, immer frecher werdend, sich noch tiefer herunterzulassen.
„Ich bin noch nicht verreckt!...“ knurrte Rex, sie mit gehässigem Blick anstarrend; er leckte das blutige und verweinte Gesicht des Stummen ab und zerrte mit einem festen Ruck an seinen Kleidern, bis der Junge aufwachte.
„Wir müssen weglaufen, sonst spüren sie uns noch

auf...“ stotterte der Junge; sie verstanden einander vortrefflich.
„Ich warte, bis es Abend wird! Sie werden mich noch tot schlagen, und verteidigen kann ich mich nicht.“
„Die hat dich aber zugerichtet!“ klagte der Stumme, dem Freunde die Seiten und die vereiterten Augen mit einem Grasbüschel abwischend. Rex liess ab und zu ein dankbares Winseln vernehmen.
„Jag' diese niederträchtigen Schnäbel fort“ — knurrte er dem Kater zu. „Diese Stinkluder, die sind noch viel schlimmer als die Menschen.“
„Ich bringe dich bis zum Kuhstall, da kenne ich ein gutes Plätzchen unter den Krippen,“ schlug der Stumme vor.
„Es ist doch gleich Mittagszeit, und diese Herumtreiber von Schäferhunden könnten mich noch 'rankriegen. Ich bin ganz ausser Kräften. Und Durst hab ich... einen Durst...!“
„Ich will mal nachsehen, ob da nicht einer am Brunnen ist,“ flüsterte der Kater besorgt.
„Bleib ruhig liegen, ich werde schon für Wasser sorgen.“
Bald darauf brachte er Wasser in einem Tonscherben und hielt es dem Freunde hin.
„Aber die Täubchen hast du mir ausgeholt,“ warf er dem Kater hin.
„Dem Schmied sein Jendrek hat sie ausgeholt, das Mutterschwein hat es gesehen, sie kann es bezeugen. Ein Räuber ist der, er hat auch die jungen

Spatzen unter dem Storchnest weggeholt; selbst den Elstern hat er die Kleinen weggefangen, wofür mich die Alte so angefallen hat, dass ich kaum mit heiler Haut davongekommen bin. Ein Dieb ist das, und jetzt sucht er nach den Nachtigallennestern. Die Lora hat ihn selbst schon deswegen angeschrien."

„Und lass du nur den Papagei in Ruh!" knurrte Rex drohend.

„Dem Schmied sein Jendrek! Na warte, du Hundsfott! Ich geh jetzt die Gänse vom Feld eintreiben und dann bring ich dir was vom Mittagessen. Bleib hier und warte auf mich!" Er steckte die Finger in den Mund und stiess einen so durchdringenden Pfiff aus, dass die aufgescheuchten Krähen auf und davon flogen.

Auch der Kater schlich weg, behutsam und auf Umwegen die Richtung nach der Gesindeküche nehmend.

Gerade erklang die Mittagsglocke, und der Wirtschaftshof füllte sich mit einem wachsenden Lärm von Tier- und Menschenstimmen, mit dumpfem Wagenrollen und dem schweren Getrampel der zusammengetriebenen Herden. Das Knarren der Brunnenschwengel wurde laut. Aus den Schweineställen kam ungeduldiges Gegrunze. Die Schwalben zwitscherten lauter auf und wurden plötzlich still, und dann war es, als ob alle Stimmen in der Sonnenglut verbrannt wären und in der lähmenden Stille des heissen Sommermittags zerstäubten.

Rex leckte seine Wunden ab und wachte. Zuweilen spitzte er die Ohren, hob ab und zu den Kopf und schnüffelte in der Luft herum; dann wieder begann er einzuschlafen, leise vor sich hinwinselnd.

Die Sonne sang ihren Mittagshymnus: die glühende Luft erzitterte von der Musik der Strahlen, und alle Stimmen der Natur, in ihrer grossen Unendlichkeit, flossen zusammen zur goldenen Symphonie des Lichts. Alles wurde Klang, Farbe und gespenstiger Umriss zugleich. Die Mittagsgöttin mit dem Habicht auf dem Haupte schwebte über dem Lande, und was ihr goldener Kleidersaum berührte, verdorrte zu Staub; wohin ihr Blick fiel, der gelb war wie die Blume des Bilsenkrautes, da erntete der Tod reichen Ertrag: hier fiel ein Vogel tot vom Zweig, dort welkte eine Blume dahin, weiter starben Käfer, und selbst die glitzernden Bäche verschleierten sich ohnmächtig unter dem Hauch der Hitze. Auch Rex duckte sich, ängstlich bebend, und schmiegte seinen Kopf an den feuchten Boden, zwischen den kühlenden Gräsern. Die Mittagsgöttin schwebte lautlos vorüber, und hinter ihr schleppten sich die ängstlichen Rufe der Kreatur und die finsteren Furchen der Schatten, die sich in das Sonnenlicht eingruben.

Der Hund aber liess sich in seinem schmerzlichen Halbschlummer von allerhand Erinnerungen überwältigen. Und der ferne Glanz vergangener Zeiten machte ihn sein Elend vergessen. Der Glanz jener

Zeiten, in denen ihn eine unzertrennliche Kameradschaft mit allen Insassen des Herrenhofs verband: damals, als er sich noch auf den Teppichen rekeln durfte, geliebt und gestreichelt wurde. Wenn es der Herr befahl, war er bereit, dem eigenen Bruder-Hund zu Leibe zu gehen oder gar einen Menschen in Stücke zu reissen. Er ging doch ganz allein auf die Wolfsjagd. Ganz allein jagte er die Wildeber aus ihren sumpfigen Schlupfwinkeln heraus. Wenn seine donnernde Stimme erklang, zitterte alles im Hof, im Park und auf den Feldern. Selbst die Stiere konnten seinen Zähnen nicht standhalten. Und wie war das nun gekommen? Wie konnte das geschehen, dass er jetzt ein herrenloser Bettler war? Dass er in Verachtung, Elend, Verlassenheit seine Tage dahinschleppen und schäbigen Abfall stehlen musste, um zu leben? Er konnte es nicht begreifen. Der Schmerz wühlte mit eisernen Krallen dermassen in seinen Eingeweiden, dass er sich jäh emporreckte und verzweifelt aufheulte. Er war von gewaltigem Wuchs, fahlgelb wie ein Löwe, und trotz der eingefallenen Seiten und des mit Wunden bedeckten Rückens sah er noch drohend und mächtig aus. Er liess seine blutunterlaufenen Augen rollen, fletschte die grossen scharfen Zähne, und ohne auf seinen Schmerz zu achten, schleppte er sich entschlossen zur hohen Säulenlaube des Herrenhauses, zu jedem Kampf bereit, um nur zu seinem Herrn zu gelangen und ihm sein Leid klagen zu dürfen. Alles war leer, und die Türen zur Vorhalle standen sperrangelweit offen. Er betrat kühn das Innere des Hauses, blieb einen Augenblick unentschlossen stehen, witterte in der Luft umher und schlich weiter durch die lange Zimmerflucht. Er durchlief ein Zimmer nach dem andern, blieb in jedem stehen, die Gegenstände beschnüffelnd und beäugend. Immer langsamer kam er vorwärts, wie von einer Last bedrückt. Viele längst vergangene Düfte erweckten in ihm die Erinnerung an jene vergangenen Tage. Ersterbende Laute, der Atem nicht mehr lebender Dinge, gespenstige Spiegelungen gewesener Menschen irrten durch die grossen düsteren Räume. Jeder Gegenstand erzählte ihm eine lange Geschichte, bis er mit einemmal wieder fühlte und wusste, was hier geschehen war. In einem Zimmer, in dem an den Wänden verschiedenes Jagdgerät glänzte, stellte er sich auf die Hinterpfoten, streckte sich bis zur Höhe der altgewohnten Dinge und entdeckte unter verwittertem Pulverdunst und dem scharfen Geruch der Waffen die Witterung seines Herrn. Die Erinnerung liess aus dunklen Höhlen immer lebendigere Bilder aufsteigen. Er streckte sich vor dem erloschenen Kamin auf dem flauschigen weissen Bärenfell aus. Es war ihm, als fühlte er die Wärme des Herdfeuers und die liebkosende Hand des Herrn auf seinem Rücken, sodass er vor Freude aufwinselte und seine Zunge herausstreckte, um ihn zu lecken — aber es war niemand da. Draussen hinter dem Fenster zwitscherten die Vögel, spielte das Sonnenlicht und flüsterten die Bäume. Er flüchtete in den Nebensaal, der einsam im Halbdunkel lag; Fliegen summten hinter den halbverschlossenen Fensterläden. Die riesigen Spiegel waren mit Flor verhangen. Die Luft war schwül und muffig und erinnerte an den Geruch, der aus geöffneten Kirchentüren strömt. In der Mitte des Saales duckte er sich ängstlich, denn es umfing ihn plötzlich etwas wie Leichenhauch. Er konnte nicht begreifen. Ein Zittern durchrieselte ihn, und unruhig liess er seine Augen über die Wände schweifen, von denen grosse Gestalten mit unbeweglichen Blicken auf ihn niederschauten. Er kuschte sich, denn sie schienen so streng auf ihn zu blicken, dass ihn die Angst befiel. Er wollte schon an den Wänden entlang davonschleichen, als er mit einemmal seinen Herrn erblickte — er sass zwischen den beiden Fenstern und hatte einen grossen Hundekopf auf seinen Knien. Rex liess ein eifersüchtiges Knurren hören, kroch dann aber leise winselnd näher, mit dem Schweif gegen den Fussboden klopfend. Der Herr rührte sich nicht, rief ihm nicht zu.

Rex sprang zurück wie in Furcht vor einem jähen Hieb, dann aber fiel er ihm wieder zu Füssen, und gestand ihm, die tränenden Augen auf ihn geheftet, mit abgerissenem Jaulen sein Elend und sein Unglück.

Ein grauer Schatten schien sich vom Bilde zu lösen — unbestimmt in seiner Formlosigkeit und wie verweht, schwebte er zuckend auf ihn zu. Rex wurde von plötzlicher Furcht gepackt. Sein Fell sträubte sich, und mit den Zähnen klappernd zog er sich zurück, Laute wilden Entsetzens von sich gebend. Lange noch konnte er im Nebenzimmer nicht zu Atem kommen und wagte nicht, sich zu rühren, wie erstarrt vor Furcht und vor unwiderstehlichem Verlangen, seinen Herrn noch einmal wiederzusehen. Aber er fand doch den Mut nicht mehr, den Saal abermals zu betreten, witterte noch einmal in der Luft herum, kniff den Schwanz ein und rannte in die kleinen Zimmer, die ganz in Sonne badeten. Auch da war kein Mensch zu sehen.

Durch die offenen Fenster drang die Musik des Gartens und die Freude des Lichts herein. Er stiess mit der Nase gegen verschiedene Spielsachen, die da herumlagen, beleckte einige liebkosend, und wandte sich, nachdem er sich an all den lieben Düften gesättigt hatte, der grossen Gartenterrasse zu, die von einem Zelt blühender Rosen und Winden überschattet war.

Ein erquickender Schatten, von Sonnenflecken durchsiebt, breitete sich dort aus, und in den Ecken, in alten Ledersesseln wartete süsse, beruhigende Kühle.

Eine Garbe lebendigen Wassers glitzerte und funkelte vor der Gartenterrasse.

„Rex! Rex!“ kreischte der Papagei in seinem goldenen Reif ihm freudig entgegen.

„Ich hab dich gesucht!“ knurrte er zurück und legte sich wie einst in einem der Sessel zurecht. Sie lebten seit langem in grosser Freundschaft. Lora flatterte auf die Lehne seines Sessels und begann ihm mit kreischender Stimme allerhand Neuigkeiten zu erzählen, dabei unaufhörlich mit den Flügeln schlagend. Er hatte noch nicht Zeit gehabt, der Freundin alles zu beichten, als mit lautem Gejaffel die Dachshunde auf die Gartenterrasse stürzten. Hinterdrein erschienen die Hausherrin, das junge Herrensöhnchen mit seiner Flinte und ein ganzer Haufen Menschen.
„Lauf! Lauf!“ schluchzte Lora auf.
Aber es war schon zu spät. Die Gutsherrin fiel, laut schreiend, über ihn her:
„Mach, dass du raus kommst! Raus von hier, du abscheuliches Tier! So ein widerwärtiger Hund! Raus!“
Und zugleich fühlte er die Zähne der Dachshunde in seinen Beinen und schmerzliche schwere Hiebe auf seinem Rücken.
Wütend über die Erniedrigung und den Schmerz, langte er sich mit einem mächtigen Griff die beiden elenden Dackel und begann sie erbarmungslos zu zausen, ohne auf das Geschrei der Menschen, das über ihn strömende Wasser und die dicht hintereinander niederhagelnden Stockhiebe zu achten.
„Lauf! Lauf! Rex! Rex!“ schluchzte der Papagei unaufhörlich.

Er schüttelte schliesslich die Angreifer von sich ab und gelangte mit einem kühnen Löwensprung auf die Rasenfläche vor der Terrasse. Doch bevor er das Gebüsch erreicht hatte, prasselte etwas wie eine Handvoll von beissenden Kieselsteinen gegen seine Rippen, und ein Knall erschütterte die Luft. Unter diesem furchtbaren Schlag vergrub er den Kopf ins Gras; aber noch einmal raffte er den Rest seiner Kräfte zusammen und warf sich unter das tief herabhängende Gezweig einiger in der Nähe wachsender Tannenbäume. Abermals erdröhnte ein Schuss, und kleine Tannenzweiglein rieselten auf ihn herab, wie eine Flut grüner Tränen. Ohne länger zu warten, kroch er durch das Gartengestrüpp zum Wirtschaftshof hinüber, in die Nähe der Kuhställe; dort verbarg er sich in einer Hundehütte und brach fast bewusstlos vor Schmerz zusammen. Der alte Kettenhund Krutschek trat ihm sofort sein Lager ab und heulte, wütend an seiner Kette zerrend, als wollte er um Hilfe rufen.

„O, diese tollen Wölfe! und das wollen Menschen sein!“ klagte der Stumme, der von den Elstern unterrichtet worden war und angelaufen kam, um dem Freund beizustehen. Er besprengte ihn mit Wasser und schob ihm etwas Milch zu.

„Trink, Bruder! Ich habe soeben für dich eine Kuh gemolken,“ sagte er und betastete vorsichtig seine Rippen.

„Im Herrenhaus haben sie mich geschlagen, im

Herrenhaus!“ jammerte Rex kläglich und zitterte unter plötzlichen Kälteschauern und dem Gefühl jähen, stechenden Schmerzes.
Der Bursche hüllte ihn wie ein krankes Kind in Säcke ein, streichelte ihn zärtlich und wandte sich an Krutschek:
„Wenn du ihm etwas antust, dann werde ich dich wie einen Hund erschlagen!“ Darauf rannte er zu seinen Gänsen zurück.
Und es kamen schwere Tage, in denen Rex zwischen Leben und Tod schwebte — seine Wunden zehrten an ihm, die Sonne sengte erbarmungslos, die Fliegen quälten ihn; aber am schwersten zu ertragen war seine trübe Einsamkeit.
Nur die Nächte brachten Kühle und Linderung. Der Stumme trug ihm Wasser und Essen herbei, und lange Stunden beweinten sie zusammen ihr gemeinsames Los. Er hatte nämlich erfahren, dass man Rex suchte, um ihn totzuschlagen, und ihn selbst wollte man vom Hof jagen.
„Ich spring in den Teich, dann ist es zu Ende! Was soll ich noch!“ beschloss der Junge. „Aber du tust mir leid, du Aermster! Fortlaufen musst du in die weite Welt! Und was sollst du da beginnen?“ jammerte er.
„Wenn ich erst wieder gesund wäre!“ stöhnte Rex und leckte den Jungen voll Dankbarkeit.
„Wir geben ihn nicht heraus!“ knurrte Krutschek kampfbereit.
Er teilte mit Rex nicht nur sein Lager, sondern

auch jede Schüssel Essen und alles, was er in den freien Nächten erjagte.

Und ausserdem hatte sich der ganze Hof verschworen, Rexens Versteck vor den Menschen geheim zu halten.

Der Stumme hatte nämlich wissen lassen, dass er jedem, und wenn es selbst ein Reithengst wäre, die Beine ausrenken würde, der es wagen sollte, Rex zu verraten. So heilte sich dieser denn in aller Stille langsam aus, vom allgemeinen Wohlwollen umgeben. Selbst die Schäferhunde trugen ihm die ehemaligen Kämpfe um die Hühnerhündin nicht nach und besuchten ihn insgeheim. Allmorgendlich begrüssten ihn mit ihrem Brüllen die auf die Weiden ausziehenden Herden. Zuweilen, zur Mittagszeit, wenn alles von der Tränke zurückkehrte, neigte sich ein gehörnter Kopf über die Hundehütte. Die Pferde wieherten leise auf und witterten in seiner Richtung. Die sorglosen Füllen, die die Peitsche noch nicht kannten, spielten mit ihm, nach seinen Ohren mit ihren weichen, warmen Lippen greifend. Die stets verängstigten Schafe blökten mitleidig über sein trauriges Los. Und die Mutterschweine suchten sich mit Vorliebe einen Platz in der Sonne neben dem Kuhstall aus, rekelten sich dort nachlässig herum, boten ihren Ferkeln die Zitzen, und unter den Stössen ihrer gierigen Köpfe aufstöhnend, betrachteten sie Rex mit ihren grauen, ausdruckslosen Aeuglein, ihm dabei allerhand Neuigkeiten zugrunzend. Oefters

hörte er durch die Wand des Kuhstalls, wie die Ochsen, wiederkauend und mit den triefenden Mäulern schmatzend, über Arbeit, Schläge und Hunger klagten und dabei auch seiner gedachten. Am meisten Gefühl zeigte ihm aber der Esel, welcher auf Gnadenbrot lebte. Er war alt wie die Welt, räudig und schmutzig, stets mit Kot und Asche besudelt, von allen bekam er Schläge, alle verachteten ihn, machten sich über ihn lustig und jagten ihn von sich. Menschen und Tiere misshandelten ihn in gleichem Masse.
Die Bekanntschaft war alt, noch aus den Zeiten, als der Esel das Herrensöhnchen im Wagen spazieren fuhr und Rex die beiden bewachte. Zu dreien trieben sie sich auf den Feldern umher, wenn der Gutsherr es nicht merkte.
Der arme Esel kam alltäglich, ihm einen Besuch zu machen, blieb lange mit gesenktem Kopf und herabhängenden Ohren vor der Hundehütte stehen und klagte mit so herzzerreissender Stimme, dass Krutschek vor Entsetzen aufheulte, und der Stumme ihn mit dem Stock beruhigen und fortjagen musste. Trotz der Schläge und der Beleidigung kehrte der Esel jedoch hartnäckig zurück und hörte mit seinem endlosen Klagen nicht auf.
Auch das Geflügel nahm regen Anteil an Rexens Schicksal; alltäglich wurden auf allen Zäunen seinetwegen lärmige Meetings abgehalten, voll Gegacker, Gekoller, Gepieps und Gekreisch. Und eine der Glucken, durch Krutscheks Verträglich-

keit ermutigt, quartierte sich sogar mit ihrer ganzen jungen Brut bei Rex ein, ihm endlos über die Tugenden ihrer Kinder allerhand Gewichtiges vorglucksend. Nur die Pfauen hielten sich stolz abseits, wie immer, und trugen unveränderlich ihre Verachtung zur Schau. Und auch die Krähen spionierten in angemessenem Abstand von den Dächern aus, ihrer angeborenen Art gemäss, was in der Hundehütte geschah, und warteten geduldig auf alles, was kommen konnte.

Sie warteten jedoch vergeblich, denn Rex erholte sich, obwohl er mit jedem Tag düsterer und verschlossener aussah. Allerlei Gedanken, Gefühle und Einsichten schienen ihn zu drücken. Er hatte angefangen, die Welt aus der Tiefe seines Elends und seiner Verlassenheit zu betrachten. Früher hatte er sich nicht darum gekümmert, was ausserhalb des Herrenhofes geschah: er hatte wie sein Herr gefühlt und sein Verhältnis zur Welt war ein fast menschliches gewesen.

Die ganze Kreatur war dazu da, um abgewürgt, gejagt oder zum Spielzeug gebraucht zu werden. Je nachdem es der Herr befohlen hatte. Es hatte ihn von allen anderen ein unermesslicher Abgrund fast menschenähnlichen Seins getrennt. Nun hatte man ihn vom Herrenhof fortgejagt, ihn in die Tiefe des Elends hinabgestossen. Immer stärker empfand er das Unrecht, das man ihm angetan hatte. Das war eine Wunde, die nicht heilen wollte, und aus der das wilde Verlangen nach Vergeltung in sein Herz hinübersickerte. In solchen Augenblicken wäre er bereit gewesen, selbst die Kinder der Menschen, für welche er sonst so eingenommen war, zu zerfleischen, und hätte mit Genuss ihr heisses Blut geschlürft. In den langen Nächten seiner Krankheit und während der noch länger dünkenden schlaflosen Tage, sann er darüber nach, wie er sie mit seiner Rache erreichen könnte.

Er verbiss sich so in seinen Hass, dass schon allein der Dunst eines Menschen einen unaussprechlichen Ekel und ein immer stärkeres Grauen in ihm erweckte. In seinen Grübeleien wurde er sich der menschlichen Macht immer stärker bewusst. Sie wuchs vor ihm empor zu einem grenzenlosen Grauen. Wie kann man sich an einem Wirbelsturm rächen? Wie gegen ein Gewitter wahren? Kann man mit seinen Zähnen den Blitz packen? Hilflose Verzweiflung durchbohrte ihn, wie mit Messern. Dieser Zweifüssler war doch der unumschränkte Herrscher der Welt. Unter seiner grausamen Gewalt lebte alle Kreatur. Er war fähig, Tod und Leben auszuteilen. Alles war in seiner Macht! Er der Schöpfer und zugleich der Henker alles Lebendigen.

Jetzt erst hatte er diese furchtbare Wahrheit erkannt. Durch Krankheit an sein Lager gefesselt, entwickelte er sich zum Seher dessen, was ringsum geschah. Nicht ein Schrei, nicht eine Klage oder ein Unrecht entgingen seiner Aufmerksamkeit. Die Nächte vor allem waren vom unaufhörlichen Klagegeschrei aller Kreatur erfüllt: das unterdrückte Aufbrüllen der Ochsen gab ihm Kunde von tödlicher Fron, von zahllosen Stockhieben, wundgeschlagenen Flanken und Hungertagen. Die mit Peitschenhieben bedachten Pferde wieherten lange und schmerzlich. Die Sehnsucht der Kühe, denen man ihre Kälber entführt hatte, verriet sich in langem untröstlichem Gebrüll. Auch aus den Schaf- und Schweineställen und Hühnerhäusern stiegen dumpfe Klageschreie und Angstrufe auf. Die blutende Erde stöhnte, Wälder, von der Axt der Holzhauer verletzt, stiessen Flüche aus, das Wasser, das der Mensch in seinem Lauf vergewaltigte, rauschte empört. Von allen Seiten — von Feldern und Gehöften stiegen die uralten, nimmer gestillten Klagelaute der Leidenden, Vergewaltigten und Hingemordeten. Die ganze Erde und der ganze Luftkreis zeugten von der Grausamkeit des Menschen.

Auf einer Pyramide von Leichen errichtete er den Thron seines Herrschertums.

Man konnte ihn weder besiegen, noch ihm entkommen — wie man dem Tod nicht entkommen kann. In Rex grollte die Wut wie Meeresbrandung, die hilflos gegen die Granitfelsen anrennt. Eines Morgens hörte er das verzweifelte Gequiek einiger Masteber, die man auf einen Schlächterwagen auflud; schmerzlich berührt von ihren Hilferufen, knurrte er.

„Schon wieder wollen sie unsere Brüder umbringen."

„Das Schwein ist mir kein Bruder — es ist doch nur Fleisch," bellte Krutschek. „Aber dass diese Diebe von Menschen sie allein aufessen!"

Rex zuckte zusammen, wie von einem Stein getroffen.

Und als etwas später der Handelsjude aus dem Kuhstall die trostlos blökenden Kälber hinaustrieb, winselte Krutschek traurig auf.

„In der Nacht habe ich mit dem Hinkefuss zusammen ein Kalb abgewürgt, aber dann haben es uns die Pferdehirten wieder weggenommen."

„Einem solchen Räuber wie der Wolf schliessest du dich an!"

„Mein Bruder ist, wer mir hilft, mich satt zu fressen."

„Würdest du also selbst den eigenen Bruder nicht schonen?"

„Der Hunger hat keine Wahl, alles ist ihm gut, was ihm zwischen die Zähne kommt."

Mit entsetzlichem Geheul kam gerade der Esel angerannt und warf sich in die Jauche nieder.

„Das Herrschaftssöhnchen hat ihn so mit Wasser begossen, dass ihm die ganze Haut brennt."

Der Esel wälzte sich in der Jauche mit kläglichem Geschrei. Da aber kam das Gutsbesitzerssöhnchen mit einer Schar von Kindern und fing erst recht an, den Esel zu quälen. Sie bewarfen ihn mit Steinen und hieben mit Peitschen auf ihn

ein. Und sein Geschrei gellte solange durch den ganzen Hof, bis schliesslich der Verwalter selbst erschien, mit einem Knüppel die Jungen auseinandertrieb und den am Boden liegenden Esel mit Fusstritten zum Aufstehen brachte.
Rex trat, die eigene Gefahr vergessend, mit drohendem Knurren aus der Hundehütte heraus.
„Rex!“ schrie das Herrschaftssöhnchen. „Hat dich denn Mama doch nicht totgeschossen? Und meine Dachshündchen hat er totgebissen!“ Der Junge brach plötzlich in Schluchzen aus.
„Da bist du, Sauhund! Das werde ich dir im Namen des jungen Herrn schon heimzahlen!“ brüllte der Verwalter und ging mit erhobenem Knüppel auf Rex los. Dieser stöhnte auf unter der Wucht des herabsausenden Hiebes, warf sich dann voller Wut auf den Mann, bohrte seine Zähne in dessen Brust und riss so gewaltig an ihm, dass er mit einem Stück des Rockes und etwas Haut im Maul zu Boden fiel.
Der Verwalter sank bewusstlos in die Jauchegrube, das Herrschaftssöhnchen ergriff unter lautem Rufen die Flucht.
Rex floh in die dunkelste Ecke der Hundehütte zurück und vergrub sich im Stroh.
„Sie werden dich herausschleppen und totschlagen. Du musst fliehen,“ winselte Krutschek und zerrte wild an seiner Kette.
Es war kein anderer Rat möglich. Rex stürzte nach dem leeren Kuhstall davon und verschwand

unter den Krippen, wo er ein Loch in der Wand kannte, durch welches man in den Obstgarten gelangen konnte. Er verkroch sich in den Himbeerbüschen, ohne zu begreifen, was mit ihm geschehen war. Vom Hof her hörte er die Menschen zusammeneilen, um dem Verwalter zu helfen, aber als er das Geheul des unschuldig verprügelten Krutschek vernahm, entschloss er sich, in die Felder zu flüchten. Doch der Obstgarten war von einer dichten Hecke und von Drahtgeflecht umzäunt, am einzigen Tor aber, das obendrein geschlossen war, sah er den Gärtnergehilfen stehen, mit welchem er noch ein Hühnchen zu rupfen hatte. Er kroch noch tiefer in die aufgeschossenen Himbeerstauden, die sich in langen Spalieren dahinzogen, um eine Gelegenheit zur Flucht ins Freie abzuwarten. Die Angst schüttelte ihn, er konnte kein Auge zumachen, die noch nicht geheilten Wunden brannten furchtbar, das Summen der Bienen und das zänkische Gezwitscher der Spatzen, die in Schwärmen über die süssen reifen Beeren herfielen, störten ihn...

„Diene dem Herrn in Treue, dann soll er dir zum Lohn dafür... was pfeifen!" erklang plötzlich über ihm die Stimme des Gärtnergehilfen; Rex kroch winselnd an seine Füsse heran.

„Hab keine Angst! soweit bist du also gekommen! Sie jagen dich wie einen tollen Hund! Und mir hast du einmal die Hosen zerrissen. Ich wollte mir doch nur den Papagei ein bisschen ansehen!"

Er bückte sich zu ihm nieder und begann ihn zu streicheln. Rex legte den Kopf auf seine Knie und sah ihm vertrauensvoll in die Augen.
„Siehst du, Dummer, wie sie deine Dienste bezahlt haben? Kaum war der Hausherr weg, haben sie dir auch den Laufpass gegeben. Und immer hast du mich angeknurrt, wenn ich zum Herrenhaus wollte! Und wer war es, der dir die Taube damals geschenkt hat? Und wer hat dir die jungen Krähen bei den Tannenbäumen zugeworfen?"
Schliesslich öffnete er dem Hund das Gartentor.
„Pass auf, dass dich die Gutsherrin nicht erwischt."
Rex rannte querfeldein, um seinen Freund zu suchen. Der Stumme hütete die Gänse auf der Weide am Wald, er sass am Bach, die blossen Füsse ins Wasser getaucht, und spielte sich etwas auf der Flöte vor. Die Herde weisser, mit prächtigen Schöpfen geschmückter Gänse watete am Bachufer im Wasser, das von grauen Gründlingen und Rotfischen wimmelte. Die Weiden gaben angenehmen Schatten, der Wald raunte, die Vögel sangen und die Sonne brannte dermassen, dass eine süsse Mattigkeit die Glieder umfing.
Der Stumme wusste alles, denn die Elstern hatten es ihm schon erzählt.
„Und was soll nun werden? Wenn du mindestens gesund wärest!" sorgte sich der Junge gutherzig.
„Ich bin noch stark! Habe ich nicht den Verwalter untergekriegt?"

„Der war bös gegen alle. Sie haben ihn nach Hause tragen müssen, er konnte nicht mehr auf den Beinen stehen.“

„Das ist erst der Erste...“ knurrte Rex voller Ingrimm.

„Ich kenne im Moor eine Hütte, wo früher der Gutsherr Birkhähne schoss, da könntest du dich verstecken! Der Verwalter kommt nie dahin, die Kolke sind tief und die Stege ganz durchfault.“

„Aber Fliegen gibt es da, nicht auszuhalten! Ich war ja selbst dort mit dem Gutsherrn auf der Entenjagd!“

„Und der Köhlerschuppen im Wald? Keiner kennt ihn ausser dem Hinkefuss, der sich oft mit den Seinen dort versteckt.“

„Der Hinkefuss! Ich habe ihm doch einmal das Schienbein durchgebissen, als er sich an meinen Herrn heranmachen wollte... Vor dem habe ich keine Angst... Mit der Wölfin und ihrer Brut ist es eine schwierigere Sache...“

„Dann versteck dich im Moor, du hast keine andere Wahl. Wassergeflügel gibt es da so viel, dass du dich leicht wirst ernähren können. Ich habe auch im Klee schon junge Häschen gesehen...“

„Und vielleicht könnte man sich irgendwo einen Dienst suchen?“ schlug Rex mit einemmal vor.

„In den Dörfern ist jetzt die schlechte Vorerntezeit, sie werfen dir nicht einmal eine faule Kartoffel hin, und obendrein könnten sie noch die

Dorfhunde auf dich hetzen oder dich dem Schinder ausliefern! Die deutschen Kolonisten würden dich schon nehmen, die kennen sich in herrschaftlichen Hunden aus, aber sie werden dich später nach der Stadt verkaufen, und wenn du nicht zum Handel taugst, werden sie dich ausmästen und aufessen. Das Schlimmste aber ist, dass der Verwalter sich an dir rächen wird, und auch die Gutsherrin wird dir das nicht durchgehen lassen. Sie werden dir nachstellen..."

„Mögen sie...!" knurrte Rex resigniert, machte sich am Bach ein Plätzchen zurecht und schlief ein.

Der Stumme zog sich ganz aus und stieg ins Wasser, um Krebse zu fangen.

„Wenn ich der Haushälterin ein paar Schock bringe, wird sie sich vielleicht zufrieden geben," überlegte er und tastete mit den Händen in die unterspülten Wurzeln der Erlen, in die tiefen Löcher am Ufer und unter die Steine des Baches. Er jagte mit grosser Geschicklichkeit, ohne die Krähen aus dem Auge zu lassen, die lautlos, von der Waldseite hergeflogen waren, sich am Bach niedergelassen hatten und sich stellten, als tränken sie Wasser; sie schoben sich dabei hinterlistig immer näher an die jungen Gänslein heran, die im flachen Wasser wateten.

„Sieh mal an, die haben hier Lust auf Leckerbissen bekommen." Schon sauste eine Wurzelknolle mit einem Klumpen Schlick auf sie nieder, sodass sie unverrichteter Dinge davonfliegen mussten, im niedrigen Flug das Getreidefeld nach Nestern absuchend. Als die Sonne sank und ein kühler Lufthauch aufkam, begann der Stumme seine Gänse zusammenzutreiben.

„Rex, unter der Weide habe ich meine Wohnung!“ Er wies mit der Hand auf einen alten breitverzweigten Baum am Bach, der aussah, als stände er auf mächtigen, verkrüppelten Fingern. Zwischen diesen war eine schwarze Höhle sichtbar, die mit Kalmusblättern ausgepolstert war. „Das ist ein sicheres Nachtlager,“ warf er hin, sich zum Abzug rüstend.

Der Hund blieb allein, ohne zu wissen, was er anfangen sollte. Die Gewohnheit aber siegte zuguterletzt, und er schlug den Feldweg ein, der zum Herrenhause führte. Wie zur Warnung kam gerade über den Weg die Herrschaftskalesche gefahren; sie war mit den beiden Schimmeln bespannt. Die Gutsbesitzerin sass mit ihren Töchtern auf dem Hintersitz, und das Herrschaftssöhnchen liess vom Bock herab die Peitsche knallen. Er warf ihnen gehässige Blicke nach, ab und zu mit den Zähnen klappernd, dann umkreiste er den Herrschaftspark, sich auf der Felderseite haltend, und gelangte in die Nähe des Wirtschaftshofes, bis an einen baufälligen Schuppen, wo er sich auf die Lauer legte. Wie vor der geschlossenen Pforte des Paradieses fühlte er sich. Sehnsucht überkam ihn, und er duckte sich mehrmals zum Sprung, um in den Hof zu gelangen, aber die Angst würgte ihn jedesmal wie mit einer Schlinge, sodass er mit sich selbst nicht einig werden konnte und ganz still auf seinem Platz liegen blieb.

Die Sonne ging unter. Die Welt badete in Purpur und Gold. Eine grosse Stille legte sich über die Erde. Von den Weideplätzen kehrten die Herden heim. Ueber der breiten Landstrasse schwebte ein Streifen goldenen Staubes, aus dem das sehnsüchtige Brüllen der Kühe, das dumpfe Murren der arbeitsmüden Ochsen, das Wiehern der Pferde, das Aufklatschen niedersausender Peitschenhiebe, das stumpfe Dreinschlagen von Knüppeln und derbe Flüche zum Abendhimmel emporstiegen. Grunzend drängte sich eine Herde Schweine vor, alles auf ihrem Wege frech beiseite stossend, der Boden erdröhnte unter den Hufen der dahinjagenden Füllen. Die Arbeitswagen schleppten sich langsam hinterdrein und ratterten laut auf, über die Pflastersteine holpernd. Dann kamen die blöde blökenden Schafe, von den Schäferhunden in gehöriger Zucht gehalten. Und endlich die Kälber in ausgelassenen Kapriolen, immerfort vom Wege abschweifend oder ins Getreide rennend, wofür sie der Hirt andauernd mit Stockschlägen traktierte.

All dieses Leben war vorübergezogen; die Dämmerung schüttete ihre Asche über die Welt aus. Auf dem Wirtschaftshof begann es stiller zu werden, die Menschen gingen auseinander, in den Hütten fingen die Lichter an aufzuleuchten, die von ihren

Ketten losgelassenen Hunde tollten freudig herum. Rex, der sich nicht mehr halten konnte, schlich in diesem Augenblick in den Wirtschaftshof. Er umging den Kuhstall, aus dem der Duft frisch gemolkener Milch aufstieg, wich den Pferde- und Ochsenställen aus, umkreiste von weitem die Schweineställe und versteckte sich in einem Gebüsch gegenüber der Gesindeküche. Es stiegen von dort so leckere Düfte auf, dass sich seine Eingeweide vor Hunger verkrampften. Der Stumme sass auf der Schwelle mit einer grossen Satte zwischen den Knien, umgeben von einem Haufen Kettenhunde. Die Stimme der Wirtschafterin schrillte ab und zu durch die Luft. Die Tür stand halb offen.

Da plötzlich vernahm Rex das Knirschen des Kieswegs an der Vorfahrt und das Schnaufen der Pferde.

„Die Hofherrin! Nun ist es aus!“ Er sprang durch den bekannten Durchgang am Hühnerhaus in den Park und stiess auf den Fuchs, der sich behutsam zu den Hühnern hindurchzugraben versuchte. Der rothaarige Dieb rannte davon, mit einem kurzen Bellen die Nachträuber warnend. Gleich darauf sah Rex die weissen Bäuche der Iltisse aufblitzen, die auf die nahestehenden Bäume flüchteten; das Frettchen rannte gespenstartig über das Gesims des Holzschuppens davon, und der Marder, ein junges Küken im Maul, sauste in einem kühnen Sprung aufs Dach. Die Eulen liessen ihre warnen-

den Stimmen hören, und bald entstand ein so wildes Durcheinander, dass der schwarze Kater mit bitteren Vorwürfen zu Rex sprang.
„Du hast uns die Jagd gründlich verdorben, diese Nacht lässt sich nichts mehr fangen.“
Rex knurrte ihn drohend an, liess seine Augen rollen und kroch unter die herabhängenden Zweige der Tannenbäume, denn das Herrenhaus war hell erleuchtet, und durch die nach der Terrasse zu offen stehende Tür ergoss sich ein breiter Lichtstreifen, in dessen Schein eine Garbe silbrigen Wassers funkelnd emporstieg.
Nach einer Weile erloschen die Lichter, der Park begann sein leidenschaftliches Nachtlied zu singen, und die Triller der Nachtigallen schluchzten aus allen Büschen. Rex kroch wie ein Schatten auf die Terrasse. Eine Kette liess ihr feines Klirren vernehmen, und Lora flatterte zu ihm herab. Ihr heimliches Geflüster und ihre heissen Geständnisse versanken im Vogelsingen und in der Nachtmusik des Gartens. Er klagte ihr seine hoffnungslose Lage und nahm für immer Abschied von ihr. Auf die Wanderschaft musste er, ins sichere Verderben, in eine fremde und feindliche Welt hinaus. Er winselte kläglich, und sein Herz schienen Angst, Qual und Verzweiflung zerreissen zu wollen. Sie schluchzte und kühlte ihm mit ihren ausgebreiteten Flügeln die Augen. Von seinem Unglück ergriffen, entsann sie sich plötzlich ihrer fernen Heimat. Sie begann auf der Stuhllehne zu schaukeln, ab und

zu mit den graurosa Flügeln zu schlagen und ihm mit halberstickten Schreien die Litanei ihrer wirren und sehnsüchtigen Visionen vorzukreischen.

„O meine Heimat! Grüne Wildnis ohne Ende und Grenzen. Blumengewinde von Baum zu Baum, harte Kokosnüsse und süsse Mangopflaumen! Palmengipfel schaukelnd im Flammensturm und des fernen Meeres saphirblauer Himmel!

O meine Heimat! heilige Tage des Gesanges, der Freude und der Seligkeit.

O weisse blendende Mittage, zitternd unter der rieselnden, machtvoll einschläfernden Sonnenpracht.

O jähe Dämmerungen des blutigen Abendrotes, wenn die Wildnis ins Entsetzen hinabstürzt.

O Nächte, durchzuckt vom Zischen der Schlangen, vom Aufschluchzen der Sterbenden und von Triumphgebrüll!

Rio Negro! Wie gleissen deine duftenden Fluten in rosiger Morgenfrische.

Die grosse strahlende Sonne steigt aus den Tiefen — ein jauchzender Schrei des Glücks reisst sich los, die Blumen duften, die Erde duftet, alles Sein ist Gesang! Ein Brodeln in den Büschen, ein Sichjagen und Balgen auf den Zweigen; das Glück berauscht, die Freude! Die Flügel tragen von selbst auf die Wipfel der Palmen — ins Himmelsblau, ins Sonnenlicht! O, mit dem Wind um die Wette jagen, mit den Flügeln schlagen, in der klaren Luft baden, vor Entzücken schreien und fliegen, fliegen, fliegen!

An durchsichtigen Wassern zittert der Bambuszweig, grün gefiedert — die Sonne spielt auf den Blättern und sickert mit goldenem Staub ins Wasser; im ewigen Schatten brodelt Leben, während in stillen Buchten das furchtbare Brüllen widerhallt und die Gazelle unter den Tatzen klagt. O, meine verlorene Heimat! Ersehntes, ersehntes Sonnenland! Herrliche Freiheit!"

Dann verstummte sie, und als wollte sie ihre Verzweiflung dämpfen, steckte sie den Kopf unter die Flügel.

Die Nacht kam, die Nachtigallen sangen, der Uhu liess seinen tiefen Orgelton vernehmen, und trauernd schrien die Pfauen in den Bäumen.

„Ich Unglückliche!" begann Lora wieder zu jammern: „ich sah einen Berg mitten im Strom schwimmen, dürre Baumstämme lagen da, auf die liess ich mich nieder, und plötzlich ergriffen mich schwarze, grässliche Hände! Seitdem fliessen die Jahre meiner Schande und Sklaverei dahin, ohne Ende! ohne Ende!"

Sie schluchzte lange, schlug mit den Flügeln, zerrte an ihrer Kette und kreischte verzweiflungsvoll.

„Befreie mich! Zerreiss meine Ketten! Mach mich frei! Zerreiss die Ketten! Zerreiss sie! Brich sie in Stücke!"

Rex sprang auf den goldenen Reif zu, dass dieser klirrend zu Boden fiel, und begann wütend an der Kette zu zerren, zu beissen und mit den Krallen

zu kratzen; er schlug den Ring gegen den Boden, doch alle seine Mühe war vergebens.
Der Papagei aber war wie von Sinnen — brach in lautes Gelächter aus, weinte und fluchte. Bis das ganze Haus zuletzt wach wurde: Schon sah man jemanden mit Licht durch die Zimmer rennen; man hörte Stimmen in der Gesindeküche, und der Nachtwächterhund warf sich kläffend auf Rex. Mit einem Hieb seiner Pfote warf dieser seinen Angreifer zurück, sodass er mit eingekniffenem Schwanz winselnd die Flucht ergriff, und zog sich in den Park zurück, gegen seine Verfolger die Zähne fletschend. Am Parkrand, in der chinesischen Laube, beschloss er, den Rest der Nacht zu verbringen. Doch er schlich sich mehrere Male bis dicht ans Herrenhaus heran, um auf das wahnsinnige Gekreisch der Freundin zu horchen, die verzweifelt gegen die Stäbe ihres Käfigs anzufliegen versuchte.
Er sann über ihre Erzählungen nach, während er auf den Anbruch des Tages wartete, und empfand eine unbegreifliche Sehnsucht nach jenen fernen Ländern, die frei waren von der Tyrannei des Menschen. Er knurrte leise vor sich hin, und lief, mit dem Schweif den Boden schlagend, nach jener Stelle, wo die zerrissene Gazelle ihr Todesblöken erschallen lässt.
Die dunkle, warme und stille Nacht wölbte sich über der Erde. In den Tiefen des Himmels erglühten die Sterne. Die Bäume versanken in läh-

menden Schlaf. Die Wiesen jenseits des Parkes schimmerten weiss unter dem flockigen Fliess der Nebel. Liebestrunkenheit rieselte aus den Gesängen der Vögel. Die Lindendüfte kreisten im Schatten, voll einer unaussprechlichen Süsse. Ab und zu kam von den Feldern der schwere Weihrauchduft des blühenden Kornes, der harzige Dunst des nahenWaldes erfüllte mit kühlen Atemzügen den Umkreis. Die Erde lag tief versunken in der Beweglosigkeit des Ausruhens, der Morgen war noch fern. Nur Rex, der Maske, die die Nacht sich vorzuhalten pflegt, nicht trauend, lag da im halbwachen Schlaf, den Kopf an den Boden geschmiegt und jeden Augenblick bereit, sich zu verteidigen und auf Tod und Leben zu kämpfen. Obgleich ihn sein Unglück ganz in Anspruch nahm, wusste er nur zu gut, was rings um ihn geschah.
Da schoss aus dem Gewirr des Roggenfeldes der durchdringende Schrei eines gewürgten Hasens. Füchse schlichen behutsam vorbei, und gleich darauf erscholl das verzweifelte Klagegeschrei eines Rebhuhns. Ein aus ihrem Nest verscheuchtes Fasanenhuhn gackerte auf. Iltisse kletterten lautlos zu den Sitzen schlafender Vögel empor. Die Eulen unterbrachen ihre verliebten Triller, und unter ihren krummen Schnäbeln flogen zarte Daunen auf, wie blutbetropfte Blumenblätter. Auf dem Wasser entstand ein jähes Geplätscher, begleitet vom Kreischen der Wildenten — das waren die Fischottern, die sich ihren Tribut holten. Eine

Schlange kroch am Boden dahin, nach Mäusenestern suchend. Von den fernen Weideplätzen stieg warnendes Pferdegewieher auf — der Hinkefuss musste da in der Nähe herumstreichen. Auf dem Wirtschaftshof schrien die wahrscheinlich von einem Feinde bedrohten Gänse auf. Die Hunde kläfften wütend nach etwas Unsichtbarem. Das drohende Störchegeklapper knatterte warnend durch die Nacht, es antworteten ihm ferne Kranichrufe und die klagenden Stimmen der Kiebitze. Die Habichte warteten unbeweglich in den Wipfeln der Bäume auf das Kommen der Morgendämmerung.

Und so wurde jeden Augenblick und fast an jeder Stelle der unerbittliche Kampf ums Dasein gekämpft. Siegesrufe, das Aufstöhnen der Unterliegenden, Krämpfe der Sterbenden, tödliches Gebalg, das Knacken zermalmter Knochen, Blutdunst und unterdrücktes Geröchel flossen wie eine kaum vernehmbare grausige Musik in den Zauber und in die Seligkeit dieser Sommernacht. Und über alledem breiteten sich die Bäume aus in ihrem rätselhaften Sein. Mit ihren Gipfeln tauchten sie ins kalte Sterngeflimmer, und mit ihren Wurzeln holten sie aus der Tiefe ihre sichtbare Gestalt, und standen wie erstarrte Springbrunnen da. Fern allem Lärm der Welt lebten sie und ihr ewiges Schweigen flösste ehrfürchtiges Erschauern ein...

Und als bei Morgengrauen die Kämpfe der Nacht ihr Ende nahmen und neue begannen — als die

Habichte wie Blitze auf das Geflügel am Teichufer niederstiessen, sprang Rex jäh auf und versteckte sich im Gebüsch. Die Truthähne kollerten aufgeregt im Wirtschaftshof, und die Stimmen der Mägde klangen frisch durch die Morgenluft. Ein furchtbarer Hungerkrampf packte ihn plötzlich; ohne auf die Gefahr zu achten, schlängelte er sich mit fuchsartiger List an die Hühnerhäuser heran, ergriff die erste beste Truthenne und rannte mit seiner Beute ins Roggenfeld. Geschrei, Steine und Flüche flogen ihm nach. Nachdem er sich an dem warmen, zuckenden Fleisch gesättigt hatte, überliess er die Knochen den Krähen und zog sich ins Moor zurück, wo die Jagdhütte stand.

Dort fand ihn mittags der Stumme. Er brachte ihm einen Knochen und schlechte Neuigkeiten.

„Jetzt bist du ganz verloren, die Gutsherrin hat für den, der dich totschlägt, eine Belohnung ausgesetzt."

„Gras werde ich nicht fressen," knurrte er und leckte sich behaglich den noch blutigen Bart.

„Alle werden dir nachstellen. Ich habe gehört, wie der Verwalter alles angeordnet hat."

„Ich weiss, wo seine Gänse weiden... Die Jungen sind schon flügge... gerade was Rechtes..."

„Gewehre sind ausgeteilt worden. Sie können auch Fussangeln legen, einen Giftköder hinwerfen oder ein Kesseltreiben veranstalten. Auch den Kettenhunden traue nicht, um Herrengnade werden sie die ersten sein, die dich verraten. Die

Hühnerhündin hat dich gesucht... Krutschek wollte sich an sie heranmachen, sie hat ihn gebissen und bellt nach dir."

„Krutschek..." brauste Rex auf. „Was geht mich die Hündin an, mein eigen Leben muss ich jetzt verteidigen."

„Gegen alle hältst du nicht stand, du Aermster," bemitleidete er ihn klagend.

„Umsonst sollen sie mich nicht kriegen... sie sollen noch an mich denken..." knurrte er. „Sie haben mich fortgejagt... haben auf mich geschossen, haben mich hungern lassen und jetzt wollen sie mich totschlagen, und wofür denn?" winselte er tief verletzt.

„Und der Wawschek hat, um den Verwalter zu ärgern, dem Hengst einen zusammengewickelten Draht im Brot zu fressen gegeben."

„Wo haben sie den Hengst begraben?"

„Er lebt noch, aber er stöhnt so furchtbar, und zuckt, und strampelt mit den Beinen, dass einem angst und bange wird."

„Das Reitpferd meines Herrn. Ein so guter Kamerad. Oft habe ich bei ihm unter der Krippe geschlafen."

„Und die alte Schimmelstute, die auf Gnadenbrot war, ist fortgelaufen, in die weite Welt, auf den Bettel..."

„Von selber fortgelaufen... in die weite Welt..." staunte Rex, ohne recht zu begreifen.

„Der Gärtnerjunge benutzte sie zum Wasserfahren, er hat sie so misshandelt, dass sie fortgelaufen ist."

„Wohin soll sie fortlaufen... die Wölfe werden sie fressen."

„Der Gärtnerjunge hat sie für die Nacht im Obstgarten gelassen, des Morgens hat er sie losgekoppelt und wollte sie vor die Wassertonne spannen, und da hat sie ihm eins mit den Hinterhufen versetzt, und hast du nicht gesehen, fort war sie. Kaum hat man ihn wieder zum Bewusstsein bringen können."

„Er hat gekriegt, was er verdiente. Aber gegen den Hinkefuss wird sich die Alte nicht verteidigen können."

„Und was ich dir noch sagen wollte, — wenn du vom herrschaftlichen Hühnerhof nichts geraubt hättest, hätten sie dich vielleicht noch verschont... Aber meine Gänse lass, bitte, in Ruh; die Krähen haben mir heute sowieso drei Gössel gestohlen! Ich habe diesen Aesern versprochen, dass ich ihnen im Park alle Nester von den Bäumen reissen werde."

„Diese Stinkluder," knurrte Rex verächtlich, „niemals habe ich Lebendiges angerührt, nicht einmal ein Küken, aber wenn sie sich so gegen mich verschworen haben, dann werde ich nicht erst lange fragen. Wenn Krieg sein soll, dann Krieg!"

Und so begann wirklich von diesem Tage an der Krieg. Gegen den armen Verbannten erhob sich die ganze Sippe vom Herrenhof mit dem Verwalter an der Spitze, der Rex den Tod zugeschworen hatte. Ein Kampf allerorts und zu jeder Stunde wurde unerbittlich ausgefochten. Bei Tag wie bei Nacht machte man auf ihn Jagd, überfiel ihn mit derben Knüppeln, schoss auf ihn, schleuderte ihm Steine nach, und selbst die Dorfburschen lauerten ihm auf, um ihn mit Stockhieben zu traktieren. Auch gebrechliche Alterchen, die sich vor den Gesindewohnhäusern in der Sonne wärmten, versuchten ihn hinterlistig an sich zu locken — denn allen schwebte die Belohnung vor, die von der Gutsbesitzerin für sein Leben ausgesetzt war.

Anfangs hatte Rex vor allen diesen Hinterhälten Angst. Angesichts der drohenden Gefahren, die ihm aus jedem Winkel entgegenstarrten, durch die auf ihn abgefeuerten Gewehrschüsse und das gegen ihn veranstaltete Kesseltreiben verlor er den Kopf. Er trieb sich auf den umliegenden Feldern umher und klagte über die menschliche Niedertracht. Und er wäre vielleicht seinem Verhängnis erlegen, wenn ihn nicht der Rat des Stummen zur Besinnung gebracht hätte.

„Geh ihnen für einige Tage aus den Augen, versteck dich in der Hütte im Moor, ich werde dich nicht vergessen.“

☆

2.

IN BRUCH UND MOOR

Auf weiten Umwegen, über ungangbare Strekken kehrte Rex ins Moor zurück. Mehrere Tage blieb er da einsam liegen, nahm keine Nahrung zu sich und schlürfte mit fieberheisser Zunge ab und zu etwas Wasser aus einem Kolk. Er hatte weder Lust noch Kraft, sich eine Wildente zu erjagen, von denen es ringsum geradezu wimmelte. Die langen Tage gingen in ziellosem düsteren Sinnen dahin, und da ihn die noch immer offenen Wunden quälten, und ihm jegliche Lebenszuversicht, wie auch jeder Mut fehlte, so gab er alles für verloren und wartete nur auf das sichere Ende. Eines Morgens jedoch entdeckte ihn dort die Windhündin, die anscheinend der Spur des Stummen gefolgt war. Sie kuschte sich demütig vor der Hütte und liess ein leises Winseln vernehmen. Von Wut gegen die Herumtreiberin gepackt, zauste ihr der jähzornige Rex gehörig das Fell und hätte sie fast in die bodenlose Tiefe eines der ringsum gähnenden Kolke hinabgestossen. Sie knurrte nicht einmal vor Schmerz, legte sich gegenüber der Hütte hin und liess kein Auge von ihm, auf das leiseste Zeichen seiner Gnade lauernd. Er wandte sich verächtlich von ihr ab. Sie war schön, ihr Fell war weiss wie Milch, der Kopf und die Ohren kastanienbraun und die grossen Augen — dunkelblau. Dabei war sie schlank und geschmeidig wie eine Hinde, vornehm in ihren Bewegungen, sauber, von feinem Spürsinn und witterte alles aus weiter Ferne.

Zur Mittagszeit, als er im Schlaf vor Hunger winselte, brachte sie ihm einen mächtigen Erpel. Er frass ihn auf bis auf den letzten Knochen. Alles, was sie erjagte, nahm er an, als einen ihm zukommenden Tribut. Als er nach einigen Tagen neue Kraft in den Knochen und die wiederkehrende Gesundheit spürte, schenkte er ihren zärtlichen Blicken und einschmeichelnden Werben gnädigere Beachtung. Fröhlich war sie wie ein Lenzmorgen, und wundersam beweglich und sinnlos verliebt. Um seinetwillen hatte sie Haus und Hof verlassen, die vollen Schüsseln und das genussvolle Herumstreifen mit dem Herrn in den Feldern und diese schaurig süssen Erregungen, wenn sie, nachdem der Hase aufgestöbert war, wie erstarrt stehen blieb und bebend den erdröhnenden Knall erwartete. Alles hatte sie diesem vogelfreien Räuber und Landstreicher geopfert. Er bezauberte sie durch seine Löwengestalt, durch die Kraft seiner stahlharten Kiefern und durch das Grauen, das er um sich verbreitete. Was bedeuteten neben diesem wirklichen Herrscher die anderen Hofhunde? Elende Köter waren es. Von Liebesbrunst ergriffen, tanzte sie mit zärtlichem Gewinsel um ihn herum. Sie legte ihre Vorderpfoten auf seinen Nacken, beleckte seine Augen und harrte, sich verliebt an ihn schmiegend, mit Beben auf den Blitz in seinen nussbraunen Augen. Und schliesslich liess er sich hinreissen. Da stimmten sie zu zweien den unsterblichen Sang der Liebe an. Sie vergassen alles, was nicht Liebkosung, köstliches Spiel und lockender Wetteifer ungesättigter Instinkte war. Die Tage, getaucht in Wärme und Licht, reihten sich wundersam aneinander. Die Sonne spendete Freude und Wonne, vom Morgen bis zum Untergang. Der Himmel spannte sich über der Welt in makelloser Bläue aus. Die Nächte schauten aus Milliarden funkelnder Sternenaugen. Die Unkenstimmen sangen in einem unaufhörlichen, süss ergreifenden Chor. Das glühende Moor strömte einen betäubenden Duft aus. Das Jubilieren der Vögel nahm kein Ende. Das Hohelied des Lebens, von tausend Stimmen gesungen, floss ungestört in breiten Wellen unaussprechlichen Zaubers und grenzenloser Macht dahin.

Vom unreifen Grashalm, vom kaum begonnenen winzigen Sein bis zum gewaltigen Hochwald, bis zu den weissen Wolken am Himmelsrand, bis zu der strahlenden Glut der Sonne — sang alles das gleiche unsterbliche Lied der ewigen Wandlung und des ewigen Bestehens. Auch die beiden fühlten sich als ein Ton dieses Hoheliedes, und so mächtig und schrankenlos war in ihrem Blut dieser Ton angewachsen, dass es ihnen dünkte, als wären sie allein im Weltall und als entstiege ihrem Sein die endlose Kette der künftigen Geschlechter. Sie wurden fast eins in ihrem Verlangen und Fühlen. Gemeinsam durchwateten sie die Moore, spürten gemeinsam ihre Beute auf und mordeten gemeinsam. Jede Beute wurde mit einer überschäumenden Fülle von Glück errungen. Das Schleichen auf der Fährte, die Stunden der Lauer im Hinterhalt, die Augenblicke blitzartiger Anspannung zum Sprung, des Stürzens über die Beute, des Todeskampfes, der Verfolgung und des Sieges waren erfüllt mit Schauern unaussprechlicher Wonne. Bluttrunken, gesättigt vom Fleisch ihrer Opfer, von deren Todesröcheln und vom Bewusstsein ihrer eigenen Macht, schliefen sie auf der blutigen Kampfstätte ein. Und später, von einem Wahnwitz erfasst, den sie im Verkehr mit den Menschen erworben hatten, mordeten sie schon nicht mehr aus Notdurft, sondern zum Vergnügen, um die Treffsicherheit ihrer Tatzenhiebe, die Unfehlbarkeit ihrer Witterung und die Unüberwindbarkeit ihrer Kraft zu beweisen. Bis zuletzt die Angst ihre klagende Stimme im Moor vernehmen liess. Und das Moor zog sich viele Meilen weit, bis zum grossen Fluss und zu dem Hochwald, der am Himmelsrand wie eine dunkle Mauer aufragte. Es säuselten und rauschten Klagen in Schilf und Röhricht und in dem Geäst der Zwergerlen, welche im Bruch wuchsen. Immer lauter wurden die klagenden Stimmen der verzweifelten Mütter, deren Nester geplündert waren. Bis jetzt hatte diese ganze Welt friedlich unter dem Schutz der ungangbaren Moore, verräterischen Tümpel und mit Wasserlinsen und Schimmel überwucherten, bodenlosen Sümpfe gelebt. Selbst zur Winterszeit vermochte der Mensch nicht bis ins Herz dieser

Moorwildnis durchzudringen, nur hin und wieder gelangten Füchse über die brüchige Eiskruste bis an den Rand der nie zufrierenden Stellen, wo ganze Scharen Wildenten fröhlich im Wasser plätscherten. Alle Kreatur lebte dort sorglos, von angeborenen Rechten beschirmt, die niemand anzutasten versucht hatte.

Jetzt aber, als dieses Paar zugelaufener Landstreicher seine wilden Mordtaten und Verwüstungen zu verüben begann, erfüllte Unruhe alle Herzen. Und keine ihrer Taten entging mehr der angespannten Aufmerksamkeit. Sie ahnten gar nicht, dass sie aus jedem Kolk, aus jedem Busch und jedem Schilfeiland wachsame und lauernde Blicke verfolgten, und die Kunde von ihren Verbrechen mit jedem Windhauch bis in die entferntesten Winkel des Moores getragen wurde. Auch die Wächter in der Luft blieben nicht untätig. Die Kiebitze, denen sie die meisten Eier ausgetrunken hatten, kreisten fast ununterbrochen über ihnen und warnten, jede ihrer Bewegungen mit klagenden Rufen verkündend. Auch die Landmöven schwebten oft über ihnen und stiessen dabei ihre scharfen, abgerissenen Schreie aus. Selbst die Kraniche liessen sich in ihrem Flug tief über sie herab, um diese gemeinsamen Feinde zu eräugen, denn keiner in jenem Paradies der Vogelwelt fühlte sich mehr in seinem Nest sicher. Die Hühnerhündin fand mit ihrer teuflischen Witterung die bestmaskierten Verstecke, Rex aber half ihr beim Raub, ohne auf die scharfen Schnäbelhiebe der Wildgänse zu achten, noch auf deren Flügelschläge, die wie Dreschflegel auf die Angreifer niedersausten. Nur die Kraniche und Störche erzwangen sich mit ihren furchtbaren Schnäbelspeeren die Achtung der Hunde. Diese griffen sie nicht an, obgleich die Hühnerhündin häufiger einen von ihnen aufstöberte. Dieses Leben voller Erregungen und herrlicher Abenteuer gefiel den beiden so sehr, dass sie fast die Menschen und die Welt jenseits der Wasserwildnis vergessen hatten...

Nur hin und wieder, in den Nächten, wenn die Hündin zärtlich an seiner Seite geschmiegt schlummerte, erwachte in Rex eine unbestimmte Sehnsucht nach dem Herrenhof und dem Stummen, welcher sich schon ziemlich lange nicht mehr bei ihm hatte blicken lassen. Am Tage aber wurde ihm die Hündin zuweilen schon lästig durch die Grausamkeit, mit der sie ihre Opfer quälte. Er war übersättigt mit Fleisch und Blut, übersättigt mit Liebe und mit dem Glück seines wilden Daseins. Eine heimliche Sorge um die Zukunft fing an, ihn zu bedrängen. Es gab auch Tage, an denen er eine nahende Gefahr zu wittern glaubte. Einmal erbebte er, von jäher Angst gepackt, als ihm der Pulverdunst eines sich über das Moor hinziehenden Rauchstreifens in die Nase stieg. In der Nacht darauf hörte er das Knallen ferner Büchsenschüsse. Dann wieder glaubte er die strenge, drohende Stimme der Gutsherrin über sich zu hören, und flüchtete entsetzt vom Lager. Ohne diese heimlichen Qualen seiner Gefährtin zu verraten, schlich er sich zuweilen unbemerkt an den Rand des Moores und suchte mit wachsender Sehnsucht die Stimmen zu erhaschen, die der Lufthauch aus dem Bereich der Menschen zu ihm herübertrug. Zugleich aber rief die Erinnerung an erlittenes Unrecht eine so wilde Rachegier in ihm wach, dass er mit seinen Krallen den Boden aufscharrte und in ohnmächtiger Wut aufheulte. Nach der Rückkehr von solchen geheimgehaltenen Streifzügen zeigte er sich zärtlicher gegen die Hühnerhündin, aber um so grausamer gegen alles, was in die Macht seiner Krallen fiel.

Während einer mondscheinhellen Nacht, die vom Gesang der Vögel lauter als alle vergangenen widerhallte, erweckte ihn ein ängstlicher Warnruf der Gänseriche und die darauf entstandene Grabesstille im Moor. Die Hündin war nicht an seiner Seite — sie lag bebend vor der Hütte, schlug mit der Rute auf den Boden und klappte vor Aufregung mit den Zähnen. Über das Moor kam ein seltsam beunruhigender Dunst gezogen. Rex sprang auf die Hütte und witterte nach allen Richtungen; trotz der scharfen Ausdünstungen, die aus dem Moor und den nahen Kranichnestern emporstiegen, erkannte er sofort, dass es der Dunst eines Wolfes war.

Sprungbereit forschte er, Geruch und Gehör nach allen Seiten anspannend. Der Wolf schlich, die

Hütte umkreisend, behutsam näher; das Knacken trockener Stauden und das Rascheln des tauschweren Röhrichts, den irgend jemand auseinander schob, wurde immer deutlicher vernehmbar. Schliesslich erklang in der Stille ein mehrmaliges kurzes, heiseres Aufknurren. Die Hündin machte einige wilde Sätze, wandte sich dann plötzlich zur Flucht und verkroch sich in die dunkelste Ecke der Hütte. Rex aber stürzte vor in der Richtung des Feindes. Der Wolf flüchtete, und alles beruhigte sich wieder. In der folgenden Nacht jedoch, als der Mond über dem Hochwald aufgegangen war und das tote, schwarze Wasser aufflimmerte, erklang aus dem nahen Erlengebüsch das Liebesheulen eines Wolfes. Die Töne waren so leidenschaftlich erregt und sehnsüchtig lockend, dass die Hühnerhündin, trotz ihrer Angst, wie von Sinnen in der Richtung der Wolfsstimme davonstürzte.

Und da zerriss die drohende Stimme des Hundes die nächtliche Stille:

„Was hast du hier zu suchen, du Rattenfänger? Deinem Vater habe ich die Pfoten zermalmt, nimm dich in acht!"

Angst fiel aufs Moor, denn allsogleich heulte darauf eine furchtbare Stimme zurück:

„Du Spülwasserschlecker! Du Töpfelecker! Hör zu, was der freie Herr zu dir spricht!"

„Du stinkende Wolfsbrut! Sohn einer räudigen Mutter!"

„Gänsehüten, das ist alles, was du kannst, und den Herrschaftsknüppel fühlen!“

„Die Kaldaunen hol ich dir aus dem Leib.“

„Die Mägde haben ihn mit ihren Besenstielen vom Kehrichthaufen weggejagt, und nun hat sich das Aas hierher geschleppt.“

„Du Ledersack, nicht einen Knochen behältst du heil in deinem Stinkleib.“

„Auf den Misthaufen mit dir, dass dich die Krähen in Stücke hacken!“

„Schweig, du von der Kette losgerissener Prolet! Schweig, wenn ein Freier zu dir spricht!“

Die Hühnerhündin kehrte zurück und wartete wie versteinert, mit vorgeschobenem Kopf und hochgehobener Pfote angstbebend in Wollustschauern auf das Ende dieses Vorgesanges, der wie ein Sturm in den nächtlichen Frieden eingebrochen war, dass alle Kreatur sich in die geheimsten Verstecke zu verbergen suchte. Selbst der Nachtwind hielt inne, die Gewässer erstarrten, die gebeugten Bäume und das zitternde Rohr schienen nur auf dieses Hassgeheul zu horchen.

„Der Schinder wird dein Fell gerben, damit ich was habe, um drauf zu liegen! Nur näher, du ängstlicher Dieb, komm nur heran, ich werd' dir schon mit meinen Zähnen die Rippen abtasten! Nur näher!“ heulte Rex, Verachtung klang aus seiner Stimme.

„Mistfink! Ich werde gleich mit deiner Hündin Hochzeit feiern, und du wirst uns eins vorsingen, du Hund!“

„Ich wart' auf dich, du verreckendes Aas! Den Tod werde ich dir singen! Den Tod sollst du..." heulte er auf und erreichte mit einigen mächtigen Sätzen das Gebüsch, aus dem grünliche böse Augen aufleuchteten. Sie warfen sich aufeinander und verkrallten sich zum tödlichen Kampf. Sie wälzten sich am Boden in einem Knäuel grässlichen Gewinsels, Sichbalgens und hasserfüllten Geröchels. Rex war stärker gebaut, und obgleich nicht so gewandt im Kampf und Angriff, packte er den Gegner mächtig am Kragen und würgte ihn, seinen Kopf immer wieder gegen den Boden schlagend. Mit letzter Anspannung aller Kräfte entriss sich der Wolf den Krallen des Todes und rannte heulend wie toll von dannen.

Obgleich der Kampf nur kurz gewesen war, sank Rex, von den Wolfskrallen arg zugerichtet, blutbesudelt und erschöpft zu Boden. Die Windhündin leckte mit ergebenem Gewinsel seine Wunden und brachte ihm, solange er krank darniederlag, selbsterjagtes Geflügel. Und obwohl sie die Erinnerung an den Ueberwundenen noch mit Schauern ungesättigter Begierden überfiel, diente sie treu dem Sieger und zeigte ihm unbedingten Gehorsam.

Alles kehrte zum alten zurück, nur dass die beiden nach dem Sieg in ihrem Machtbewusstsein keine Grenzen ihrer Willkür mehr kannten, und das ganze Moor von den Klagen der erbarmungslos und ohne Zweck Dahingemordeten widerhallte. Rex, von seinem Triumph, seiner Macht und der

Angst, die er überall verbreitete, und nicht zuletzt von den Schmeicheleien der Hündin berauscht, hielt sich für den unumschränkten Herrn und Gebieter der Wasserwildnis und wurde so vermessen, dass er sich bereits anschickte, den Menschen die Fehde anzusagen.

Da geschah jedoch etwas ganz Unerwartetes.

Eines Nachmittags, als die beiden im Schatten der Hütte schliefen und die Sonne nach den Wäldern hin zu sinken begann, wobei ein angenehmer kühler Odem über das Moor strich, schwang sich ein Schwarm Kraniche in die Luft und liess sich, immer engere Kreise ziehend, ganz in der Nähe der Schlafenden zur Erde nieder.

Rex öffnete seine wachsamen Augen, und die Windhündin fletschte die Zähne.

Gleich darauf verdunkelte ein riesiger beweglicher Schatten die Sonne, und eine ganze Wolke Störche liess sich neben den Kranichen lautlos nieder. Dann nahten Scharen schopfgekrönter Silberreiher im Zickzackflug, gefolgt von langen Zügen Wildgänse. Möwen liessen sich aus der Luft herabfallen und schlugen hart wie geschleuderte Steine auf. Und weiter erschienen unabsehbare Scharen verschiedenen gefiederten Kleinzeugs. Es hatte den Anschein, als ob die ganze Vogelwelt sich zu einem grossen Reichstag versammelt hätte, die umliegenden Wiesen, Binsen und Bäume mit einer Flut flaumiger, wehender und erregter Flügel bedeckend.

Die Hunde sprangen auf und gingen unter drohendem Gebell zum Angriff über.
Plötzlich rauschte ein Wind flatternder Flügel auf, Tausende von scharfen Schnäbeln senkten sich wie Lanzenspitzen und blieben über den beiden hängen, und ein Zischen, wie von tausend Schlangen, kam von allen Seiten auf sie zu, sodass sie in tödlicher Angst aufheulten, ohne zu wissen, wohin sie flüchten könnten — denn all diese Scharen setzten sich wie auf Befehl in Bewegung und näherten sich mit grauenerregender Ruhe.
Gewaltige, graue Kraniche, die auf ihren Beinen, wie auf gehärtetem Stahl federten, bildeten die Vorhut und wiegten ihre Köpfe, die stachlichten Streitkolben ähnlich waren.
Die wie in schwarzweisse Trauertücher gehüllten Störche versuchten den Hunden den Weg von der Seite abzuschneiden und formten eine drohende Mauer aus gezückten Lanzen.
Silbrige Reiher sträubten kampfmutig ihre Kopffedern und schlichen sich mit lauernden Bewegungen heran. Wildgänse kamen herangewatschelt, schlugen herausfordernd mit den Flügeln und drängten sich in wilder Verbissenheit unverdrossen vorwärts. Ihre stumpfen Schnäbel, die auf gewundenen langen Hälsen sassen, hämmerten drauflos. So umschlossen die Gefiederten die Hunde von allen Seiten und bildeten einen von scharfen Schnäbeln starrenden Kreis. Die Kiebitze kreisten inzwischen ganz niedrig über dem Moor und

zerrissen die Luft mit ihren jammernden Klagen. Der Rest der gefiederten Horde machte einen ohrenbetäubenden Lärm und flatterte wild mit den Flügeln.

Auf einen langgezogenen Pfiff hin entstand mit einemmal Schweigen, und einer der grössten Kraniche, der seine Sippen schon viele Male übers Meer jenseits der Berge geführt hatte, schob sich vor, bewegte seine Flügel und schluchzte in einem feierlichen Ruf auf:

„Erbärmliche Vierfüssler! Niederträchtige Erdenkriecher! Hört, was ich euch sagen will! Wir stehen hier über euch zu Gericht! Es ist ein gerechtes Gericht! Herrenlose Herumtreiber! Die Wildnis hat euch aufgenommen, ihr aber habt ihre heiligen Rechte übertreten! Ihr habt gemordet ohne Notdurft! Ihr habt getötet zum Vergnügen! Ihr habt Nestvögel eines grausamen Todes sterben lassen. Von Gewalttaten, Unrecht und Verbrechen habt ihr euch genährt. Ihr Rechtverbrecher! Grausame Würmer! Eklige Blutsauger! Wehe euch, wehe! Wehe!"

„Kopf ab! Kopf ab! Kopf ab!" krächzte düster ein vorüberfliegender Rabenschwarm.

„Wir jagen euch fort aus der Wildnis! Kehrt zu euren Ketten und Stöcken zurück. Ihr seid nicht würdig, die Freiheit zu geniessen! Ihr, Geschöpfe der Dunkelheit, der Kälte und der Höhlen. Sklaven der menschlichen Bestien! — Schlecht, verlogen und niederträchtig, wie diese. Für die Gemordeten, für die verwüsteten Nester, für die totgewürgten Nestküchlein, für die geschändeten Gesetze — werdet ihr von uns für immer vertrieben! Für allezeit"!

„Kopf ab! Kopf ab! Kopf ab!" krächzten die Raben und liessen sich tiefer und tiefer herab.

Der Ring öffnete sich und es entstand eine breite Strasse quer durch die gefiederten Tausende.

Die Hunde ergriffen die Flucht. Sie flüchteten in riesigen Sätzen, ganz sinnlos vor Angst, angesichts der Todesgefahr, die sie seitens der zahllosen, zum Dreinschlagen bereiten Schnäbel zu bedrohen schien — jedoch nicht ein einziger Schnabel hieb auf sie ein, keine Kralle bohrte sich in ihren Leib, kein Flügel berührte ihre im Laufe langgestreckten Rücken.

Es dunkelte schon, als sie die Felder erreichten, sich im Getreide verbargen und dort halbtot vor Ermüdung und ausgestandenen Aengsten zu Boden sanken. Rex atmete schwer und liess seine blutig angelaufenen Augen lange noch unruhig über die wogenden Kornfelder und den von Sternen übertauten Nachthimmel irren, bis er wieder das Glück des eigenen Daseins zu empfinden vermochte. Er erschauerte bei der Erinnerung an die Schnäbel und Flügel, die sich so bedrohlich über ihn gesenkt hatten.

Die Windhündin aber, nachdem sie etwas geruht hatte, erhob sich jäh, witterte in der Luft und jagte querfeldein nach Hause.

Er wollte aufspringen, ihr nachrennen, dann aber besann er sich und horchte nur auf das Rascheln ihrer immer ferneren Flucht durch das Kornfeld. Seine Augen verdüsterten sich, der Speichel troff von seiner herunterhängenden Unterlippe, und sein trotziger stolzer Kopf senkte sich tiefer und tiefer.

☆

3.

IM URWALD

Ueber Rex senkte sich die drohende Faust des Verhängnisses. Durch menschliche Undankbarkeit war er vom Herrschaftshof vertrieben, und die Gefiederten hatten ihn aus der Wasserwildnis für Vergehen verbannt, deren Sinn er nicht verstehen konnte. Seine Freunde hatten ihn verlassen, das Schandmal allgemeinen Hasses wurde ihm aufgeprägt, und er war gezwungen, das bittere Leben eines Heimatlosen zu fristen.

Er begriff nicht sogleich seine furchtbare Lage. Angst und Zorn erfüllten ihn in gleichem Masse, denn er fühlte das Unrecht, das ihm geschehen war, und konnte sich dennoch die Ursache nicht erklären. Es war ihm, als müsste er gegen eine unsichtbare Mauer anrennen. Unaufhörlich trieb er sich in der Nähe der menschlichen Wohnstätten umher, ganz toll vor Angst. Dann wieder flüchtete er weit in die Felder, versteckte sich in Gräben, irrte über menschenleere Wege und kehrte wieder zurück, ohne auf die Steine zu achten, die ihm nachgeschleudert wurden, und ohne sich durch das wilde Geschrei der Verfolger abschrecken zu lassen. Im Gebüsch, am Rande der Landstrasse versteckt, horchte er tagelang auf den Widerhall der Stimmen, die vom Wirtschaftshof herüberklangen. Dazu kam, dass er den Stummen nirgends mehr fand, denn die Gänse hütete ein anderer Junge, der ihm seit früheren Zeiten feind war. Er versuchte sich an den Papagei heranzuschleichen, aber was half das alles, da er zu seiner Qual gewahr werden musste, dass die Felder, die Wälder und das Moor schon seine Schande und seine Niederlage kannten. Und nirgends fand er Mitleid. Er lebte ausserhalb der Allgemeinheit, wodurch er um so leichter zum Gegenstand der Geringschätzung und der Verfolgung wurde. Die dummen Elstern machten sich über ihn lustig. Die Krähen verfolgten ihn, als wäre er ein verreckendes Schindluder. Ein andermal wieder, als ihn das Rascheln der Kornfelder draussen eingeschläfert hatte, stiessen Habichte auf ihn nieder. Und bis zur Raserei brachte ihn das niederträchtige, schadenfrohe Gebell der Füchse, sodass er, um an ihnen Rache zu nehmen, ihre unterirdischen Baue auszugraben begann. Auch im Park konnte er sich nicht mehr zeigen, denn sobald das gefiederte Hofgesindel seiner ansichtig wurde, erhob es einen solchen Lärm, dass die Menschen mit Knüppeln angerannt kamen. Und hatte er sich vor den Verfolgern im Schilf am Teichufer versteckt, so entdeckten ihn dort die Störche und begannen unter lautem Geklapper mit ihren furchtbaren Schnäbeln auf ihn einzuhacken, sodass er kaum mit dem Leben davonkam. Selbst in den Hundehütten seiner ehemaligen Kameraden begegneten ihm nur gefletschte Zähne. Und Krutschek bellte ihm ängstlich nach, als wollte er sich für sein Verhalten entschuldigen:

„Lauf fort! Die Menschen reden, dass du toll bist! Alle haben Angst vor dir. Lauf fort..."

Bald musste er sich von der Wahrheit dieser Worte überzeugen, denn als er sich im Wirtschaftshof ein Lager suchen wollte, fand er nichts als erhobene Hufe und drohende Hörner. Die aufgebrachten Ställe verwehrten ihm unter lautem Angstgebrüll den Zutritt. Ermattet und hungrig schlich er sich in die Schweineställe und frass die elenden Reste aus den Trögen. Die Muttersäue verrieten ihn jedoch, und der Verwalter veranstaltete nachts ein Kesseltreiben, um ihn dort abzufangen; nur durch ein Wunder trug er aus diesem Abenteuer seine heile Haut davon. Von wahnsinniger Angst getrieben, rannte er endlich auf und davon und verbarg sich in den Wäldern. So musste er denn unter Todesdrohung die altgewohnten Heimstätten seines Geschlechtes verlassen und im unzugänglichen Urwald Zuflucht suchen. Einst hatte er diese Wildnis in Begleitung seines Herrn neugierig durchstreift, jetzt aber, da er sich im ewigen Zwielicht des Hochwaldes befand, in das nur hier und da ein blasser Streifen Sonnenschein wie durch ein dichtes Sieb durchsickerte, blieb er erstaunt stehen. Und als über seinem Haupte das geheimnisvolle Rauschen der sich hoch droben wiegenden Wipfel mächtiger Baumriesen vernehmbar wurde und ihn da unten die beunruhigende Stille zu umspinnen begann, weitete Entsetzen seine blutigen Augen, und aus der Tiefe seines Herzens stieg das klagende Winseln der Verzweiflung auf.

Viele Stunden lag er im Dickicht zusammengekauert, bevor er endlich den Mut fand, sich tiefer in den Urwald hinein zu wagen. Entsetzlich schien ihm diese Einsamkeit und diese Stille. Er hatte doch bisher stets in Gesellschaft gelebt. Er kannte das Herrenhaus, das Dorf, den Wirtschaftshof; er kannte die Menschen und die Tiere, die Felder und den Himmel; kannte die Tage und die Nächte, die Feinde und die Freunde; kannte den Lauf der Dinge, die Gesetze und Gewohnheiten, — aber hier war er in eine Welt verirrt, die er nicht begriff, die ihm fremd, rätselhaft und beängstigend vorkam.

Jedoch die Angst vor dem Tode war stärker als das Verlangen zurückzukehren, und er rannte immer weiter in den Urwald hinein, ziellos umherschweifend und oft bitteren Hunger leidend. Zu Beginn hatten seine Jagden nämlich wenig Erfolg: seine abgestumpfte Witterung und seine in der ewigen Dämmerung sich schlecht auskennenden Augen liessen ihn im Stich. Er verstand es noch nicht, einen Sprung in einen treffsicheren Hieb umzuwandeln. Er hatte kein Geschick für durchtriebene Listen. Die Sitten und Gesetze des Urwaldes waren ihm unbekannt. Er jagte hinter jedem Wild wie ein dummer junger Hühnerhund einher. Er vermochte nicht, seine Beute aufzuspüren und geduldig, stundenlang sich an sie heranzuschleichen. Er verriet sich allzu oft durch sein Gebell. Er rannte im Hochwald umher, wie ein Kalb in einem leeren Kuhstall. Er kläffte die

Eichhörnchen an, die mit Tannenzapfen nach ihm warfen. Er jagte so eifrig hinter den Zaunkönigen her, dass selbst die Eulen in ihren Baumhöhlen kicherten. Der ganze Urwald verfolgte sein Treiben mit Unruhe, denn er scheuchte und ängstigte alle Lebewesen, deren er ansichtig wurde. Tausende von Augen spähten nach ihm, aus dichtem Dickicht, von den Gipfeln der Bäume und selbst aus den Höhen des Himmels herab, der über den Wald gespannt war.

„Das ist bloss ein Hund, ein dummer Menschenhund! Habt keine Angst!“ tuteten die Uhus.

„Der stinkt nach Rauch und nach Aas!“ krächzten die Raben und liessen ihn nicht aus dem Auge, während rings um ihn her ein bellendes Gekicher, wie ein Echo, Antwort gab.

„Ein Herrenhofräuber! Ein Räuber! Hühnerfänger! Räuber!“

„Der nährt sich auf unsere Kosten!“ empörten sich die Wölfe, die von weitem seiner Fährte folgten.

„Raus da, aus dem Haus da! Raus da, aus dem Haus da!“ kreischte eine Elster, die früher unter Menschen aufgewachsen war und sich mit einemmal der einst erlernten Wörter entsann.

Er kläffte sie giftig an und sprang gegen den Ast, auf den sie sich gesetzt hatte.

„Dummerjan! Dummerjan! Dummerjan!“ schluchzte sie grell auf und schlug vor Vergnügen mit den Flügeln.

Immer tiefer drang er in die Wildnis, verfolgt von kreischenden Stimmen, drohenden Warnungen und feindseligem Gebell. Das schwere einsame Leben wurde ihm zuwider, und obendrein machte ihn der undurchdringliche Wald ganz unsicher. Er irrte umher, ohne einen Weg zu finden. Es erschreckten ihn die überwucherten Sümpfe, in denen es von Schlangennestern wimmelte, und wilde, morastige Dickichte, aus denen unheilvolles Knurren, Schnarchen, Keuchen und schwere Tritte vernehmbar waren. Soviel Mühsal und die unaufhörliche Angst machten ihn mürbe. Beinah tat es ihm wohl, dass er die Todesfrau um sich herum witterte. Nur auf die Gelegenheit kam es an. Er konnte auch nur am Tage auf offenen Waldwiesen schlafen, wo ihn aber die Schatten vorüberfliegender Vögel aufscheuchten. Und da es ihm immer schwerer wurde, etwas zu erjagen, und der Hunger ihm den Rest der Besinnung raubte, fiel er eines Tages eine Herde Wildschweine an, aus der er sich einen ziemlich grossen Frischling holte. Doch gelang es ihm nicht, sein Mahl zu beendigen; denn die wütenden Muttersäue trieben ihn in die Flucht und er musste die besten Bissen zurücklassen. Ein andermal griff er Hirsche an der Tränke an und konnte dann nur mit Mühe und Not, furchtbar zugerichtet, einen Köhlerschuppen erreichen, wo er seiner neuen und schweren Wunden halber mehrere Tage bleiben musste.

Der Schuppen befand sich am Rande eines alten

grossen Haues, der dicht mit wilden Himbeer- und Brombeerbüschen überwuchert war, über denen schlanke Samenbäume zum Himmel emporschossen. Die Luft hallte dort von lautem Vogelgezwitscher und Singen wider, und in der Mitte des Haues blitzte ein länglicher Weiher auf, der an den Ufern dicht mit Röhricht und Schilf bewachsen war. Den ganzen Tag über hörte man im Wasser die Wildenten und -gänse plätschern. Der Ort war ganz weltentrückt und den Menschen unbekannt, aber der Urwald kannte ihn. Es war eine heilige Stätte, an der sich bei Sonnenaufgang und am Abend das Volk der Wildnis versammelte, um sich am frischen und reinen Wasser zu laben. Rings stand als Wächter der aus uralten Eichen und himmelanstrebenden Kiefern bestehende Hochwald. Die Luft duftete nach Honig und schwirrte von Bienen, deren Stöcke sich in den Höhlen alter Bäume befanden; aus einigen von diesen, die nach Westen gewandt waren, floss der Honig in goldenen Tropfen, die an der Luft erstarrten. Darüber schwebten ganze Wolken von Insekten, von denen die meisten den Tod in der süssen, klebrigen Flüssigkeit fanden. Und über diese Leichen hinweg, wie über Brücken, zogen Haufen gefrässiger roter Ameisen.

Die Tage waren veränderlich: einmal brannte die Sonne erbarmungslos, dann wieder zogen schwere Gewitter vorüber — die Erde erbebte von Donnergrollen und die feurigen Ruten der Blitze schlugen auf den wogenden Urwald ein; dann prasselte ein Platzregen hernieder, wild rauschend wie Meeresbrandung. Von den Feldern stürmten trockene sommerliche Winde heran und wälzten sich mit durchdringendem Pfeifen trunken über die Baumkronen. Bis endlich die langen, stillen, warmen und duftenden Tage anbrachen, die alles, was lebt, mit tiefer und grenzenloser Inbrunst erfüllten, sodass der Lobgesang der Liebe und der Freude aus allen Zweigen und Büschen klang.

Nur Rex konnte die allgemeine Lebensfreude nicht geniessen. Schmerzlicher noch als seine Wunden quälten ihn dunkle Gedanken. Ein sicherer Instinkt sagte ihm voraus, dass er dem Urwald nicht mehr lange trotzen werde und dass sein Untergang unabwendbar war. Aber er wollte nicht zugrunde gehen. Der Lebenswille bäumte sich in ihm mit immer grösserer Macht auf. Die Wellen einer dumpfen Empörung rissen ihn stets aufs neue hoch. Er aber sank wieder und wieder entkräftet und krank auf sein Lager zurück, während das Verlangen nach Rache immer brennender in ihm aufstieg. In diesen langen Tagen und Nächten gingen an seinem fiebernden Gehirn die lebenden Bilder des erduldeten Unrechts und Leides vorüber. Und dabei litt er dermassen, dass er verzweifelt aufheulte und die Menschen und die Tiere im gleichen Masse beschuldigte. Er fühlte und hörte es, wenn Raubtiere um seinen Schuppen herumschlichen. Er glaubte oft, der Augenblick des letzten Kampfes auf Tod und Leben sei angebrochen. Doch dieser Augenblick kam nicht. Er konnte sich diese Gnade nicht erklären, bis ihm schliesslich ein alter Uhu die Sache begreiflich machte.

„Kranke würgt man nicht ab! So lautet das Gesetz!“ tutete der Uhu aus dem Hintergrunde des Köhlerschuppens, wo er sein Nest hatte.

Am nächsten Tage aber, als die Sonnenstrahlen ihn aus seinem Jagdrevier vertrieben hatten, hockte sich der Uhu in die dunkelste Ecke des Schuppens und begann Rex die Gesetze und Sitten auseinanderzusetzen, die im Urwald herrschten. Er tutete eintönig, hundertmal dasselbe wiederholend, aber Rex verstand ihn gut.

Als er ihm eine Weile zugehört hatte, sah er ihm stolz in die gelb leuchtenden Glotzen und sagte:

„Ich möchte lieber bei den Menschen Schafe hüten, als König der Wildnis sein.“

„Niemand regiert hier bei uns, wir werden nur von klugen, uralten Gesetzen gelenkt. Sie gefallen dir nicht, aber was weisst denn du von Freiheit? Die Menschen haben dir ihre Freiheiten mit Stock und Hunger eingebläut. Du hast dich von der Kette losgerissen, elender Sklave, der du bist, und bellst jetzt frech über Dinge, die du nicht begreifst.“

„Eins aber weiss ich, dass bei den Menschen nicht immerfort einer auf den anderen Jagd macht, ihn bei lebendigem Leibe auffrisst und ihm unaufhörlich nachstellt! Jeder kann in Sicherheit schlafen.“

„Weil alle von der Gnade des Menschen zehren und von seinem Stock bewacht sind. Sie fressen sich zwar nicht gegenseitig auf, aber der Mensch frisst sie alle. Schau mal, wie sieht heutzutage das einst so mächtige Geschlecht der Vierhufer, der Gehörnten und der Gefiederten aus — das ist jetzt nur noch Arbeitsvieh, das für elende Nahrung und für eine Wohnstätte seine Freiheit, seine Kraft und sein Blut verkauft hat. Ihr lebt, vermehrt euch und sterbt nur dem Menschen zum Nutzen! Weder deine Haut, noch deine Knochen, noch dein Haar gehören dir! Schande über euch, die ihr die Knechtschaft liebgewonnen habt! Ihr versteht es selbst nicht mehr, euch aufzulehnen. Was ihr könnt, ist klagen, Prügel in aller Demut ertragen und den Unterdrückern die Füsse lecken!"

Rex sprang auf, wie mit einem glühenden Eisen gebrannt, sank aber gleich wieder mutlos zusammen.

„Ich habe einmal ein Nest im Glockenturm der Dorfkirche gehabt, ich weiss genau, wie es dort zugeht! Ich entsinne mich noch, wie immer, jeden Morgen und jeden Abend, ein einziges Stöhnen von Klagen, Leid und Verzweiflung aller Kreatur zum Himmel aufstieg. Und hörst du die Lieder, von welchen der Urwald ununterbrochen erfüllt ist? So singt die Freiheit, so singt unser frohes, frisches und sorgloses Leben! So singt das Glück!"

Rex schluchzte schmerzlich auf, von den Krallen der Erinnerung gepackt.

„Du weisst nicht, Hund, was Glück ist, wenn ich so zum Beispiel meine Flügel entfalte, mich in den Luftraum werfe und mich tragen lasse, wohin ich will, als Herr meiner eigenen Macht und meines eigenen Seins, als ein Freier!“

„Bis dich der Falke zerreisst, wie eine elende Meise,“ knurrte er zurück.

„Wenn er mich überwindet, so ist es sein Recht. Aber von denen, die es mit mir aufnehmen wollten, sind nur leere Nester übrig geblieben. Jedweder hat das Recht anzufallen. Für jeden Hieb, für jeden Tod zahlt der Tod! Wehe denen, die sich nicht auf ihre Zähne und Krallen verlassen können! Kampf ist Leben! Der Sieg ist das Ziel! Des Feindes warmes Blut und zuckendes Fleisch sind die köstliche Belohnung für den Mut. Den Siegern gehört Ruhm und Beute! Tod den Besiegten! Das ist die Losung der Freien!“ unkte er immer lauter.

„Du fängst, wenn es hoch kommt, eine Maus, und willst mir hier von Heldentaten quasseln.“

„Und du glaubst Gott weiss was für Kämpfe zu bestehen, wenn man dich auf eine halbverreckte Kuh hetzt! Und dann hast du noch vor ihren Hufen Angst. Ein schöner Held bist du, auf den selbst die Krähen einhaken, wenn sie die Lust ankommt...“

„Die Läuse fressen dich auf, und kein Heldentum schützt dich vor ihnen!“ bellte nun Rex, der bemerkt hatte, dass der Uhu sich mit dem Schnabel immer eifriger unter den Flügeln zu schaffen machte.

„Maul halten, elender Knecht, vergiss nicht, dass du die Ehre hast, mit einem Freien zu sprechen. Vergiss nicht, du Vieh, dass du ein Werkzeug des Menschen bist! Der Urwald hat dir seinen Schutz gewährt, das magst du dir ins Gedächtnis einprägen. Und ich rate dir, zur Peitsche, zum vollen Trog und warmen Lager des Schweinestalls zurückzukehren. Um die Freiheit schätzen zu können, muss man frei geboren sein. Mach, dass du fortkommst aus meinem Gesichtskreis, du räudiges Fell!"

Rex sprang gegen ihn an, konnte ihn aber nicht erreichen und sank stöhnend auf sein Lager zurück.

Der Uhu flatterte davon und liess ein dröhnendes Lachen erschallen, das durch den ganzen Wald hallte.

„Ihr werdet den Hund noch kennen lernen und die Zähne des Sklaven an der eigenen Haut spüren, ihr freien Räuber!" heulte er, mit den Zähnen klappernd. Eine unbezähmbare Wut würgte ihn. Er fühlte sich beleidigt und erniedrigt, wie noch nie zuvor. Diese Auslassungen über das Sklaventum steigerten seine Wut bis zur Raserei. Sie trafen das Richtige, und darum konnte er sie nicht verwinden.

All diese Reden musste er über sich ergehen lassen! Er drehte sich, schäumend vor Wut, im

Kreis auf seinem Lager herum und biss sich zornig in den Schwanz. Diese niederträchtigen Beleidigungen zeigten ihm, wie stark er mit allen Lebensfasern an jener alten Welt hing, wie sehr ihm das alles, was er noch vor kurzem verflucht hatte, nahe und teuer war. Und zugleich fühlte er den tiefen Abgrund, der ihn von der Wildnis trennte, und da er sich vor ihr fürchtete, begann er sie um so leidenschaftlicher zu hassen und mit wildem Gebell zu verfluchen. Dieser wahnsinnige Hass spornte seinen verborgenen Kampfinstinkt an. Vom blutigen Hohn des Uhus gereizt, vergass er seine noch kaum geheilten Wunden, kroch bis an den Rand des Waldweihers und erhaschte schon nach einigem Lauern im Röhricht einen Erpel, bevor dieser auch nur aufquaken konnte. Dieser Erfolg stärkte seine Zuversicht und machte ihn so dreist, dass er tagelang im Schilf auf der Lauer liegen konnte und das in seinem Bereich herumwatende Geflügel mit solcher Geschicklichkeit fing, dass selbst der achtsamste Kranich ihn nicht bemerkte, wenn er mit seiner Beute im Maul nach der Köhlerhütte heimkehrte. Und je mehr sich seine Kräfte und sein Jagdglück steigerten, desto rücksichtsloser missachtete er die in der Wildnis herrschenden Gesetze. Er forderte sie heraus, am hellichten Tage vor aller Augen mordend, und sein grosser, löwenartiger Kopf hob sich immer höher und stolzer. Eine unheilverheissende gewitterschwangere Stille begann sich um ihn zu bilden. Er fühlte, dass tausend Augen ihm nachspürten, dass im Dickicht und in der Luft, in Erd- und Baumhöhlen jede seiner Taten abgewogen wurde und dass ihm aus dem immer enger werdenden Kreis von Gefahren jeden Augenblick ein Angriff drohte. Der Uhu hetzte nicht umsonst die ganze Wildnis gegen ihn auf. Immerfort vernahm er den verhassten Ruf und sah seine Gestalt, die ihn an ein zerrissenes Federbett erinnerte. Zuweilen witterte er vorüberschleichende junge Wölfe, einen Fuchs, der mit vorgestreckter Schnauze vorbeischlenderte, oder eine Wildkatze, die lauernd auf einem Baumast hockte und ihre blutigen Augen aufleuchten liess. Selbst die dummen Eichhörnchen schienen ihn ständig zu bewachen, er traf sie immer in der Nähe des Köhlerschuppens an. Und am hohen Himmel kreisten, dem Auge kaum wahrnehmbar, die Habichte. Es war unmöglich, sich vor ihrem Teufelsblick zu verstecken. Auch der Hochwald und das ganze Kleingeflügel schlossen sich der allgemeinen Verschwörung gegen ihn an. Die Krähen, denen er gnädig reichliche Ueberreste seiner Beute überliess, umgaben ihn zwar mit einem lauten und entzückten Gekrächz, sobald jedoch die Dämmerung anbrach, flogen sie davon, ihre Neuigkeiten den Wölfen zu erzählen. Ja sogar die Brombeersträucher hielten ihn nicht selten auf mit ihren Dornenkrallen; die herabhängenden Aeste schlugen ihn schmerzlich, und das junge Unterholz schloss sich zu einer undurchdringlichen Wand vor ihm zusammen. Die Winde verwischten die Fährte des Wildes und trugen ihm die Witterung dicht vor der Nase weg. Aber trotz alledem forderte Rex mit scheinbarer Sorglosigkeit und Verwegenheit alle immer wieder von neuem heraus.

Angesichts einer solchen Tollkühnheit stutzte die erstaunte Wildnis, einen unvorausgesehenen Hinterhalt befürchtend.

Endlich, als wollte er selbst den Tod herausfordern, begab sich Rex eines Tages an die heilige Stätte, um sich ein Reh zu erjagen. In der Dämmerung näherte sich gerade ein Rudel dem Weiher; im Gefühl völliger Sicherheit schlürften die Rehe lange am Wasser und spielten in anmutigen Sprüngen miteinander. Er warf sich auf eine schlanke, kaum ausgewachsene Rehkuh — sie entriss sich ihm und sprang mit einem wilden Satz in die Tiefe. In der Mitte des Weihers konnte er sie jedoch einholen, schleppte sie ans Ufer und zerfleischte sie, ohne ihrer Klage zu achten. Lange labte er sich an diesem leckeren Mahl, die Krähen versammelten sich schon in ganzen Schwärmen in der Nähe, auf ihren Teil der Beute wartend, als aus dem Dickicht Wolfsgeheul erklang. Rex hob den von Blut triefenden Kopf und antwortete mit drohendem Knurren.

Aus dem Birkengebüsch kam Hinkefuss zum Vorschein und heischte mit Geheul seinen Teil an der Beute.

„Komm her und nimm ihn dir!“

„Teile mit mir, sonst lasse ich Gericht über dich halten für Töten an heiliger Stätte."
„Komm her und nimm ihn dir!" heulte Rex dumpf auf und zeigte die Zähne bis an die Wurzeln.
Der Wolf, vom Dunst des frischen Blutes trunken, rief seine Kameraden, die sich in der Nähe verborgen hielten.
Rex aber wartete nicht länger — er reckte sich, duckte sich dann zum Sprung, liess seine Augen rollen und brach in ein herausforderndes Kampfgeheul aus.
Hinkefuss zog sich vorsichtig zurück und rannte dem Ufersaum entlang auf die andere Seite des Wassers. Rex aber heulte so wild und zornig auf, dass der Urwald weit und breit rauschte; alles, was lebte, verkroch sich vor dieser drohenden Stimme in Höhlen, Nestern und unzugänglichen Schlupfwinkeln. Niemand stellte sich zum Kampf. Sie hatten Angst vor dieser Herausforderung. Nachdem er solchermassen seinen Sieg ausposaunt hatte, schleppte Rex den Rest seiner Rehkuh in den Köhlerschuppen und warf sich erschöpft auf sein Lager. Das war die erste Nacht im Urwald, die er ruhig und ohne Angst schlafend verbrachte.
In der Morgendämmerung eilte er zur Tränke und legte sich nach einem Bad im Weiher unter die Kiefern, von den Bienen, die aus ihren Stöcken zur Arbeit flogen, umsummt.
Ein herrlicher Tag war über der Wildnis im Anbruch; unter den Bäumen lag noch die betaute

und vom schweren, atembenehmenden Harz- und Pilzduft durchtränkte Dämmerung; die Nebel erhoben sich von ihrem Nachtlager und stiegen, den Hau mit einem bläulichen Flor verschleiernd, himmelan, sich zu durchsichtigen Kunkeln zusammenballend; ein frisches Lüftchen verkündete die nahende Sonne; die erwachenden Bäume erbebten, und ein Regen perlenden Taues rieselte zu Boden; inmitten der beunruhigenden schlaftrunkenen Stille vernahm man die ersten Geräusche und Lebensstimmen, Flügelschlag und Gezwitscher. Und als die Nacht vollends erblasste und die Umrisse der Bäume immer deutlicher wurden, kam Bewegung in die Wildnis. Am Weiher fanden sich schon die Züge unzähliger Vogelschwärme ein. Es wogte das Ried, durch das auf ausgetretenen Pfaden die Rehe zur Tränke eilten. Das Grunzen von Wildschweinen, deren Rudel zum Wasser drängten, wurde laut. Wölfe schlichen lautlos vorüber, nur in der Luft die Spur ihrer Anwesenheit zurücklassend. Das Bellen der unruhig umherlungernden Füchse durchschnitt die Luft. Von den Baumwipfeln liessen sich die Raubvögel lautlos nieder, ihre ausgebreiteten Flügel kaum bewegend. Schreie von Wildgänsen und Entengequak vermengt mit lautem Geplätscher erfüllten den Umkreis.

Ganz zuletzt kamen die Kraniche und dichte Scharen von kleinen und grossen Räubern und das Getier, das in unterirdischen Gängen wohnt und sich nur von Gras nährt. Das ganze Volk der Wildnis eilte unter lautem Lärm herbei, um seinen Durst zu stillen und im Schutze uralter Gesetze, die bei Todesstrafe die Jagd an der Tränke verbieten, sich im Weiher zu baden.

Rex lag unter einer weithin sichtbaren Kiefer, seine mächtige Gestalt und die Kunde seiner Verbrechen erfüllten alle mit Grauen, aber niemand griff ihn an.

Man wich ihm im Gegenteil aus und schien ihn nicht zu bemerken. Nicht ein Auge blitzte in seiner Richtung auf. Sie zogen ruhig vorüber, als wäre er gar nicht da.

Dieses Verhalten erfüllte ihn mit Unruhe, er traute dieser Gleichgültigkeit nicht, hinter der sich vielleicht eine List verbarg. Die Haltung der Wölfe erschien ihm besonders verdächtig. Als aber die Morgenröte ihren Purpur auf den Wassern spielen liess, stob das Volk der Wildnis so rasch und lautlos wie die letzten nächtlichen Nebel auseinander. Nur die Kraniche blieben zurück. Sie besetzten die Ufer des Weihers in grossen Scharen und begannen, die Jungen zu unterweisen. Ausserdem sandten sie zahlreiche Wachtposten nach allen Seiten hin aus. In Abständen flogen kleine Trupps unter Führung der Leitkraniche auf, stiegen, Kreise in der Luft ziehend, immer höher und höher, bis über die Wipfel des Hochwaldes, den rosenroten Wolken entgegen, und nachdem sie sich dort in Keilform geordnet hatten, tauchten sie in die

Abgründe des Himmels unter, sodass schliesslich nur ihr ferner Ruf noch den himmelanstrebenden Flug andeutete.

Dann kehrten sie in derselben Flugordnung zurück, um nach einer Ruhepause ihre Versuche von neuem zu beginnen.

Da fühlte Rex das Verlangen, sich für die im Moor erlittene Erniedrigung zu rächen. Sobald die Nacht gekommen war und neblige Hüllen den Hau eingemummt hatten, schlich er sich an den Schwarm heran und wollte sich voller List durch die Kette der Wachtposten, die auf einem Fuss stehend die Köpfe unter den Flügeln verborgen hielten, hindurchschlängeln. Doch ehe er noch die Strecke erreicht hatte, die sich unter ihrer Bewachung befand, erhoben sich langgezogene Warnrufe und schwere Schnabelhiebe stachen ihn. Mit schäumendem Maul und ungesättigtem Rachegefühl musste er umkehren, vergrub sich unter dem Stroh seines Lagers und schlief bald ein.

Es war schon tiefe Nacht, der Mond schwebte über dem Hochwald, die Wasser zitterten im Lichtgefunkel, die Nebel hingen wie silberne Gewebe an den Gräsern und dem niedrigen Buschwerk, als plötzlich, irgendwo vom Weiher her, der schluchzende Gesang eines Kranichs laut wurde. Die Wildnis verstummte vor Staunen. Aller Kampf, alle Verfolgung und Jagd wurden unterbrochen, der starre Hochwald stand unbeweglich da, lauschend und wie bezaubert von diesem Gesang, der sich in ungetrübter Stille wie ein Wunder der zehrenden Sehnsucht und heimlicher Träume entfaltete. Ein Allerheiligstes, das tief verborgen in den Seelen schlummert, schien sich anzukündigen, erweckte die ganze Kreatur und hielt sie in Bann. Wie war es nur gekommen, dass Rex jetzt vor der Wachtpostenkette der Kraniche stand? Im Grase geduckt, spitzte auch er die Ohren und vergass dabei seine eigene Sicherheit.

Die Kraniche hielten das Ufer des Weihers dicht besetzt. Sie standen unbeweglich da, die Hälse zwischen die Flügel geschoben; nur einer, ein Anführer und Sänger zugleich, ragte mit zum Mond erhobenem Haupte über die anderen hinaus und sang mit langgezogener und melodischer Stimme. Es schien, als wäre sie aus silbernem Gefunkel und würzigen Düften zusammengefügt. Hin und wieder breitete er seine Flügel aus und drehte sich flügelschlagend, wie in einem heiligen Priestertanz, um sich selbst, wobei er immer lautere, feierlichere und sehnsüchtigere Töne von sich gab. Er sang von fernen, fernen Reisen gen Sonnenaufgang! Von unabsehbaren Landgebieten, himmelanstürmenden Bergen und brausenden Meeren. Dann besang er den Zauber der goldenen Wüste, der blauen Flüsse, der Palmenhaine und der glühenden Sonne. Er besang Erdstriche, auf denen keine Menschen leben, und wo ein jedes Geschöpf frei und glücklich sich seines Daseins freut, ohne den Tod zu kennen. Und er sang alte, aus Urväterzeit überlieferte und in den Wüsten wiedergefundene Märchen, die aus der Sehnsucht kummervoller Herzen geboren waren.

Rex erbebte, als ihm der Dunst eines Wolfes in die Nase stieg: unter den Kiefern aus dem Dickicht funkelten grünliche Augen; die Füchse kreisten unruhig im nahen Gebüsch umher und versuchten, mit den Ruten auf den Boden klopfend, sich näher und näher heranzuschleichen; die Wildkatzen hingen unbeweglich in den Aesten der Bäume; selbst die schmutzigen Wildschweine hatten den Hau besetzt und lagen da, ihre Rüssel zum Mond emporgerichtet. Ein Rudel Hirsche, mit einem ganzen Wald von Geweihen auf den mächtigen Häuptern, hörte wie versteinert dem Lied zu. Ganze Schwärme von Gefiederten lauschten in den Zweigen der Samenbäume und im Gebüsch. Fast das ganze Getier des Waldes drängte sich von allen Seiten mit andächtigem Eifer heran und schien wachend die bezaubernden Visionen verlorener Paradiese zu träumen. Die Erinnerung an das alltägliche Dasein war ihren Gedanken entschwunden — die Erinnerung an Kämpfe, Hunger und Mord. Der unsterbliche Hauch der Sehnsucht vereinte alle diese eingekerkerten Seelen und riss sie mit sich in das Reich der Träume kommender Daseinsmöglichkeiten.

Der alte Kranich aber sang unermüdlich weiter, und ab und zu liess sich, wie zur Begleitung, das trockene Schnalzen der Schnäbel oder ein lang-

gezogener klagender Schrei aus der Mitte der dastehenden Genossen vernehmen.
Vor Eintritt der Morgendämmerung, als der Mond untergegangen war und ein kühler Luftzug aus den dämmerigen Waldtiefen zu wehen begann, verstummte das Lied, und der Hau leerte sich unversehens. Die Kraniche schliefen, die Nebel zogen sich über ihnen zu weissen Plantüchern zusammen, der Hochwald stand schweigend da, und nur aus der Kette der Wachtposten erklang hin und wieder ein scharfer Warnruf.
Rex konnte nach diesem Erlebnis nicht zu sich kommen. Es war ihm unmöglich, ruhig liegen zu bleiben, etwas trieb ihn unwiderstehlich an, und als der Tag kaum erwacht war, jagte er in die weite helle Welt, in der Richtung der Felder, davon. Er kehrte zu den Seinen zurück. Es hatte ihn irgend etwas so erschüttert, dass er selbst den aufgescheuchten Hasen aus dem Wege lief. Sein Herz war übervoll von jauchzender Liebe. Er bellte eine Schar Rebhühner, denen er auf seinem Wege begegnete, freundlich an. Er wälzte sich freudig im taufeuchten Getreide. Auf dem Dorfweideplatz zerriss er die Fesseln eines Pferdes, das sich aus einem Graben nicht heraufarbeiten konnte. „Gen Sonnenaufgang! Gen Osten!“ tönten in seinem Gedächtnis die abgerissenen Rufe der Kraniche nach.
Da geschah gerade das Wunder der auferstehenden Sonne. Sie stieg gewaltig und feuerrot über der

Welt empor, als sichtbares Zeichen der Gnade, als leuchtendes Auge des göttlichen Mitleids. In dieser Stunde wurde in ihm ein Gedanke geboren, noch zwar dunkel und unbestimmt, aber seltsam aufregend und durch seine ungeheure Kühnheit geradezu erschreckend. Der Gedanke, dahin auszuwandern, wohin die Kraniche ziehen — nach jenen gesegneten Landstrichen, wo es keine Menschen gibt und wo Freiheit und Glück herrschen.

Er war in sein Dorf gekommen, die Hunde empfingen ihn mit Misstrauen, und dieser und jener liess sogar die Zähne aufblitzen; als er sie jedoch freundlich anknurrte, gaben sie ihm das Geleit bis an die Felder des Herrenhofes.

Auf dem Grenzhügel hockte er sich nieder und winselte unter dem Andrang eines plötzlichen Freudegefühls leise auf.

„Ich bin gekommen, um euer Geschlecht aus der Menschensklaverei zu befreien. Haltet euch bereit. Mag einer von euch auf dem Hügel am Wald auf mich warten,“ wandte er sich an die ihn begleitenden Dorfhunde. „Ich werd' es euch genau auseinandersetzen.“

Er sprang plötzlich ins Getreidefeld, denn auf dem Feldweg waren Ochsengespanne aufgetaucht, welche schwere, knarrende, mit Getreide vollgeladene Wagen mühsam vorwärts zogen. Dichte Peitschenhiebe fielen laut klatschend auf ihre gebeugten Rücken.

Vor dem Wirtschaftshof am Weg peitschten die

Jungen auf den alten Esel ein, nachdem sie ihm einen Sack über den Kopf gestülpt hatten; sie versuchten, ihn in eine der nahegelegenen Kalkgruben zu treiben. Der Esel schrie aus Leibeskräften.
„Gib nicht nach! Ich helfe dir!" bellte Rex in einer plötzlichen Aufwallung von Zorn und Mitleid.
Er riss ihm den Sack vom Kopfe. Der Esel aber, wütend vor Schmerz und von der ihm zuteil gewordenen Hilfe ermutigt, stürzte sich auf die Jungen, schlug aus, trampelte und keuchte wie eine rostige Torangel.
Ohne auf seine Danksagungen weiter zu achten, schlich sich Rex in den Wirtschaftshof und darauf in Krutscheks Hundehütte, der aus Angst nicht wagte, ihm den Eintritt zu verwehren. Rex setzte ihm sein Vorhaben auseinander. Der alte Kettenhund überlegte lange und knurrte schliesslich hämisch:
„Führe sie alle weg, dann werden die Menschen toll vor Wut. Alle werden von ihnen im gleichen Masse mit Elend, Peitsche und Arbeit bedacht."
„Alle Gehörnten, und alle Huftiere — und alle Schweine?" Diese Aussicht erweckte Rexens Staunen. „Aber werden sie begreifen und folgen wollen?" Ein tiefer Zweifel wurde in ihm wach.
„Wer nicht gehen will, mag unter den Peitschenhieben verrecken. Er wird dann für diejenigen arbeiten müssen, die davongezogen sind. Das muss man ihnen erklären. Und wohin soll es denn gehen?"

„Jenseits der Berge und Meere, da wo die Kraniche überwintern, fern, fern von hier.“
Krutschek sprang plötzlich auf, dass seine Kette aufklirrte, und knurrte zornig.
„Sie sagten, du wärest toll, aber nun sehe ich, dass du nur verrückt bist. Mach, dass du fortkommst!“
„Was soll man mit einem Schafskopf reden. Und gäbe man dem Schwein selbst Honig in den Trog, es würde doch Spülwasser vorziehen, da es sich daran gewöhnt hat. Pass auf, dass du es nicht bereust!“ warnte Rex, von dessen Urteil tief verletzt.
„Mach, dass du fortkommst! Sie werden dich noch erspähen, und ich werd es büssen müssen. Wenn alle mit dir gehen, so bleib auch ich nicht zurück.“
„Du bist so an deine Kette festgewachsen, dass dich die Freiheit entsetzt. Ihr könnt euch nicht einmal empören!“ klagte er, die Worte des Uhus wiederholend.
„Auch deine Lora wollte die Freiheit schmecken. Sie ist weggeflogen, und gestern hat man die Arme weder tot noch lebendig den Habichten entreissen müssen. Sie haben ihr die Flügel gebrochen. Ich habe selbst gehört, wie sie gejammert hat!“
Rex erfüllte diese Nachricht mit heissem Mitgefühl. Das Los seiner Freundin ging ihm zu Herzen, und er machte sich sofort auf, um sie zu sehen. Aber eine der Mägde vertrat ihm den Weg mit drohend erhobenem Stock. Er zerrte sie

zu Boden und zerzauste sie arg, dass alle Bewohner herbeieilten, um ihr beizustehen. Er verschwand im Getreidefeld. Wütend umkreiste er von neuem die Wirtschaftsgebäude des Herrenhofes, aber nun nicht mehr heimlich, unter dem Schutze der Dunkelheit, sondern am hellichten Tage, wie ein wirklicher Machthaber, der sich durch seine Kraft Gehorsam erzwingt. Von seinem grossen Gedanken erfüllt, gab er sich mit der ganzen Macht seines heissen Herzens und seiner leidenschaftlichen Veranlagung diesen Zukunftsbildern hin. Ausserhalb dieses grossen Zieles bestand für ihn nichts mehr auf der Welt. Die Hunde schenkten ihm ihr Vertrauen, gehorchten ihm in allem und hielten ihn für ihren Herrn und Meister.

Einige von den Stärksten folgten ihm jetzt von ferne überall hin zum Schutz und zur etwaigen Hilfe. Sie kannten ihn kaum wieder, so sehr hatte er sich in der Freiheit verändert. Durch seinen Wuchs, seine Farbe und seine Gestalt machte er den Eindruck eines wirklichen Löwen. Auch seine Stimme war wie Löwengebrüll, und wenn er zornig aufheulte, duckte sich ängstlich alles, was da lebte. Er nährte sich auf Kosten des Herrenhofs, ohne sich um dessen Meinung zu kümmern. Er hatte ein stolzes und hochfahrendes Wesen angenommen und übte rücksichtslose Vergeltung an allen früheren Feinden, von denen er keinen schonte.

Als festen Wohnsitz hatte er sich einen Hügel bei

den Viehweideplätzen am Waldsaum gewählt; die Menschen nannten diese Stätte: die Burg. Es türmte sich dort ein grosser Haufen Steine auf, und die geborstenen Wände und Reste verwitternder Basteien waren dicht mit Haselnusssträuchern, Birken und Brombeergestrüpp überwuchert. Dort, in einer gewölbten, halb verschütteten Halle, die trotz ihrer Baufälligkeit Schutz gegen Regen und Wind bot, empfing er seine Gehilfen, beratschlagte mit ihnen und sandte seine Werber hinaus ins ganze Land. Er hatte die Gewohnheit angenommen, seinen Sitz hoch auf einem Mauerblock zu wählen, von wo er mit Adleraugen die umliegenden Felder übersehen konnte, und wo er nur irgend ein Unrecht gewahrte, da eilte er hin.

„Lasst euch nichts gefallen! Verteidigt euch!" war die Losung, die er und seine Kampfgenossen den von den Menschen unterjochten Tieren zuriefen. Und überall waren die gleichen Folgen bemerkbar. Seltsame Dinge trugen sich zu. Die Pferde beantworteten jeden Peitschenhieb mit Hufschlägen, die Ochsen zerrissen ihre Geschirre und stapften, nachdem sie die Leiterwagen und Pflüge in Stücke geschlagen hatten, seelenruhig ins Getreide, um sich dort nach Herzenslust sattzufressen; die Schweine waren von den Kartoffelfeldern nicht mehr fortzukriegen; die von der Kette losgelassenen Hunde liessen sich nicht mehr einfangen; selbst die dummen Schafe erfüllten die Luft mit aufrührerischem Geblök. Nur der alte Esel, trotz des einmal geglückten Auflehnungsversuches, wagte nicht, sich weiter zur Wehr zu setzen und brüllte um so kläglicher, wenn er wieder einmal Prügel erhielt.

„Ich fürcht' mich doch! Ich fürchte mich so furchtbar!"

Der Aufruhr breitete sich mit ungewöhnlicher Schnelligkeit aus, denn überall traten die Hunde für die Benachteiligten ein und griffen ihre Bedrücker an. Unaufhörlich entspannen sich Kämpfe, Blut floss, Stockhiebe sausten krachend auf die gebückten Rücken nieder, Peitschenschläge durchschnitten die Luft, Flüche ertönten fast ununterbrochen, und die Schmerzenslaute der Misshandelten hallten als unheilverkündende Verzweiflungsklage durch das ganze Land wider. In diesem erbitterten Kampf fielen viele Tiere, aber auch eine grosse Anzahl von Menschen, die durch Hörnerstösse und Huftritte unversehens getroffen wurden, rangen mit dem Tode. Der Kampf verschärfte sich von Tag zu Tag, denn es war die Erntezeit gekommen, man hatte das Getreide einzufahren und die Stoppelfelder umzupflügen, die Pferde aber und die Ochsen versagten den Dienst. Die Menschen waren verzweifelt und schrieben dieses störrische Wesen der Zugtiere der zurzeit herrschenden Hitze und irgend einer Seuche zu.

Rex hörte die Berichte über alle diese Begebenheiten mit unerschütterlicher Ruhe an. Die Sicherheit des endgültigen Sieges liess sein Herz höher schlagen. Stolz hob er das Haupt, und wenn er mit seiner Sorge die ganze Welt umfasste, hielt er sich für deren Herrscher und Bezwinger. Aus diesem Grunde, und um die Befreiung aller zu beschleunigen, begann er selbst Städte und Dörfer aufzusuchen.

Manche Nacht verbrachte er in Bauernställen bei Pferden und Kühen. Oft musste er vor den Stockhieben fliehen, kehrte aber hartnäckig zurück, wenn die Lichter in den Hütten erloschen waren, und schlich mit Fuchslisten in die Gehöfte, den Tag der nicht mehr fernen Erlösung verkündend. Er pries das zukünftige Glück mit dem Eifer eines unwandelbaren Glaubens. Trotzdem hatte er keinen leichten Stand. Manchmal schien man ihm vertrauensvoll zuzuhören, aber die einzige Antwort, die er erhielt, war dumpfes und stumpfes Schweigen. Hin und wieder hoben sich aber schwere gehörnte Häupter, blitzten zornige Augen auf und Hufschläge waren die einzige Antwort, die ihm zuteil ward.

„Mach, dass du in deine Hundehütte kommst, du Hund! Störe uns nicht in unserem Schlaf!"

„Er hat sich von der Kette losgerissen und glaubt jetzt, dass das die Freiheit ist!"

Endlich in einem Kuhstall fand er Gehör. Eine der Kühe antwortete ihm nach langem Herumstöhnen mit schlaftrunkenem Murren, ununterbrochen dabei wiederkäuend.

„Wozu soll ich so weit von hier meine Weide suchen? Und wer wird uns den warmen Trank zurecht machen? Wer wirft uns Heu in die Raufe? Wer wird den Stall mit frischem Stroh auslegen?"

Und nun begannen auch die anderen die Güte ihrer Besitzer und ihrer herrlichen Kuhställe um die Wette zu loben.

„Dafür melkt euch der Mensch und nimmt euch die Kälber fort!" knurrte er ungeduldig.

„Die Kälber! Die Kälber!" begannen sie sich mühevoll zu erinnern, und eine jähe Sehnsucht stieg in ihnen auf.

„Und dann schlachtet er euch und frisst euch auf!"

Todesangst durchzuckte ihre schweren Leiber. In ihrer Erinnerung tauchten dämmerhaft ein rotbärtiges blasses Gesicht und weisse Krallenhände auf, welche Kinder, Mütter und ganze Geschlechter fortschleppten, um sie ins Verderben zu bringen. Und mit einemmal wurde ein Angstgebrüll laut und pflanzte sich mit Sturmeseile von Kuhstall zu Kuhstall fort, bis das ganze Dorf erwachte und die Menschen mit Knüppeln und Mistgabeln angerannt kamen.

„Nicht nachgeben! Setzt euch zur Wehr!" bellte Rex wütend und rannte davon, in einem Obstgarten Schutz suchend.

Aber die Stöcke hatten das ihre getan, bald kehrte die gewohnte Stille zurück, die ab und zu nur durch gedämpftes schmerzliches Gestöhn unterbrochen wurde.

Rex schäumte vor Wut über die stumpfe Feigheit der Tiere.
„Beiss meine Kette durch, dann werd' ich dir zeigen, was ich kann."
„So ein Dummer," meinte eine andere: „soll ich mich vielleicht auf meinen Bauer stürzen, wie? so'n Dummer!"
„Einmal habe ich der Bäuerin einen Huftritt versetzt, dafür haben sie mich ganze drei Tage vor der leeren Krippe stehen lassen."
Rex aber hielt ihnen immer wieder seine eigenen Argumente entgegen.
„Sie lassen uns nicht," unterbrach ihn eine alte Kuh. „Ich habe einmal versucht, in die Rübenfelder zu fliehen, war schon ins Kohlfeld eingebogen und durch den Zaun gekrochen, dafür renkten sie mir ein Bein aus. Sie lassen uns nicht gehen! Den Hund lassen sie laufen, wohin er will, denn was ist er denn Besonderes — nichts als ein Hund!"
Sie versanken darauf in Nachdenken, schmatzten ununterbrochen vor sich hin und liessen ab und zu ein sehnsüchtiges Brüllen nach den Wonnen der Weide vernehmen.
Zum Glück fand Rex in den Ställen der Stiere einen ganz anderen Empfang. Diese verstanden ihn in einem Nu. Ihre Augen flammten wild auf, die kurzen breiten Häupter liessen die Ketten klirren, und ein abgerissenes Schnaufen und Brüllen erschütterte die Luft.

„Führe uns! Zerreiss' unsere Ketten! Wir haben genug von diesen Ställen und von dem Joch der Menschen! Führe uns, die Herden werden uns folgen. Und wer sich uns in den Weg stellt, den nehmen wir auf die Hörner und zertrampeln ihn mit unseren Hufen!"

Das Brüllen klang immer gewaltiger, die Hufe scharrten den Boden, Raserei blitzte aus den Augen, und die rauhen Zungen begannen Rex liebevoll zu belecken.

Durch eine solche Bereitschaft gestärkt, wandte er sich den Pferdeställen zu. Er kroch mutig in die mistigen, engen und dumpfen Verschläge hinein, wo allerhand Pferdeelend, das der Zufall zusammengetrieben hatte, eingesperrt gehalten wurde, wo Hunger, Peitsche und schwere Arbeit alle gleich machte.

Er begegnete jedoch auch hin und wieder fetten Probstgäulen, die ihn nicht ausreden lassen wollten; Hochwürden fütterte sie alltäglich mit einem Stück Zucker und einem Stück Brot, was hätte man ihnen da noch mehr bieten können! Er traf auch gutgenährte Bauernpferdchen, deren einziger Traum ein Zuber Kartoffeln mit Kleie war. Der Rest war nichts als Pferdeabfall — Haufen zermürbter Knochen und wundgeschundener Felle, schiefe Schindergäule, wundgeschlagen bis zum rohen Fleisch, blind, bedeckt mit schwärenden Löchern, mit Köpfen von toten Gerippen — ein einzigartiges Zeugnis menschlicher Niedertracht.

Als Rex geendet hatte, antworteten ihm aus eitrigen Augen hervorquellende Tränen und todtrauriges Gewieher, das wie verzweifeltes Schluchzen klang.

„Zu spät! Für uns gibt es keine Rettung und keine Hoffnung! Ueber kurz oder lang werden die Wölfe unsere Leiber auseinanderreissen und dann den Krähen unser Aas überlassen! Verflucht sei das Leben!"

Rex fand in den Ställen mancher reicherer Bauern verschiedene ausgediente herrschaftliche Körhengste; aus diesen sprach noch das edle Blut, sie liessen sich von Hoffnungsbildern hinreissen, die Erinnerung an ihr früheres Leben liess ihre steifgewordenen Glieder sich recken, denn der Duft der Freiheit war ihnen süsser als Hafer.

„Führe uns! Führe uns!" wieherten sie stürmisch, reckten die elenden Köpfe stolz empor und witterten mit den Nüstern den frischen Odem der freien Winde.

„Ich entsinne mich noch der fernen Welt!" liess sich ein milchweisser Araberhengst vernehmen. „Ueber Meere bin ich geschwommen! Mit meinen Hufen habe ich die Erde zerstampft! Mit den Winden bin ich um die Wette gestürmt! Weder Kanonendonner noch Kugelregen noch die leuchtenden Spitzen der Lanzen konnten mich schrekken! Mag nur erst die Trompete das Signal blasen! Dann bin ich wieder zum Kampf bereit! Fort da, aus dem Weg! Wir werden die Feinde mit unseren Hufen zerstampfen!“ Und trotz seines Alters und seiner Brustseuche wollte er sich losreissen, um der Freiheit entgegenzustürmen.

Es waren zwischen diesen Pferden auch andere, die ihren Dienst an Herrenhöfen und in Städten ausgedient hatten, und die das bittere Los bis in die tiefste Tiefe des Elends und Leids hatte sinken lassen. Rennpferde, von ruinierten Besitzern für ein Spottgeld losgeschlagen, und nun die Beute des Abgrunds geworden. Er begegnete einem echten englischen Vollblut, der gelähmt und mit geschwollenen Gelenken jahrelang in der Tretmühle hatte laufen müssen; er konnte nicht mehr geradeaus gehen, und verfiel immerzu in die kreisende Bewegung zurück.

Rexens Aufforderung brachte ihn ganz ausser Fassung.

„Die Schweisshunde bellen! Hopp, hopp! Querfeldein! Was das Zeug hält, rasch! Im Galopp!“ wieherte er wild, galoppierte im Stall herum und schlug dabei immer wieder gegen die Wände und Krippen an. Dabei reckte er den kahlen Schweif weit von sich und schüttelte die filzige Mähne.

Rex floh vor diesem Irrsinnigen und stiess in einem der benachbarten Ställe auf ein paar ganz gewöhnliche Bauerngäule. Sie waren kräftig und gesund, an Arbeit und Peitsche gewöhnt, schlau und massvoll träge; in der Not verstanden sie es, sich selbst mit Stroh aus der Bedachung der Bauernhäuser über Wasser zu halten. Sie hörten ihm geduldig zu und beschnupperten ihn dabei sehr sorgfältig.

„Und was für einen Vorteil soll uns diese Hundefreiheit bringen?“ Sie stellten die Frage klar und nüchtern.

Mit Begeisterung malte er ihnen das herrliche Bild einer glücklichen Zukunft aus.

„Für nichts wird man dir nirgends auch nur eine Handvoll Hecksel geben!“

„Auch der Mensch lockt uns: Pflügt, Pferdchen, pflügt, wenn wir mit der Arbeit fertig sind, bekommt ihr jedes ein Mass Hafer.“

„Fressäcke, Bauernpack! Ungläubiges Vieh!“ brauste er auf, wütend und zugleich betroffen.

„Sacht, Brüderchen! Nur die dummen Füllen rennen mit hochgereckten Schweifen in die Welt! Der Mensch ist ein Lump, ein Bedrücker und ein Blutsauger, das weiss man. Die Peitsche und das Schinden — das ist seine Art. Und dabei kriegt man nichts als schwere Arbeit und mageres Futter. Aber wer soll uns füttern, wenn wir draussen in der Freiheit sind?“

„Alle Heuschober gehören euch! Alle Kleefelder sind euer! Alle Getreidefelder ebenfalls!“

„Uns hat es auch schon manchmal so geschienen, aber das Ende davon war schlimm — wir haben Peitschenhiebe bekommen.“

„Dann bleibt doch beim Menschen; wenn ihn alle verlassen, so wird er wenigstens euch zum Schinden haben! Dann wird er euch solchen

Haber geben, dass euch dabei die Zähne ausfallen."
Sie waren schlau und vorsichtig und durchaus nicht dumm, darum versprachen sie hoch und teuer, sich auf jeden Ruf zu stellen.

Rex kehrte nach seiner Burgruine zurück. Unterwegs schweifte er noch hier und da ab, um diesem und jenem die Zeit und den Ort in Erinnerung zu bringen, wo sie sich zu versammeln hätten. Auf dem Wege begegnete er einer grossen Schweineherde, die im Kleefeld des Herrenhofs wühlte. Aus alter Gewohnheit wollte er über die Schadenmacher in Wut geraten, besann sich jedoch und begann, ihnen seine Sendung zu verkünden.

Sie kamen von allen Seiten angetrottet, die Mutterschweine voran, und nachdem sie sich mit erhobenen Rüsseln um ihn geschart hatten, richteten sie ihre grauen klugen Augen auf ihn. Sie grunzten ab und zu, vertraten sich die Beine und drängten sich immer näher an ihn heran, bis ihm von ihrem Gestank ganz übel wurde und die Rüssel, aus denen die weissen Stosszähne aufblitzten, ihn zu beängstigen begannen.

„Was will der da?" unterbrach ihn roh ein alter Eber. „Du hast wohl keine Knochen zum Benagen mehr und kommst, uns aufzuwiegeln? Was hast du denn bei den Menschen auszustehen? Du frisst dich voll, dass dir der Wanst wie ein Sack herunterhängt, rekelst dich ganze Tage lang herum, kannst hinter den Hündinnen herlaufen, und was willst du noch mehr?"

„Glück und Freiheit für alle Bedrückten!“ winselte er feierlich.

„So bellt der Hund,“ empörte sich der Eber, „der auf den Befehl des Menschen alle beisst und vor sich her jagt. Er ist schlimmer als der Mensch selber. Hat sich wohl mit den Wölfen verschworen und will sich aus uns eine Speisekammer machen! Wir kennen solche Wohltäter! Mir hat einer von deiner Sippe den Schwanz abgebissen und zwei Ferkel zerrissen. Dafür habe ich ihm auch den Bauch aufgeschlitzt. Pass du auf deine Kaldaunen auf und red' den Dummen was über Freiheit vor, vor den Schweinen aber musst du dich in acht nehmen! Er will klug sein und begreift nicht, dass Wahrheit, Ruhe, Ordnung und vernünftiger Fortschritt von den Schweinen abhängt. Und der Mensch ist der Herr, denn er ist das Haupt des Ganzen. Er denkt, arbeitet und sorgt, dass wir alle was zu fressen haben, dass wir bestehen können. Du, mit deinem Verstand, kannst uns nur alle ins Verderben bringen. Die Welt ist klug eingerichtet; jeder mag hübsch auf seinem Platz bleiben und gehorchen, wie der Mensch befiehlt.“

„Euch frisst er nur auf, aber die anderen leiden und quälen sich furchtbar, ihr Leben lang.“

„Halt's Maul, sonst mach' ich dir den Bauch auf, und merk' dir das — in Anwesenheit der Mutterschweine ist es verboten, vom Tod zu sprechen. Das ist unser Geheimnis! Das ist unser gutwilliges Opfer, welches wir für das Bestehen unserer ganzen

Art darbringen müssen. Mach, dass du weiterkommst, und meide fürder die Schweineherden, du dummer Hund!"

„Muttersäue, Keiler und Ferkel, und ihr Führer des Schweinegeschlechts!" heulte Rex auf.

Ein höhnisches, quarrendes Grunzen übertönte sein salbungsvolles Bellen.

„Sieh einer den herrenlosen Hund an, so'n Rumtreiber, so'n Dieb!"

„Seine Freiheit ist nicht mehr wert, als ein benagter Knochen."

„Dieser Schuft will die Hand beissen, die ihn füttert."

„Aus den Ställen will er uns vertreiben und den Wölfen preisgeben!"

„So ein Dummer, hat Lust bekommen, mit den Menschen Krieg zu führen!" So quiekte die wütende Herde, ihn mit den Rüsseln anstossend und immer mehr bedrängend. Er begriff, dass er, wenn er sich noch weiter widersetzen wollte, zerstampft und in Stücke gerissen werden würde. Er beherrschte sich also und tat, als befiele ihn der Schlaf, nickte mit dem Kopf, wedelte mit dem Schweif, um sich sozusagen die Fliegen vom Leibe zu halten, und streckte sich schliesslich der Länge nach aus.

Sie liessen von ihm ab, und da die Mittagssonne stark brannte, zerstreuten sie sich in Ackerfurchen und Gräben, Kühlung für ihre fetten Bäuche suchend.

„Es gibt zu viele Schweine in der Welt!" sann er, nachdem er sich dieser Gesellschaft entledigt hatte.

„Und schwer wird es ihnen, die Rüssel himmelwärts zu heben!" stellte er bedauernd fest, sich zu seiner Wohnstätte am Walde wendend. Der soeben erlebte Vorfall betrübte ihn jedoch nicht allzu sehr, denn er hatte die volle Ueberzeugung, dass ihm die Mehrheit folgen würde. Der von ihm ausgestreute Gedanke war in die Massen eingedrungen und breitete sich wie Feuer aus. Jahrhundertaltes Leid hatte die Herzen um und umgepflügt; sie waren bereit, dem zu glauben und blind zu gehorchen, der ihnen das gelobte Land weisen konnte. Dieser hinreissende Gedanke wurde durch die felsenfeste Zuversicht verstärkt, dass ein solches Leben in Freiheit gleichbedeutend sei mit endlosen Tagen, ausgefüllt mit Fressen, Sichvermehren und Faulenzen. Man hinterbrachte ihm, dass bereits hier und da Zank und Streit darüber ausgebrochen sei, wer gewisse Felder künftig kahlweiden sollte. Er hörte sich diese Berichte mit verständnisvoller Nachsicht an.

„Sie werden unruhig, wir müssen bald losziehen," überlegte er.

Seit dem Vorfall mit den Schweinen begleiteten ihn zwei mächtige Schäferhunde auf Schritt und Tritt.

Später schloss sich ihnen ein ganzes Rudel verwilderter, herrenloser Hunde an; um allen Nahrung zu verschaffen, musste Rex Raubzüge in die umliegenden Wälder unternehmen und die Wildbestände erbarmungslos plündern. Bei dieser Gelegenheit zahlte er den Waldbewohnern seine alten Rechnungen heim und forderte sie hasserfüllt zum Kampf heraus. Natürlich nahm niemand die Aufforderung an, selbst die Wildschweine wollten keinen Streit mit den frechen Räubern haben. Die Waldraubtiere zogen sich listig vor ihnen zurück. Sie umkreisten die Eindringlinge nur aus der Ferne, um sie auf diese Weise unauffällig immer tiefer in die Wildnis hineinzulocken. Inzwischen aber wurde der ganze Urwald zum Jagdbereich der dreisten Bande.

Ganze Tage lang erklang im Hochwald das wilde Gebell der Meute, Todesangst und Grauen erweckend. Das zügellose Rudel mordete ohne Erbarmen und ohne Notwendigkeit drauf los. Die Klagen der sterbenden Rehe und die Schreie der umstellten Hirsche ertönten immer von neuem aus einem anderen Revier. Das Wild verbarg sich oder floh in unzugängliche Dickichte. Der Urwald erstarrte in tödlichem Entsetzen, selbst die Vögel sangen furchtsamer, und in den Nächten, unter dem Schutz der Dunkelheit, brodelte es von schmerzlichen Klagen und Wehegeheul. Die Uhus vor allem liessen unheilverkündend ihr trübes Tuten vernehmen.

„Wehe! Ringsum ist Tod! Wehe! Wehe!“

„Die Freiheit geht zugrunde! Die Wildnis geht

zugrunde! Es geht die Welt zugrunde! Wehe!" schluchzten die Stimmen des Entsetzens.

Die Wölfe heulten in langgezogenen Klagelauten aus unsichtbaren Waldgründen, immer ferner und ferner, sodass die Hunde, von der Kampfwut ergriffen, in ihrer ungesättigten Blutgier wütend weiterjagten, um sie zum Kampf zu stellen und mit ihnen abzurechnen.

„Sie laufen weg wie die Hasen! Schande und Tod über sie!" keuchte Rex, zur Verfolgung hetzend.

Und so jagten sie, alle Kraft anspannend, mit schaumtriefenden Schnauzen, fast sinnlos bis in die tiefsten Gründe des Urwalds hinein, dahin, wo es weder dichtes Unterholz, noch Wege noch Stege mehr gibt. Wo nur der uralte, himmelhoch aufragende, dichte und schwarze Hochwald sich ausbreitet, in dessen Gründe die Sonne nie hindringt, wo ewige Dämmerung und starres Schweigen herrschen. Die grünen Gräser und Blumen gedeihen dort nicht mehr, die Erde bedecken rostbraune Flechten und greises Moos, und aus dem Halbdunkel schimmern nur hier und da die starren Teiche, wie eitrige Augen.

Die Hunde verlangsamten ihren Lauf und bahnten sich nur mit Mühe den Weg zwischen gefallenen uralten Baumriesen, durch Dämme von Dürrholz und Wälle von Felsgeröll. Die grünliche Dämmerung, in deren Bereich alles wie auf dem Meeresgrunde zu einem ungreifbaren Gaukelbild

wurde, erfüllte sie mit seltsamer Angst, sodass sie jetzt mit eingekniffenem Schwanz, misstrauisch um sich witternd und immer wieder unschlüssig stehen bleibend, ihren Weg weitergingen.
Die Stimmen der Wölfe zerstoben in der Ferne, und nur hin und wieder wurde in den Höhen ein Adlerschrei oder das Rauschen nicht sichtbarer Baumwipfel vernehmbar.
Ein unangenehmer, unbekannter Geruch stieg ihnen plötzlich in die Nase.
„Stehen bleiben! Was für eine Fährte ist das!" beunruhigte sich Rex und versuchte, nach allen Seiten Wind zu bekommen.
Die Rücken der Hunde duckten sich, einige klapperten mit den Zähnen. Die meisten wollten umkehren.
„Vorwärts! Ist das der Feind, dann soll er sterben!" beschloss Rex unerschrocken.
Sie schoben sich in breiter Reihe vorwärts, mit den Nasen den Boden beschnuppernd und die Ohren spitzend.
Der Hochwald lichtete sich etwas, Felsen standen da, und die tiefen Gründe wurden heller. Schliesslich kam eine grosse Waldlichtung, in der mächtige weisse Felsblöcke wie zum Himmel gerichtete, riesige Stosszähne aufragten. Gewaltige, wie aus grünlicher Bronze geschmiedete Buchen überragten alles. Ein Bach rieselte glucksend über Steinblöcke. Unbekannte grosse schwarze Vögel hockten auf den Felsen.

Der Himmel hing unerreichbar hoch über allem, und die Mittagssonne wärmte.

Die Hunde schlürften mit Genuss das frische, kalte Wasser, wälzten sich eine Zeitlang im Grase herum und legten sich dann nieder, um auszuruhen.

„Wir wollen verschnaufen und kehren dann zurück," beschloss Rex, unruhig um sich schnüffelnd.

Der Schlaf hatte sie bald alle übermannt, nur einer der Schäferhunde, der eine beunruhigende Fährte gefunden hatte, rannte davon und knurrte, mit der Nase die Spur dicht am Boden verfolgend, ängstlich vor sich hin:

„Das ist keine Wolfsspur... ich begreife nicht... passt auf! Der Feind ist nicht fern!"

Plötzlich liess ein dumpfes, mächtiges Brüllen die Luft erbeben. Die Hunde sprangen auf, unentschlossen ob sie kämpfen oder fliehen sollten.

Es waren Bären, die sich anschickten, den Bach zu überschreiten, und von Felsblock zu Felsblock tappten. Voran kam der Grossbär mit zwei Jungen an der Brust, und die Bärin folgte ihm.

Die Hunde zogen sich beim Anblick solcher noch nie gesehener Ungeheuer, ängstlich aufwinselnd, zurück. Sie hatten sich zu einem Haufen zusammengedrängt, klapperten mit den Zähnen und bebten wie im Fieber. Rex aber scharrte den Boden auf und beäugte zitternd den unbekannten Feind.

Der Grossbär durchwatete den Bach und übergab die Kleinen der Bärin, welche sie mit ihrer Nase vorwärts schob und sich dabei ängstlich umblickte, bedacht, die Kleinen nach einer mit Buschwerk bewachsenen Felsspalte hinzulenken. Er aber erhob sich auf seinen Hintertatzen und wandte sich, laut aufbrüllend, schwerfällig den Hunden zu. Er war gewaltig, im Wuchs übertraf er den Menschen, sein Fell hatte eine rostbraune Färbung, war unter dem Hals weiss gezeichnet, und aus dem offenen Rachen blitzten Reihen weisser Zähne auf.

Die Hunde machten plötzlich in wirrem Durcheinander kehrt; die Angst raubte ihnen die Besinnung, der Zorn und ihre Verbissenheit entlockte ihnen wütendes Gekläff.

Nur Rex rührte sich nicht von der Stelle, er stand ganz vorne, von furchtbarer Kampfgier durchzuckt. Er duckte sich zum Sprung, spannte die Muskeln an, krümmte den Rücken, raffte seine ganzen Kräfte zusammen, beugte den Kopf immer tiefer, bohrte seine glühenden Augen in den Feind und warf sich plötzlich, wie ein geschleudeter Felsblock, gegen dessen Brust. Der Stoss war so unerwartet und heftig, dass der Bär wie ein schwerer Klotz auf den Rücken fiel. Blitzartig sprang er wieder auf, aber Rex stürzte sich nicht auf ihn, sondern begann ihn zu umkreisen, ihn anzufallen, wo es nur gelang, sodass der Bär sich brüllend nach allen Seiten wenden musste, ohne ihn mit den Tatzen greifen zu können.

Da erst, wie auf ein Zeichen des Führers, warf sich

die ganze Meute auf den Bären. Hundert scharfe Zähne und Krallen packten sein Fell und begannen es erbarmungslos zu zausen. Es entspann sich ein erbitterter Kampf. Der Bär erhob sich immer wieder auf die Hintertatzen, und immer wieder wurde ein Hund mit zerbrochenem Rückgrat und eingedrückten Rippen hinausgeschleudert, um dumpf auf den Boden zu schlagen. Der Rest biss sich um so wütender in den Leib des zottigen Riesen fest.

Selbst die Verwundeten kämpften weiter bis zum letzten Todeskrampf, dass der Bär sie nicht mehr abzuschütteln vermochte. Vergeblich stürzte er sich mit furchtbarer Kraftanspannung und grauenerregendem Geheul auf das ganze Rudel und zermalmte mit einem Tatzenhieb immer neue Opfer, vergeblich biss er um sich, würgte und trampelte, zerriss mit seinen scharfen Krallen und erdrückte mit der gewaltigen Last seines schweren Körpers die Feinde.

Die Hunde wichen nicht. Er wankte, von den Zähnen der wütenden Meute hierhin und dorthin gezerrt, wie eine Eiche, in die der Sturm fährt. An eine Flucht dachte er nicht und wehrte sich mit verzweifeltem Mut, aber er fühlte schon die Bisse in den Eingeweiden, fühlte, wie sie ihm das Fell an den Seiten aufrissen, wie sie ihm die Schenkel zerfleischten und die Rippen brachen. Er kämpfte bis zum letzten, obgleich er schon immer häufiger zu Boden fiel. Mit der letzten Kraftanspannung richtete er sich auf und stand da, bluttriefend, ganz mit Wunden bedeckt und mit völlig zerfetztem Leib, während seine Augen schon die Starre des Todes zu umnebeln begann.

In einem gegebenen Augenblick, als der Bär zum letzten Male sich zu erheben versuchte, sprang ihm Rex an die Kehle. Sie fielen beide zu Boden, und der Rest der Meute stürzte sich auf den Daliegenden. Sie verbissen sich zu einem unauflösbaren Knäuel von Krallen, Zähnen, Köpfen, blutenden Wunden und tödlichem Geröchel, der sich blutspeiend und trunken über die Waldwiese daherwälzte, gegen die Baumstämme und Felsblöcke anstiess, Büsche niederriss und seinen Weg mit Toten und Schwerverwundeten bezeichnete.

Die Raben liessen sich inzwischen von den Felsen und den umstehenden Bäumen immer tiefer nieder und umkreisten den Kampfplatz.

Schliesslich ertönte das letzte heisere Aufbrüllen des sterbenden Bären.

Rex hatte ihm das blutüberströmte Herz aus dem Leibe gerissen und frass es gierig, während seine Kameraden das warme Blut schlürften und sich an dem noch zuckenden Fleisch gütlich taten.

Bald jedoch begann Rex zur Rückkehr zu mahnen, sich dabei ängstlich nach den Felsen umblickend. Die Hunde liessen ihr Siegesgeläut ertönen, dass das Echo in den Wäldern davon aufschluchzte, und wandten sich zur Rückkehr.

Auf der Kampfstätte blieben nur die Sterbenden und Toten zurück, über denen eine Wolke von Krähen, Raben und Habichten schwebte.

Trotz der Erschöpfung jagten die Hunde atemlos weiter, die Schwächeren und Schwerverwundeten hinter sich zurücklassend, bis sie bei Morgengrauen ihr Lager erreichten.

Nicht viele von ihnen waren heimgekehrt, die Tüchtigsten hatten im Kampf ihr Leben gelassen oder lagen sterbend fern im Wald.

„Der Sieg ist teuer bezahlt!" winselte Rex, die kläglichen, durch Uebermüdung und Blutverlust völlig erschöpften Ueberreste musternd. Besonders tat es ihm um die Schäferhunde leid; sie waren beide gleich beim ersten Angriff auf den Bären gefallen.

Die Hunde zogen sich allmählich nach der grossen gewölbten Burghalle zurück. Sie sahen düster und mutlos aus, und an Schlaf war nicht zu denken, denn von den Wäldern kam der unheilverkündende Widerhall eines fernen Stimmenlärms. Mit Blitzgeschwindigkeit verbreitete sich nämlich in der Wildnis die Kunde vom Tode des Bären: die Vögel sangen sie von Baum zu Baum, die Bäume flüsterten sie einander zu, die Winde trugen sie durch die Lüfte, bis der ganze Urwald von einem klagenden und angstvollen Wehgeschrei widerhallte.

„Der Herr ist gefallen! Wehe der Wildnis! Tod den Räubern! Tod!"

„Das war ein Mächtiger. Ein wahrer König!"

sann Rex, sich die Riesenkraft des Bären und seine Stimme in Erinnerung zurückrufend. Ein kalter Angstschauer durchrieselte ihn beim Anhören der Weheklagen des Waldgetiers, und er fühlte, dass jetzt alle an ihm Rache nehmen würden.

„Man kann sich nicht der ganzen Welt entgegenstellen!" winselte er entsetzt auf, denn die Stimmen der Empörung näherten sich in immer leidenschaftlicherer und wilderer Flut.

Der anbrechende Tag war wolkig und windig, und es schien ihm zuweilen, als ob sich die Bäume im Wind aufrichten, und, ein wildes Kampflied pfeifend, sich über ihn stürzen wollten. Er fühlte sich so todmüde, dass er auf sein Lager niedersank und einschlief. Bei jedem stärkeren Aufrauschen des Windes schreckte er aus seinem Schlaf auf und glaubte, dass ihm der Sturm das langgezogene Heulen der Wölfe, das Krächzen der Waldvögel und fernes, sehr fernes Bärengebrüll zutrug.

„Einer ist tot, aber wie viele sind noch übrig geblieben!" Mit diesem quälenden Gedanken flüchtete er ins Feld, um sich dort unter freiem Himmel auszuschlafen.

Als er sich schliesslich ausgeruht und beruhigt hatte, sandte er nach allen Himmelsrichtungen Boten aus, um alle, die es anging, an den Tag der Versammlung auf den Weideplätzen des Herrenhofs am Wald zu erinnern.

Die Versammlung war für Sonntag nachmittag zur Stunde des Angelusläutens anberaumt.

Von bangen Aengsten bedrückt, wartete er mit grösster Ungeduld auf diese Stunde.
„In die Freiheit! Der Sonne entgegen! Weit, weit hinweg!“ fieberte er im Halbschlaf.
Diese letzten paar Stunden der Erwartung verbrachte er in quälender Sorge. Das Fieber liess ihn keine Ruhe finden. Er trieb sich ziellos in dem verfallenen Bau umher und witterte, nachdem er sich kriechend ins Gestrüpp des Waldes hinausgewagt hatte, mit mühsam unterdrückter Unruhe um sich. Um das Mass voll zu machen, brachten ihm auch die Nächte keine Ruhe, denn die Eulen und Uhus schrien, scheinbar absichtlich, derartige Nachrichten über den Zorn des Urwaldes von den Bäumen herab, dass ihm das Herz erstarrte und die Zähne vor Entsetzen gegeneinander klapperten. Tagsüber waren es wiederum die Krähen, die über der Burgruine schwebten und unaufhörlich ihr unheilverkündendes Krächzen vernehmen liessen. Und es musste wohl da in den Waldtiefen der dämmerigen Wildnis etwas Ungewöhnliches vor sich gehen, denn die ausgesandten Kundschafter brachten beängstigende Nachrichten über heimliche Zusammenkünfte der Wölfe und Füchse. Man sah etliche Rudel Hirsche unweit der Burgruine vorbeiziehen, und auch die Wildschweine suchten sich ganz in der Nähe eine Fährte nach den Feldern. Ganze Scharen von Raubvögeln schienen die Ruine aus den Lüften zu beobachten und umkreisten sie unaufhörlich. Und zuweilen konnte man ganz

deutlich den Widerhall eines fernen Gebrülls vernehmen.

Waren das die Vorzeichen eines grossen Kriegszuges gegen seine Burgruine?

„Noch zwei Sonnenaufgänge und zwei Nächte!" tröstete er sich und sah sich schon im Geiste an der Spitze zahlloser Herden, die gen Osten, ins Land der Freiheit zogen.

In der vorletzten Nacht, die so kalt und regnerisch war, dass man selbst auf zwei Schritte nichts wittern konnte, liessen die Wölfe ein versöhnendes Bellen ertönen und forderten die Hunde zur Verständigung auf.

Rex sprang auf einen Mauerblock, der die Ruine überragte und spähte ins Dickicht, in dem er grünliche Lichtlein bemerkte. Tritte wurden vernehmbar.

„Was wollt ihr?" knurrte er stolz.

Die Wölfe schleppten ein grosses Stück Rehfleisch heran und Hinkefuss bellte demütig:

„Heil dem Sieger, und das ist seine Beute."

„Was wollt ihr?" knurrte er erstaunt zurück, einen Hinterhalt vermutend.

„Wir bezeugen dir unsere Ehrerbietung und bringen das Lehn!" bellten die Füchse und häuften erwürgte Rebhühner, Fasane und junge Hasen vor ihm auf.

„Was wollt ihr?" drohte er und fletschte die Zähne, sodass der Hinkefuss sich vor Angst an den Boden drückte und mit flehendem Gewinsel herankroch.

„Rette uns, Unbesiegbarer, rette den Urwald!"

„Eure Angelegenheiten sind nicht meine Angelegenheiten! Belle weiter, worum es dir zu tun ist!" knurrte er, schon gnädiger.

„O, Sieger! Du hast den Bären, den Herrn des Urwaldes getötet, übernimm seine Macht und verteidige uns!"

„Was droht euch denn? Sollten es vielleicht Bären sein?" Eine geheime Sorge wurde in ihm wach.

„Es ist noch schlimmer: die Menschen kommen vom grossen Wasser her, um in den Urwald einzudringen. Sie kommen auf Gäulen geritten und auf Rädern gefahren, viele kommen auch zu Fuss und haben unzählbare Rudel Hunde hinter sich. Sie bringen den Tod und die Vernichtung. Sie töten mit Blitzen, vertilgen mit Feuer, werfen Netze aus. Am meisten wüten sie gegen mein armes Geschlecht," schluchzte er, den Boden vor Verzweiflung aufscharrend.

„Mit den Meinen haben sie auch kein Mitleid," wimmerte der Fuchs und bedeckte die Augen mit dem Schweif.

„Ein Kesseltreiben, jetzt? Ich habe solche Jagden einst mitgemacht, aber das war im Winter, im Schnee, in dem wir die Spur verfolgen konnten."

„Sie sind unversehens eingefallen und morden alles. Rette uns! Rette uns!"

„Wir sind unschuldig! Unschuldig!" winselten zugleich die Füchse und die Wölfe. „Aus reiner

Habgier wollen die Menschen unser Fell haben! Sie sind Räuber und Diebe, sie leben nur vom Unrecht, das sie uns antun!"
„Leicht erkennt der Wolf das Schaf schuldig!" lachte plötzlich der Uhu vom Turm der Burgruine herab.
„Wer war es denn, der neulich die ganze Herde junger Füllen abwürgte? Wer stahl die Lämmer alle aus dem Schafstall? Sie haben genug Gründe zur Rache!" dröhnte seine unerbittliche Stimme, die gleichsam eine Gewissensrechnung vorzählte.
„Wir leben nach dem uns gegebenen Recht! Will uns jemand das abstreiten?" entgegnete Hinkefuss zornig mit den Zähnen klappernd.
„Sing dem Wolf das Miserere — und er heult: ich fress' die Mähre...!" höhnte der Uhu weiter: „Und das Menschenbälglein, wer hat denn das vor aller Augen geraubt?" erinnerte er boshaft.
„Wag dich näher heran und wiederhol' es uns in die Fresse, du lausiges Federbett, du Rattenfänger!"
„Schnabel halten, Maulheld!" donnerte Rex. „Die ganze Nacht trägt er solchen Klatsch herum! So was will über die Rechte des Urwaldes mitreden! Fort mit diesem blinden Federheld!"
Erst nachdem sich der Uhu schleunigst in der Richtung des Waldes entfernt hatte, erzählte Hinkefuss ausführlich die ganze Angelegenheit mit der Treibjagd und entwarf ein grauenerregendes

Bild von der Mordgier und der Gewalttätigkeit der Menschen.

„Sie sind zu allem fähig, ich kenne sie gut! Aber wie soll ich euch verteidigen?" Rex versank in Nachdenken.

Es fand sich ein ganz einfaches Mittel, das obendrein seinem Stolz schmeichelte.

„Gib den Tieren, die den Menschen helfen, ein Zeichen, dass sie sie aufgeben, und die ganze menschliche Macht wird dahin sein. Was werden sie ohne Pferde und Hunde beginnen?"

„Es bleiben ihnen noch die Blitze! Furchtbar sind sie in ihrer Macht! Sie verstehen es, auf den Winden zu reiten und das Wasser vor ihre Wagen zu spannen! Ich habe ihre Macht mit eigenen Augen gesehen! Ich hasse sie, wie ihr sie hasst, o, wie ich sie hasse..."

„Unbesiegbarer! auf deine Stimme hin wird sich das ganze Getier der Felder, der Höfe und der Wildnis erheben. Befiehl! und alle Hufe, Zähne, Krallen und Hörner werden sich gegen die Zweifüssler wenden, sie zertrampeln und in alle Winde auseinander jagen. Sie können unserem Ansturm nicht standhalten. Wir werden sie bis auf den letzten ausrotten! Rette die Wildnis! Errette die Welt von der menschlichen Plage! Du wirst unvergesslich bleiben. Die kommenden Geschlechter werden deinen Ruhm singen. Du wirst alle Herzen beherrschen. Steh auf, befiehl und führe uns, und du sollst einen Sieg haben, wie ihn noch kein Auge gesehn. Führe uns gegen unseren gemeinsamen Feind! Wir wollen sie ausrotten! Die Erinnerung an sie soll ausgetilgt werden. Verflucht sei ihr Name, um all der Verbrechen willen, mit denen sie die Erde befleckt haben!“ heulte der Hinkefuss mit einer Stimme, aus der furchtbarer Hass klang. „Alles tötet der Mensch rings um sich her! Ueberall ist es ihm zu eng! Er beschmutzt das Wasser, rodet die Wälder aus, und wo er den Fuss hinsetzt, gähnt Oede und Tod. Er nahm uns unsere Jagdplätze, wir können uns schon nicht mehr ernähren! Das beste Wild geht elend zugrunde! Nun streckt er noch seine Finger nach dem Urwald aus, nach unserer letzten Zufluchtsstätte, nach unseren Lagerplätzen, wo seit uralten Zeiten unser Geschlecht lebte,“ heulte er abermals auf, Verzweiflung und Angst vor der Zukunft in der Stimme. „Der Hungertod ist unser unvermeidliches Schicksal. Schon sind die Elche ausgewandert, weil sie hier keine sicheren Schwemm- und Brunstplätze mehr fanden! Die Hirsche suchen nach neuen Weidegelegenheiten. Die Rehe glauben, ihr Heil auf dem offenen Felde zu finden. Die letzten Dachse sind in den Fallen elend umgekommen, die ihnen der Mensch gestellt hat. Selbst die Bären fühlen sich in ihren Verstecken nicht mehr sicher. Vernichtung, erbarmungslose Vernichtung droht ringsum! Führe uns, errette die Wildnis! Wir würden unsere letzten Zähne dransetzen, wenn nur die kommenden Geschlechter das rauschende Dach des sicheren Urwaldes wieder über sich fühlen könnten, wenn die Bauten des Menschen in Staub zerfielen und die Felder sich wieder mit Wäldern bedeckten. Rette uns!" winselten Wölfe und Füchse und leckten Rex die Pfoten und den ganzen Körper ab.

„Die Menschen werden wir nicht ausrotten können," gestand er mit fester Ueberzeugung: „Man kann die Nacht nicht weiss machen. Aber sich rächen — das ist das Recht der Erniedrigten! Ich kenne die Zweifüssler, sie sind nackt und schwach, haben weder scharfe Zähne noch Krallen, und doch sind sie schlimmer als alles! Sie haben eine unbegreifliche Macht in ihren Köpfen! Man kann sich gegen sie empören, aber es ist unmöglich, sie zu besiegen. Wer sich mit ihnen einlässt, muss schliesslich ihr Sklave werden. Ich aber habe meine Fesseln zerrissen, und bald wird auch der Rest des Hof- und Feldgetiers sich auflehnen und mir folgen!" Stolz hob er das Haupt, seine Augen blitzten, von der Vision einer nahen Glückseligkeit berauscht.

Alle wussten das; aber als er geendigt hatte, winselte Hinkefuss:

„Wir schwören dir Treue und gehen mit dir!"

Rex sah sie misstrauisch an, aber in ihren Augen lag soviel Aufrichtigkeit, dass er ihren Worten Glauben schenkte.

„Jetzt komm uns zu Hilfe! Ich werde dich auf Umwegen dort hinbringen; alle Schleichwege sind mir bekannt. Ich kenne ihren Lagerplatz. Wir überfallen sie bei Nacht, wenn sie die Pferde ausgespannt haben. Du greifst sie mit den Deinen zuerst an, denn die Pferde würden uns keinen Glauben schenken, sie haben noch alte Vorurteile gegen uns. Wir wollen dir beim Mond Treue und Gehorsam schwören, wenn du uns rettest."

Sie zogen sich ins Gebüsch zurück, um ihm Bedenkzeit zu geben.

Trotz seines Argwohns beschloss er, dem Urwald zu Hilfe zu kommen, um bei dieser Gelegenheit seinen Rachedurst zu stillen.

„Meine Kameraden müssen sich üben, furchtlos den Menschen anzugreifen," überlegte er.

Er rief fünfzig der tüchtigsten Hunde der Umgebung zusammen und zog mit ihnen zur Mittagszeit aus. Der Hinkefuss führte den Zug auf Schleichwegen, die nur ihm bekannt waren, quer durch den Hochwald; der Rest der Wölfe lief zu beiden Seiten des Zuges. Sie erreichten bald das Waldinnere und verloren sich in der Wildnis. Sie liefen im tiefsten Schweigen, und nur die hoch über ihnen kreisenden Habichte und Raben verrieten die Spur ihres Weges. Ab und zu ruhten sie aus und labten sich an Speisen, die ihnen die Wölfe und Füchse herbeitrugen. Erst spät am Abend gelangten sie an den Saum der felsigen Waldwiese, die Rex nur allzu gut kannte, und legten sich im Gebüsch auf die Lauer.

Die vom Schein der Herdfeuer erhellte Waldwiese,

über welcher der Rauch wie eine Decke lag, hallte wider von Menschen- und Tierstimmen. Die Abendlüfte trugen ihm den leckeren Duft brodelnder Fleischgerichte zu. Die Pferde knusperten ihren Hafer, den sie sich aus grossen Leinwandsäcken langten, und die von der Koppel losgemachten Hunde trieben sich mit fröhlichem Gebell zwischen den Wagen umher und nagten an Knochen, die man ihnen gnädig zugeworfen hatte. Die Jäger hatten sich um das Feuer gelagert. Gewaltige, an gekreuzten Stangen aufgehangene Hirschkeulen wurden gebraten. Man hörte die Gläser klirren und ausgelassene Trinklieder erschallen. Ungeachtet der Müdigkeit schienen alle von wilder Jagdfreude berauscht.

Rex kundschaftete den Lagerplatz aus und liess seine dem Feldgetier schon gut bekannte Losung ertönen. Die Hunde winselten freudig auf und schwiegen, die Pferde aber warfen die Hafersäcke ab, die an ihren Hälsen hingen und begannen ungeduldig mit den Hufen zu scharren. Aber bald versank die ganze Wildnis in tiefen Schlaf.

Der Augenblick des Kampfes nahte langsam und unerbittlich heran.

Und während die Menschen, nachdem sie sich vollgefressen und vollgesoffen hatten, schnarchend unter ihren Schafpelzen lagen, als das Lagerfeuer, auf das kein frisches Reisig mehr gehäuft wurde, zu schwelen begann, fiel der kurze Befehl Rexens: „Zertrampeln und auseinanderjagen! Vorwärts!

Für den Urwald, für die Wohnstätten! Für die Freiheit!"

Die Wölfe liessen ein so furchtbares und aufreizendes Kriegsgeheul ertönen, dass sich das ganze Rudel sinnlos über das Lager stürzte. Sofort erhob sich unsagbares Geschrei, Gewieher und Gekläff. Die Pferde stiessen wild knirschend nach den Menschen und nach dem Feuer, sodass die Scheite nach allen Richtungen flogen. Die Hunde, in ihrer Kühnheit mit den Wölfen wetteifernd, umstellten Jäger und Treiber und stürzten sich auf sie mit wütendem Gebell. Die zertrampelten Feuerstätten erloschen.

Die durch den unerwarteten Ueberfall aus dem ersten Schlaf aufgeschreckten Menschen rannten in der Dunkelheit umher, ohne zu begreifen, was geschah. Sie flohen in den Wald oder suchten, laut schreiend und sich die Angreifer so gut es ging vom Leibe haltend, Zuflucht in den Bäumen und auf den Felsen. Aus dem grässlichen Durcheinander dröhnte nur selten ein Büchsenknall, denn die vom plötzlichen Angriff völlig verwirrten Jäger konnten ihre Gewehre nicht finden. Der Kampf wütete immer wilder und erbarmungsloser. Verzweiflungsschreie zerrissen die Luft. Das Wimmern der bei lebendigem Leibe in Stücke Gerissenen verlor sich im ohrenbetäubenden Lärm der gellenden Tierstimmen. Erst nach einer guten Weile, nachdem sich die Menschen vom ersten Entsetzen erholt hatten, begannen sie etwas Widerstand zu leisten. Hier und da kämpfte ein einziger Mann gegen ein ganzes Rudel, sich mit den blossen Fäusten wehrend. Die Wölfe fielen die Menschen in entfesselter sinnloser Raserei an, zerrissen sie in blutige Fetzen oder schleppten sie über das Schlachtfeld. Ein Diener in zerrissener Jägerlivree, das Gesicht zerkratzt, den ganzen Leib schon mit furchtbaren Wunden bedeckt, verteidigte sich mit einem glühenden Scheit gegen einen ganzen Haufen Wölfe. Einen anderen hörte man unter den Huftritten der Pferde schreien. Einer war auf einen Reithengst gesprungen, der mit ihm durchging und seinen Leib an Baumstämmen und Felsen zerschmetterte. Ein gewaltiger Kerl hatte einen Wolf an den Hinterbeinen gepackt und schlug mit ihm auf seine Angreifer ein. Schliesslich ertönten von den Felsen und von den Aesten der umstehenden Buchen immer heftigere Gewehrsalven, und beim Aufblitzen der Schüsse konnte man ganze Haufen ineinander verkrallter Menschen, Hunde und Wölfe sehen, die sich am Boden wälzten. Die rasenden Pferde zertrampelten wahllos alles, was ihnen unter die Hufe kam.

Rex lenkte die Schlacht mit Hilfe von Hinkefuss. Er war es, der die Meute zum Angriff führte, der die kämpfenden Tiere vor drohenden Gefahren warnte, der die aus dem Gemetzel Fliehenden der Verfolgung preisgab, um sich gleich darauf wieder unter die Kämpfenden zu mengen. Seine drohende Löwenstimme klang durch die Nacht.

Hinkefuss dagegen, der seine grausame Natur nicht beherrschen konnte, stürzte sich ab und zu ins Gewoge der verbissensten Kämpfe und kehrte erst, wenn er seine Mordlust etwas gestillt hatte, blutbesudelt und mit einem triefenden Stück Fleisch im Maul zurück.

„Leg' das hin! Du wirst doch kein Menschenfleisch fressen!“ fuhr Rex ihn an, von einem unsagbaren Grauen gepackt.

Und etwas wie Bedauern liess sein Herz erzittern. Er überwachte zwar mit kaltem und wachsamem Verstand, wie es einem Feldherrn geziemt, den weiteren Verlauf des Kampfes, aber ein plötzlicher Widerwille gegen die Wölfe bewog ihn, die Hunde zurückzuhalten und merklich zu schonen.

„Du willst mit unserem Fell den Sieg bezahlen,“ knurrte ihn Hinkefuss an, durch dieses Verhalten arg beunruhigt.

„Ihr kämpft um eure Freiheit und euer Dasein, wir aber für die Ehre! Denk daran, dass wir euch nur zur Hilfe gekommen sind. Und wenn es dir nicht gefällt, dann rufe ich die Meinen zurück,“ drohte Rex und fletschte die Zähne.

Hinkefuss stürzte sich, vom Blutdunst und Stöhnen der Verwundeten wieder aufgestachelt, abermals ins Kampfgedränge.

Rex lief hin und wieder abseits und lauschte mit wachsender Erregtheit auf das Getümmel der Kämpfenden. Die verzweifelten Menschenstimmen liessen ihn zusammenzucken und weckten in ihm schmerzliche und quälende Gewissensbisse. Vergeblich wollte er sie überhören: ihre vorwurfsvolle Klage verfolgte ihn überall und verstummte nicht einen Augenblick. An einer Stelle der Waldwiese begegnete er einem Menschen, der zum Bach zu kriechen versuchte — es war nur ein Knäuel von zerfetztem Fleisch, zerrissenen Kleidern und zermalmten Knochen, aus zahllosen Wunden rieselte das Blut. Rex erinnerte sich an seinen ehemaligen Herrn, der einmal auf der Jagd von den Wildschweinen verwundet worden war und damals in einem ähnlichen Zustand das Wasser kriechend zu erreichen versucht hatte. Von einem unerwarteten Zärtlichkeitsgefühl gepackt, rannte er auf den Verwundeten zu, beleckte sein Gesicht und heulte. Vorbeijagende Wölfe, die dem Sterbenden den Rest geben wollten, trieb er wütend zurück. Er konnte diese Verzweiflungsklagen der Menschen nicht mehr mit anhören.

Jetzt, da er sie überwunden hatte und sie sich hilflos wie armselige Hasen in den Krallen der Wölfe wanden, winselte er kläglich auf über ihre bittere Schmach. Er hatte Rache und Hass vergessen.

Es regte sich in ihm die uralte Treue für die Menschen, die sklavische Furcht vor ihrer Ueberlegenheit und die seltsame Gebundenheit an ihr Los. Er fühlte, wie nah sie ihm standen, und dass er auf ihrer Seite zu kämpfen und mit ihnen gemeinsam zu sterben hatte. Gleichzeitig wuchs in ihm der Hass gegen die Wölfe und gegen ihre widerwärtige Grausamkeit.

Der Kampf artete schon in ein wirres und grausames Gemetzel aus; das Geschrei der zerfleischten Menschen steigerte sich von Augenblick zu Augenblick. Die vom Wahnwitz der Mordlust besessenen Tiere fielen erbarmungslos über die Niedersinkenden her. Auf der Kampfstätte vermengte sich Siegesgeheul mit dem Knacken gebrochener Knochen und dem Geröchel der Sterbenden.

Doch ein paar besonders kühne Männer, die wie durch ein Wunder den scharfen Zähnen der Angreifer entkommen waren, erreichten den Wagenpark, bemächtigten sich der Aexte, Streitkolben und Heugabeln, und verteidigten sich wie Löwen gegen ein Rudel Wölfe, das sie von allen Seiten anzugreifen versuchte. Dieser unerwartete Widerstand und das Aufblitzen des todbringenden Stahles, das unaufhörlich auf sie niederzuckte, steigerte die Wut der Tiere ins Grenzenlose. Gleichzeitig begannen auch von den Bäumen herab die Schüsse immer dichter und treffsicherer zu fallen.

Rex benutzte diesen Augenblick, um durch Aufheulen das Zeichen zum Rückzug zu geben.

Hinkefuss aber vertrat ihm den Weg, sprang ihm an die Kehle und bellte wütend:

„Verräter! So willst du uns verlassen! Wir werden sie zerfleischen bis zum letzten Menschenfetzen.“

„Wenn es dir leid tut um die Leichen, dann friss sie auf! Ich habe wichtigere Dinge zu tun, als das Abwürgen von Sterbenden. Begreife doch, du Schafskopf, dass sie Waffen haben! Sieh nur, wieviel Aas sie schon niedergestreckt haben. Hörst du nicht die Büchsen knallen? Es sind übrigens welche in die Wälder geflohen und holen Hilfe. Und was könnte ein letzter Sieg einbringen? Es ist der gegebene Augenblick, um sich zurückzuziehen."

„Rachen und Krallen voraus! Mordet, zerreisst, würgt ab!" heulte Hinkefuss ausser sich und warf sich, ohne auf Rex' Warnungen zu hören, mit den Wölfen auf den Wagenpark.

„Noch heute wird man dir dein Fell abziehen, du dummes Vieh," knurrte Rex verächtlich und versuchte weiter, seine Hunde aus dem Kampf zu ziehen und zum Rückzug zu bewegen. Es verging aber viel Zeit, ehe es ihm gelang, auch die auseinandergestobenen Pferde zu sammeln. Indessen begann eine unnatürliche Helle aus der Waldtiefe aufzuleuchten.

Es schien zuerst, als ginge die Sonne auf, nur mutete es seltsam an, dass sie in allen vier Himmelsrichtungen zugleich aufgehen wollte, denn die blutige Röte sickerte von allen Seiten und bildete über den Waldwipfeln einen flammenden See. Der Himmel dagegen war schwarz, sternenlos und mit Wolken überzogen, die Bäume standen bewegungslos da und ein dumpfes Rauschen kam näher.

Rex erstarrte vor Entsetzen, als er mit einemmal beizenden Brandgeruch und Rauch witterte.
„Mir nach! Eilt! Mir nach!“ heulte er, von Todesangst ergriffen, und warf sich in das noch dunkle Revier des Waldes. Die Hunde folgten ihm, die Pferde hingegen bäumten sich, vom Feuer geblendet, und kehrten, wild wiehernd und alles zertrampelnd, zur Waldwiese zurück.
Der Lichtschein wurde stärker, breitete sich aus und näherte sich mit wahnsinniger Geschwindigkeit. Man konnte bereits die Kämpfenden wie in einem blutigen Dunst sehen, die näherstehenden Bäume zeichneten sich schärfer und mächtiger gegen den Hintergrund ab, und hier und da spielte ein roter Widerschein auf den Felszacken.
Mit einemmal schrien Vogelstimmen auf, ein Wind erhob sich, und das Feuer sprang dem Hochwald an die Kehle. Tausende von Blitzen schlängelten sich über die mächtigen Stämme der Baumriesen, sprangen von Ast zu Ast, von Baum zu Baum, schossen empor und zerrissen die Dunkelheit mit blutigen Zähnen.
Ein feuriges Band von wehenden Flammen umschloss die Waldwiese. Es wurde taghell! Der Hochwald brannte aus unzähligen Baumfackeln. Ein Meer von Flammen und Rauchwolken ergoss sich. Der Himmel färbte sich rostrot vom Widerschein. Das Triumphlied des Feuers brauste auf, stöhnend begannen die vom Feuer zerfressenen Waldriesen niederzustürzen, ganze Springbrunnen

blutroter Funken aufwirbelnd, und in diesem Orkan des entfesselten Elements konnte man kaum noch das verzweifelte Wimmern und Winseln der zugrundegehenden Menschen und Tiere vernehmen.

☆

4.

DER AUFRUHR

Die Nacht ging zu Ende. Die Luft war warm, der Himmel voll funkelnder Sterne. Von fernen Dörfern krähten die Hähne herüber. Ruhe herrschte im unendlichen Raum, Wälder und Felder atmeten unendlichen Frieden. Neblige Hüllen breiteten sich über dem Land aus wie ein riesiges, weisses, starres Meer. Kein Vogel sang, die Raubtiere, die zu dieser nächtlichen Stunde auf Jagd auszuziehen pflegen, waren unsichtbar. Der Hochwald war in tiefes Schweigen versunken. Die ganze Welt umfing ein labender Schlaf, den selbst der niederträufelnde Tau nicht zu stören vermochte.

Nur in der Burgruine am Wald gab's keine Ruhe.

Rex sass auf einem gewaltigen Mauervorsprung. Neben ihm nickte schlaftrunken der Stumme und lallte ab und zu eine unverständliche Antwort auf seine Fragen. Sie verstanden einander ausgezeichnet.

„Die letzte Nacht!" knurrte Rex und starrte ins Dunkel, als wollte er den Anbruch des Tages beschleunigen.

„Der Krutschek hat mir schon davon was gebellt. Aber ich war krank, da habe ich wenig darauf geachtet..."

„Du kommst mit uns," beschloss er. „Wir werden dich brauchen können."

„Zu den Menschen halten...! Nee, so dumm bin ich nicht. Zieht ihr wirklich fort?" Er konnte noch immer nicht glauben, dass es wahr sein sollte.

Rex war ganz in Gedanken über den kommenden Tag. Er bebte vor freudiger Erregung und heimlichem Glück. Er konnte sich nicht vorstellen, wie dies alles werden sollte! Seine Gedanken eilten den Geschehnissen voraus und irrten ängstlich durch weite unbekannte Räume, durch eine Welt unfassbarer Gesichte. Er liess sich von der Sehnsucht tragen, die sein ungeduldiges Herz erfüllte.

„Wir ziehen aus! Wir wandern gen Osten, ins Sonnenland, ins Land der Freiheit!" bekräftigte er leidenschaftlich, und nachdem er sich auf die Hinterfüsse gestellt hatte, witterte er lange nach allen Himmelsrichtungen.

„Die Wölfe scheinen hier in der Nähe zu sein."

„Ich dachte, sie seien alle miteinander verbrannt."

„Der Schlaukopf von Hinkefuss hat alle Ueberlebenden aus dem brennenden Wald durch das Flussbett hinausgeführt. Viele sind zugrunde gegangen, aber der Rest hat sich, wenn auch mit angesengtem Fell, gerettet. Dafür sind aber die Menschen bis auf den letzten verbrannt."

„Das ist nicht wahr! Ich habe selbst ein paar Gerettete gesehen, die im Herrenhof waren und von jener Nacht so schreckliche Dinge erzählten, dass die Leute über ihr Unglück geweint haben. Die ganze Schuld schieben sie auf die Wölfe. Sie haben gesagt, dass sie Militär zusammenziehen und ein solches Kesseltreiben veranstalten würden, bis keine Spur von einem Wolf übrig bleibt. Im Herrenhof haben sie sich auch gegen die Wölfe verschworen, denn ein paar von den Herrenhofleuten, die mit dem Verwalter zusammen waren, sind von der Jagd nicht heimgekehrt."

„Um unsere Haut brauchst du keine Angst zu haben," liess sich der aus dem Dunkel auftauchende Hinkefuss vernehmen und streckte sich neben den beiden aus. „Wir werden sie schon bis auf den letzten abwürgen. Sie sollten uns besser ungeschoren lassen."

„Bell ihnen das vor!" lallte der Stumme herausfordernd.

„Ihr stinkendes Aas ist uns schon ganz zuwider!" knurrte er, den Stummen mit der Schnauze anstossend. „Ein Menschenbalg hier?" Er fletschte gegen ihn die Zähne.

„Er geniesst hier unser Recht. Nicht ein Haar wird ihm gekrümmt," warnte Rex.

„Lass sie mich nur anrühren," drohte der Stumme und liess sein langes Messer aufblitzen.

Der Hinkefuss entwand ihm die Waffe, setzte seine Pfote darauf und knurrte höhnisch:

„Beiss mich jetzt, du Hundesohn."

Der Stumme griff blitzartig in den Schlund des Wolfes, fasste seine Zunge und stotterte:

„Beiss jetzt, du versengtes Fell! Und wenn du nicht genug hast, werd ich dir gleich Feuer machen!"

Rex versöhnte schliesslich die beiden, bis sie ruhig nebeneinander liegen blieben, als wäre nichts geschehen.

„Wir haben keine Heimat mehr," jammerte der Wolf, nur mit Mühe seine Zunge bewegend. „Wir Unglücklichen, Vertriebenen! Wir wollen euer Gesetz annehmen und euch treu dienen. Wir werden dir folgen, wohin du befiehlst!"

„Sie könnten unterwegs das Hornvieh bewachen," bemerkte der Junge unwillkürlich.

„Auch das Gezählte schont der Wolf nicht," knurrte Rex.

„Ihr ernährt euch doch auch nicht von Gras!" warf Hinkefuss sofort ein.

„Das Fleisch wird für alle reichen! Viele werden unterwegs fallen müssen!" entschied der Stumme schlau.

Der Wolf leckte ihn vor Zufriedenheit und verzog sich in die Büsche, um dort noch ein Schläfchen zu halten.

Die Nacht zerrann endlich, die Sterne begannen bereits zu verblassen und am Himmel begann der neue Tag zu dämmern.

„Und wenn dich die Gutsherrin wieder in Gnaden aufnähme?"

Die Frage war so berauschend und unerwartet, dass Rex erbebte und erst nach einer Weile gedämpft seine Antwort knurren konnte.

„Es ist jetzt zu spät! — Haben sie dort über mich gesprochen? — Nein, mit den Menschen bin ich für immer fertig. Man kann Totes nicht wieder lebendig machen. Ich habe selbst jede Erinnerung an das frühere Leben verflucht. In Knechtschaft leben, um menschliche Gnade wedeln, Unrecht, Hunger und Verachtung ruhig hinnehmen — das könnte ich jetzt nicht mehr. Das ganze Getier der Höfe und Felder wartet auf mich — alles Unrecht in der Welt verlangt, dass ich dafür Rache nehme, alles Unglück, dass ich es in Glück verwandle. Ich bin der Führer der Tiere, sie haben mir ihre Zukunft und die ihrer Geschlechter anvertraut. Ich werde sie aus dem Lande der Knechtschaft herausführen! Es ist zu spät!“ stöhnte er und, den Kopf tief zu Boden gesenkt, liess er ein weinerliches Winseln vernehmen:

„Der Mensch ist schlecht, hinterlistig und treulos! Er kann nicht leben ohne zu lügen, zu töten und andere zu unterdrücken. Lass sie versuchen, allein für sich zu leben, wir werden ohne sie fertig werden. Unser Weg ist lang, aber am Schluss harrt unser die Freiheit!“

„Wenn ihr unterwegs nicht Hungers krepiert,“ lallte der Stumme verächtlich.

„Als ob es nicht genug Felder, Heuschober und Wildbret gäbe! Die Tafel ist gut bestellt.“

„Das ist wahr.“ Er kratzte sein Zottelhaar. „Aber wenn der Frost kommt und es anfängt zu regnen und zu schneien... “

„Dort ist es ewig grün, dort herrscht ewiger Sonnenschein. Die Kraniche kennen diese glückseligen Länder. Sie haben mir alles erzählt und versprochen, uns den Weg dahin zu weisen. Sie werden uns später einholen.“

„Wenn dort ein solches Paradies ist, warum kommen sie dann in unsere Länder?"
„Auch die Winde fliegen, man weiss nicht wohin. — Was haben sie von mir im Herrenhof gesagt?"
„Als bekannt wurde, dass du den Bären bezwungen hattest, schalt die Gutsherrin die Wirtschafterin aus, dass sie dich Hunger leiden lassen und fortgejagt hatte."
Er winselte leise auf und versank in Nachdenken. Der Stumme begab sich in die gewölbte Burghalle, fachte im Kamin ein grosses Feuer an und begann Kartoffeln zu braten, die er mitgebracht hatte. Er teilte sein Mahl mit den Hunden, wofür ihm einer von ihnen eine fette Gans heranschleppte, die, wie er behauptete, den Füchsen abgenommen worden war. Der Junge war darüber sehr erfreut.
„Das wird ein Leckerbissen werden!" murmelte er vor sich hin.
Er weidete die Gans aus, belegte sie mit Ton, bedeckte sie hoch mit glühenden Kohlen und briet sie, bis der Ton ganz ausgebrannt war. Dann nahm er die prächtig geröstete und köstlich duftende Gans heraus. Alle Federn blieben im Ton zurück.
„Wenn man mindestens jeden Sonntag solch einen Leckerbissen bekäme, dann brauchte man dem Glück nicht nachzujagen!" gestand Krutschek, gierig den ihm zustehenden Teil verschlingend.
„Ja, einem Krutschek würde das schon genügen," knurrte Rex und vertiefte sich, die Schnauze von

den verlockenden Düften wegwendend, wieder in seine Grübeleien.

Der Stumme schlief an seiner Seite ein. Die Erinnerung an den Herrenhof hatte Rex tiefer ergriffen, als er sich selbst eingestehen wollte. Er hatte sie verschluckt wie einen stachligen Köder und konnte sie nicht mehr loswerden, obgleich sie ihm die Eingeweide zerriss. Diese kaum zerronnene Vergangenheit, die dennoch schon so fern war, dass er sich ihre Umrisse nur mit Mühe vergegenwärtigen konnte, entlockte seiner Brust leises Sehnsuchtsgewinsel. Er wollte das erlittene Unrecht nicht vergessen, im Gegenteil, er beschwor es herauf, alle Einzelheiten zu einem langen blutigen Rosenkranz von Klagen und Vorwürfen aneinanderreihend, und gleichzeitig wuchs in ihm eine ängstliche Ehrfurcht vor dem Menschen. In solchen Augenblicken erschien ihm das Menschengeschlecht wie mit unbegrenzter Macht ausgestattet. Je mehr er sich von den Menschen entfernte, desto weniger waren sie zu begreifen, wie die Sonne, wie der Frost, wie die Berge und der Himmel.

„Was sind wir im Vergleich zu ihnen? Was denn bloss? Ein Rudel, das vom unersättlichen Hunger umhergetrieben wird, ein Ameisenhaufen, der unter ihren zermalmenden Füssen wimmelt."

Er erbebte vor dem Abgrund, der sich plötzlich vor ihm auftat und aus dem ihn der eisige Hauch des Todes anwehte.

„Keiner wird ihn überspringen! Keiner!" Die Wehmut eines grenzenlos Benachteiligten, die Wehmut eines Frosches, der dem vorüberfliegenden Adler nachglotzt, presste ihm das Herz wie mit einem eisigen Reif zusammen.
Und lange suchte er nach den Gründen dieser grausamen Ungleichheit. Er wehrte sich dagegen, als müsste er im Namen der ganzen benachteiligten Kreatur, im Namen der ganzen weiten Welt sprechen. Bis er sich zuletzt bewusst wurde, dass er das einzige Mittel gefunden hatte, diesen Abgrund auszufüllen.
„Ich weiss schon, ich weiss!" prägte er sich die entdeckte Wahrheit ein. „Die Alltagssorge ums Dasein quält sie nicht, denn Tausende von uns arbeiten für sie; das Wasser, die Luft, die Sonne und die ganze Welt dienen ihnen. Das ist der Grundstein ihrer Macht. Nimmt man ihnen ihre Sklaven weg, dann ist es mit ihrer Grösse aus. Sie werden selbst noch elender und wehrloser sein als wir. Dann wird erst volle Gleichheit herrschen!" knurrte er sieghaft.
„Solange du dem Menschen den Verstand nicht nimmst, hast du ihm nichts genommen, denn er wird immer Rat wissen!" lallte der Stumme und schlief wieder ein.
Mit einemmal waren die regenbogenfarbenen Schlösser, die er mit solcher Mühe erbaut hatte, in Staub zerfallen, und Rex wurde sich abermals bewusst, dass er ein elendes, ewig benachteiligtes

Geschöpf war, welches vergeblich an den Ketten der menschlichen Uebermacht zerrte.

„Fliehen, so schnell und so fern wie möglich!“ zischte er durch die vor Schmerz zusammengepressten Zähne. Er tauchte seine Blicke in die Abgründe des Himmels, die voll unzählbarer zuckender Sterne waren, und vergass dermassen alles, was um ihn war, dass er selbst den Wolf nicht witterte, der sich inzwischen neben ihm ausgestreckt hatte.

Sie warteten schweigend auf den nahenden Tag.

Beim ersten Morgengrauen, als der Himmel im Osten immer blasser wurde, bellte Hinkefuss leise auf, nachdem er in der Luft gewittert hatte.

„Sie sind im Anzug! Noch sehr weit von hier.“

Die Krähen lösten sich, zuerst einzeln und dann in ganzen Schwärmen, von den Bäumen und flogen im hohen lautlosen Flug der Morgenröte entgegen. Die Nacht trübte sich immer mehr. Die Felder schienen zu versinken, dagegen traten die Bäume immer deutlicher hervor und zeichneten auf dem Hintergrund des erblassenden Himmels ihre Kronen, die zusammengeballten Rauchwolken glichen. Im Osten bildeten sich unter den Deichen der Dunkelheit grünliche Buchten, wie aus erstarrtem Wasser, auf welches Asche niederrieselte und sich langsam bei der Berührung zu blasser Glut entfachte. Die Sonne meldete sich schon aus der Ferne.

„Schafe ziehen! Ich wittere Pferde, viele, sehr

viele!“ winselte der Wolf und schlug mit dem Schweif auf den Boden.
„Das hört sich gerade so an, als ob Wagen über hartgefrorene Erde führen!“ bestätigte der aus seinem Schlaf erwachte Stumme.
Tatsächlich wurde bald darauf ein durch die Ferne und die taugetränkte Luft gedämpftes Getrampel vieler Füsse hörbar. Am Himmelsrand, wo die Morgenröte schon den ganzen östlichen Himmel in Brand gesetzt hatte, ballten sich Wolken zusammen, aus denen fernes und langgezogenes Brüllen herüberschallte.
Rex duckte sich zum Sprung und bohrte seine glühenden Augen, vor Ungeduld bebend, in die nebelverschleierte Ferne. Als er die formlos sich dahinwälzenden Massen erblickte, liess er sich erschöpft und von namenlosem Glück fast ohnmächtig zu Boden sinken, den fieberheissen Kopf auf die ausgestreckten Vorderpfoten gelegt. Er rang vor Erregung vergeblich nach Atem.
Hinkefuss aber konnte keinen Augenblick mehr an sich halten, rannte sinnlos herum, sandte Boten aus und heulte vor massloser Freude auf.
„Lass nach mit deinem Singen, du Pferdenachtigall, sonst wirst du sie alle noch verscheuchen!“ herrschte ihn der Stumme an.
Im Schutze der Burgruine legte er ein grosses Morgenfeuer an und briet Kartoffeln und etliche Vögelchen, die ihm sein unzertrennlicher Kamerad Krutschek gebracht hatte. Dabei pfiff er

vor sich hin und ahmte allerlei Vogelstimmen nach.

In dem blutrot sich färbenden Feuerschein des Morgenhimmels zeichneten sich die dunklen Massen immer deutlicher ab, die von allen Seiten herangeflüchtet kamen. Es schien, als wäre irgendwo eine grosse Wasserflut aus den gewohnten Ufern getreten und brodelte wild auf und wollte die ganze Erde verschlingen. Und wie das wütende Grollen der Wogen, die ein Stauwerk niederreissen, ertönte immer näher und drohender ein tausendfaches Stimmengewirr. Das Viehgebrüll steigerte sich zum Donnerhall, das wilde, leidenschaftliche Aufjauchzen des Pferdegewiehers und das trompetende Blöken der Schafe erfüllten die Luft. Dabei wuchs der dumpfe Lärm zahlloser Tritte von Minute zu Minute. Tausende von gehörnten Köpfen schwammen schon in der sich dahinwälzenden lebendigen Flut. Die Luft zitterte, heisse Atemzüge erfüllten den Umkreis. Man hätte glauben können, ein Gewitter sei im Anzug, denn unter ständigem Donnergegroll zuckten Blitze auf Blitze herüber. Die Erde erbebte, durch das Geäst der Bäume fuhr ein plötzliches Zittern, und die ganze Vogelwelt brach in Rufe des Entsetzens aus, während die zahllosen Herden den Weideplatz am Wald überfluteten und wie mit einer einzigen gewaltigen Stimme aufbrüllten.

Gerade um diese Zeit stieg die rote strahlende Sonne empor und erglänzte über der Welt.

In den am Boden dahinkriechenden, von Sonnenbränden überfluteten Nebeln brausten immer lauter die Stimmen zahlloser Herden auf, deren endlose Züge unter unaufhörlichem Gewieher und Gebrüll vorbeistampften, begleitet vom Bellen der Hunde, die sich mühten, in dem wilden Durcheinander Ordnung zu schaffen. Immer wieder schwoll der Stimmenlärm an, und immer wieder ergossen sich neue Herden auf die Weidenplätze am Wald, wie über den Uferdamm schlagende Flutspritzer. Bevor die Sonne alle in den Niederungen verborgenen Schatten ausgetrunken hatte, waren bereits Tausende und Abertausende nähergekommen. Soweit das Auge reichte, sah man weder Gräser, weder Kornfelder noch Büsche mehr, sondern nur noch die bewegliche Flut der Hörner, Köpfe, Mähnen und Schweife.
Den Herden aber folgten hoch in den Lüften unzählige Vogelschwärme nach. Sie machten zuweilen den Eindruck schwerer bleierner Wolkenmassen, welche die Sonne zu verdunkeln drohten — dann wieder sahen sie wie wilde Bäche aus, die sich über die blassen Himmelsfelder ergossen, oder wie windverwehte Rauchstreifen ohne Anfang und Ende. Sie beschrieben weite Kreise und liessen sich plötzlich mit scharfem Geschrei niedersinken. Sie flogen dicht über der Erde hin, wie drohende Hagelwolken, und besetzten die umstehenden Bäume in solchen Mengen, dass alle Wipfel wie bei einem anbrechenden Sturm auf-

rauschten. Und da sie bis in die heimlichsten Schlupfwinkel des nahen Waldes drangen, flüchtete das Getier der Wildnis in Todesangst und von den Flügelschlägen wie betäubt in seine Verstecke. Denn es war, als ob die aus den Angeln gehobene Erde donnernd einstürzen wollte.

Nur Rex sass bewegungslos auf seinem Mauerblock und sah ohne mit der Wimper zu zucken in das um ihn herum sich ballende Chaos. Er glühte wie im Fieber, jauchzende Begeisterung durchbebte sein Inneres, trotzdem schien er aber ruhig und fest wie ein Fels inmitten der Brandung. Die Pfeile erregter Blicke umflogen ihn. Der Odem heisser Atemzüge und der Dunstkreis aller Gefühle und Wünsche flutete nach seinem Herzen. Er sog sie ein und fühlte, wie sie seine Macht, seinen Stolz und seine Selbstsicherheit steigerten. Das Brüllen, Getrampel und Flügelrauschen schwebte über ihm wie der Glorienschein einer grenzenlosen Macht.

Sie hatten sich also alle eingefunden, selbst die Sterbenden waren unter Aufwendung ihrer letzten Kräfte gekommen; alles was Klage, Leid und Benachteiligung bedeutete, stand vor ihm, blickte ihm liebevoll in die Augen, harrte seiner Befehle und bezeugte ihm seine grenzenlose Ergebenheit. Die zerrissenen Ketten liegen am Boden, der Erbfeind ist besiegt, die Sklaven haben ihre Bedrücker überwunden, und sieh da, jetzt zittert in allen Herzen und auf jeder Zunge der eine, einzige, heilige Ruf: Freiheit! Freiheit! Freiheit!

Rex überdachte dies alles und suchte sich in Gedanken diese seltsamen Schicksalswege zu vergegenwärtigen.

„Was wird jetzt der Mensch beginnen? Wo bleibt seine Kraft und seine Grösse? Was ist er angesichts dieser Riesengewalten? Ein Staubkörnlein, das sie auf ihren Hufen davontragen werden, vergessend, dass es je bestanden hat. So, wie man den Hunger vergisst, nachdem man ihn gestillt, wie man während der Sommerhitze nicht an den Winterschnee zurückdenkt. Er wird allein, nackt und wehrlos zurückbleiben, wie ein Junges, das man von der mütterlichen Brust weggerissen und in einen Graben geworfen hat. Und er wird nicht einmal einen Hund finden, der ihn aus Mitleid beleckt. Zur Beute der Krähen und Raben werden die Menschen werden. Es warten ihrer Hunger und grenzenlose Mühsale, die ihre Kräfte übersteigen!" So träumte er hasserfüllt. „Lass sie jetzt regieren! Wir aber begegnen uns niemals mehr!" sann er vor sich hin. Doch mit einemmal verdunkelte eine Sorge seine Gedanken; etwas, wie das Gefühl einer Verantwortung begann sich in seinem erwachten Gewissen zu regen. Ihm war, als wollte ein dumpfes Angstgefühl, wie ein noch nicht greifbarer Schatten, sich seiner glückstrahlenden Seele bemächtigen. Er liess seine Augen über die zahllosen Massen gleiten, welche auf seinen Befehl hin ihre uralten Lagerstätten und ihr schweres, wenn auch gesichertes Dasein verlassen hatten. Wird dieser Haufe von unzählbaren Empörern seine Freiheit zu gebrauchen wissen? Der Sturmwind reisst die Eichen mit der Wurzel aus dem Boden und lässt sie niederfallen, vermag er aber, sie neu zu pflanzen, dass sie wieder wachsen und gedeihen? überlegte er. In diesem Augenblick schob sich Hinkefuss an ihn heran, warf sich vor ihn auf den Boden und winselte leise.

„Sieh, Herr, wie mir die Beine zittern! Mir, der vor den Menschen keine Angst hat."

Rex blickte erstaunt auf und begegnete dem unsteten, flimmernden Angstblick des Wolfes.

„Zuviel, zuviel lebendiges Fleisch! Wenn der geringste Schreck sie aufscheucht, werden sie uns wie Regenwürmer zertrampeln," schluchzte er entsetzt auf. „Von ihrem blossen Geschrei bersten mir fast die Rippen. Ihr Gestank hat mir fast den Spürsinn genommen. Dies Vieh wird die ganze Welt in Mist verwandeln. Es ist eine Schande, über solches Pack zu herrschen. Unbesiegbarer, nimm die Gewalt über mein Geschlecht, wir werden dir Treue und Gehorsam schwören. Meine Töchter werden dir Söhne gebären, aber lass dieses Vieh laufen. Wir werden ohne sie gemeinsam eine neue Heimat suchen. Was verbindet dich mit ihnen? Dich, der den Bären überwunden hat! Dich, der soviel menschlichen Verstand erwarb! Leitest du etwa dein grosses Geschlecht von den Sippen der Rüssel- und Huftiere ab? Bist du gesonnen, mit ihnen gemeinsam Gras zu fressen und Regenwasser aus den Pfützen zu schlecken? Du, der erste Rachen des Urwaldes, willst mit der Herde aufständiger Sklaven leben, mit all dem Aas, das sich jedermann aneignet? Fürwahr, es würden deine Vorfahren, die allein gegen Wildschweine und Hirsche auf die Jagd auszogen, über die Schande ihres Nachkommen aufheulen. Noch ist es Zeit, zurückzutreten. Ich kenne alle Schleichwege im Wald, wir werden uns seitwärts schlagen, die Herden ihrem Schicksal überlassen und in die weite Welt ziehen. Dahin, wohin uns nur die Füsse tragen, wohin die Beute lockt, und wohin uns unser eigener Wille treiben wird. Wir finden neue Wälder, die grösser sind als diese, wo man bis an den Schlund zu fressen hat, und wohin die Kunde vom Menschen noch nicht gedrungen. Was verlangst du mehr, o Herr?"

„Glück für alle! Du wirst das niemals begreifen, du unersättlicher Blutschlecker!" knurrte Rex verächtlich auf.

„Ich begreife nur, dass wir rettungslos verloren sind," stöhnte Hinkefuss verzweifelt auf. „Es fällt mir schwer, Herr, aber wir dürfen nur den Weg unserer Vorfahren gehen! Wir können nicht dem Wahnsinn dienen."

„Geh!" knurrte er zornig, „du kannst mich verlassen! Aber das merke dir, dass dich der Urwald nicht vor meiner Rache schützen wird. Du bist aus freien Stücken zu uns gekommen, und jetzt läufst du vor Angst davon! Und wenn du dich, du feiger Verräter, selbst in einem Fuchsbau versecktest, so werden dich die Meinen doch aufspüren und die Krähen an den Zotteln ans Tageslicht zerren! Wähle! Ich werde dich brauchen!" herrschte er ihn befehlerisch an.

„Gnade, Herr! Wir werden dir gehorsam sein!" heulte der Wolf und leckte demütig seine Pfoten.

„Du wirst die Nachhut des Zuges übernehmen und durch Heulen die Saumseligen antreiben."

„Dein Wille, Herr. Aber unser soll alles sein, was unterwegs fällt?" Er leckte sich mit der langen Zunge lüstern die Schnauze.

„Für dich ist das Leben nichts als Sichvollfressen und die Sorge für den vollen Bauch."

„Und was ist es für dich? Was ist es anderes für dieses Vieh? Oder selbst für die Menschen?"

Rex sprang, ohne eine Antwort darauf zu finden, von seinem Mauerblock herab und wandte sich dem Stummen zu, um seinen Teil an gebratenen Kartoffeln und den Rest der übriggebliebenen Knochen zu empfangen. Der Junge reichte ihm das Essen und machte Miene fortzugehen.

„Wo willst du hin?"

„Nach Hause. Du ziehst mit den Deinen in die weite Welt hinaus, ich will zu den Meinen zurückkehren," brummte er herausfordernd.

„Du wirst mir sehr von Nutzen sein können. Bleib bei uns, du kannst Feuer anfachen und besitzest ein Messer. Bleib!" bat er herzlich.

„Ich bin ein Mensch und habe nichts mit euch zu

schaffen. Da euch die Lust ankommt, in die Welt zu ziehen, so hebt meinetwegen die Schwänze hoch und rennt wohin ihr wollt! Du willst der Herr über alles Vieh sein, so herrsche denn! Ich möchte dir nur gesagt haben, dass dein Herrschertum nicht von langer Dauer sein wird. Die Menschen kriegen eure Freiheiten schnell satt. Sieh doch bloss, wie das Vieh die Felder zerstampft hat. Nicht lange wird's dauern, dann kommen die Knechte mit den Peitschen gerannt. Viel Blut wird noch fliessen, viele Knochen werden knacken. Es ist blöde zu glauben, dass die Menschen lange ohne Arbeitsvieh bleiben werden. Du warst früher klüger, als du auf dem Herrenhof lebtest. Sieh mal einer an, da sind die dummen Viecher aufsässig geworden und glauben, dass sie die ganze Welt auf den Kopf stellen können! Fressen kann jeder," er warf abermals einen Blick auf die kahlgeweideten Kornfelder, „aber wer wird wieder säen?"

Aergerlich stand er auf und wandte sich dem Ausgang zu.

„Hiergeblieben! Sonst lass ich dich von den Wölfen zerreissen und dein Aas zum Herrenhof schleppen!"

Der Stumme erbebte, als er den furchtbaren Zorn in den Augen des Hundes gewahrte.

„Lass mich gehn. Hab ich dir je etwas zuleide getan?" weinte er vor Entsetzen.

„Kein Wort mehr! Später vielleicht, wenn wir

unser Ziel erreicht haben, lass ich dich gehen," versprach Rex gnädig.

„Ich werd' hier vor Hunger krepieren. Gras werde ich mit dem Vieh nicht zusammen fressen!" lallte der Stumme mit kläglicher Stimme

„Es wird dir an nichts fehlen. Die Hunde werden für dich sorgen. Du sollst sehen, wie ich dich ausfüttern werde."

„So siehst du aus, ich soll rohes Fleisch fressen und frisches Blut dazu saufen! Und zu Fuss komm ich doch sowieso nicht mit."

„Du darfst auf dem Hengst vom Herrenhof reiten! Und jetzt mach', dass du mir aus den Augen kommst," traf ihn der strenge Befehl. Ohne ein Wort zu erwidern, suchte er sich ein schattiges Plätzchen am Gemäuer aus und versuchte einzuschlafen. Aber die gefährliche Lage, in der er sich befand, liess ihn nicht einen Augenblick die Augen schliessen. Vor sich hinflennend, und die Nase mit dem Aermel seiner Jacke reibend, versuchte er seine Gedanken zu sammeln und allerhand Listen auszusinnen, um einen Weg ins Freie zu finden. Er begründete seine Hoffnungen darauf, dass er die Sprache aller Tiere verstand, und spähte schon auf den Feldern nach einem sicheren Weg zur Flucht. Aber wie versteinert blieb er beim Anblick der zahllosen Herden stehen, die das Land weit und breit bedeckten und durch neue hinzuströmende Massen sich immerfort vergrösserten.

Die Sonne stand fast im Zenith, kein Lüftchen regte sich, die Schatten schrumpften zusammen und der blasse Sommerhimmel brannte dermassen, dass die Herden, nachdem sie den Rest des zerstampften Getreides und der Gräser kahl gefressen hatten, sich zur Ruhe niederlegten.

„Wann ziehen wir ab?“ wandte sich der Stumme plötzlich an Rex, der an seinem gewohnten Platz hockte.

„Sobald die Mittagsglut vorbei ist, und ehe es Abend wird und die Kirchenglocken läuten.“

Der Stumme zog sich unter die gewaltigen Eichen am Waldrand zurück, deren mächtige Aeste tief herabhingen.

„Auf dem Baum will ich warten,“ überlegte er schlau. „Hier finden sie mich nicht! Und sie können mich zum Abschied irgendwo küssen! Hier sollen mich die Wölfe und Hunde einmal herunterholen!“ spottete er und suchte mit den Blicken den höchsten Baum aus. Da plötzlich duckte er sich vor Angst. Die Aeste der Bäume waren mit grossen Adlern, Habichten, Sperbern und ganzen Schwärmen verschiedenartigster Vögel dicht bedeckt. Wohin er blickte, überall dasselbe Schauspiel! An der Erde aber räkelten sich im Schatten der Bäume überall Wölfe, Hunde und Füchse. Alles schien zu schlafen; aber es war nur ein halbwaches Lauern, bei dem man sich immer bewusst bleibt, was ringsum geschieht und jeden Augenblick zur Flucht und Gegenwehr bereit ist.

Der Junge beruhigte sich und begann die Stimmen verschiedener Vögel nachzuahmen. Aus einem benachbarten Sumpf antworteten ihm die Wildgänse, Krähen gaben mit einem vorsichtigen Krächzen Bescheid, selbst ein getäuschter Habicht begann auf seinen Ruf hin zu locken, aber der Uhu, der den Betrug gemerkt hatte, tutete ärgerlich aus einer Baumhöhle, weil man ihn im Schlaf gestört hatte.

„Hinkefuss, schaff doch dies Menschenaas von hier fort! Er wird noch den ganzen Urwald zum Narren halten."

Hinkefuss schlich sich lautlos an ihn heran. Aber der Junge hatte den heissen Wolfsatem auf seinem Nacken gespürt, wandte sich rasch um und liess dicht vor dessen Augen sein Feuerzeug blitzen.

„Komm doch näher, Freund Hinkefuss! Komm näher! Ich will dir die Schnauze mit Feuer so schön machen, dass dich deine Wölfin nicht wiedererkennt!" höhnte er, zündete eine Handvoll trockener Blätter an und schleuderte sie auf den Wolf.

„So ein Teufelsgezücht!" keuchte Hinkefuss, vor dem Feuer und Rauch zurückweichend.

„Euch werde ich auch noch wie Bienen ausräuchern!" drohte er darauf den Vögeln und legte frische Tannenzweige aufs Feuer, bis ein scharfer Rauch die Eichenstämme umhüllte und sich wie eine schwarze Mähne um die Baumkronen legte.

Die aufgescheuchten Vögel flüchteten auf die ferner stehenden Bäume, der Uhu aber plusterte sich in seinem Baumloch auf und tutete kläglich: „Verfluchtes Menschengeschmeiss! Pfui, ich ersticke!"

„Willst du die Wölfe noch einmal auf mich hetzen, du blinder Bettelgreis?" lachte der Stumme schadenfroh, kletterte unter dem Schutz des Rauches auf den Baum und machte es sich zwischen den Zweigen bequem.

„Auf dem Hengst würde ich reiten wie ein Gutsherr!" lächelte er glückselig vor sich hin und schlief ein.

☆

5.

DER AUSZUG DER TIERE

Die Zeit floss dahin, vom glühenden Sonnenstaub in der Weltenuhr gemessen. Die Erde lohte weit und breit im Sonnenbrand. Die Hitze benahm einem den Atem, die Felle der Tiere troffen von Schweiss. Heisse Lüfte hatten die letzten Tautropfen aufgesogen. Die dürre Erde lechzte nach Regen. Nicht ein Blättlein bewegte sich. Nicht eine Stimme war vernehmbar. Der Himmel hing bewegungslos über der Erde, wie ein von goldenem Dunst umschleiertes Auge. Bläuliche, kaum sichtbare Flammen tanzten über den Feldern. Die Luft war trockenes, fressendes Feuer. Schwüles Schweigen drückte mit zentnerschwerer Last. Alles schien zu schmelzen und in ein zitterndes Gekräusel zu zerfliessen, das sich bis in die Unendlichkeit fortpflanzte. Das feurige Flimmerlicht vernichtete alle Farben. Alle Kraft zersprang in tausend Funken, wie unter mächtigen Hammerschlägen. Auch die Seelen erlahmten in völliger Trägheit. Die Herzen dorrten wie Blätter ab und zitterten noch einmal im Tode auf. Nur die Sonne im Zenith ihrer Macht, vom Wirbelsturm der eigenen Glut umhüllt, verfolgte unerbittlich die Bahn ihrer Bestimmung.

Rex sass wie erstarrt im flammenden Sonnenbrand, oben auf einem Vorsprung der zerbröckelnden Bastei, die sich stolz über das Waldland erhob. Die Adler ruhten sich dort zuweilen von ihren Wolkenflügen aus und die Eulen nisteten in ihrem Gemäuer.

Eine ganze Welt flimmerte vor seinen Augen. Eine unabsehbare Landfläche, reich bestickt mit der Ueppigkeit des fruchtbaren Sommers, stieg allmählich im Osten auf und erstreckte sich bis zu den bläulichen, schneebedeckten Bergen. Zahlreiche Bäche durchzogen sie, wie aus Silberdraht gewirkte Muster. Endlose Baumreihen verbrämten die Landstrassen. Grüne Flecken der Wälder, längliche Seen, wie Palmblätter gebogen und an den Ufern mit gelben Sandsäumen verziert, goldene Kornfelder mit eingewirkten Getreideschobern bildeten ihren königlichen Mantel. Und auf diesem Mantel stiegen weisse Dörfer auf, mit Fensterscheiben, die aus Obstgärten hervorblitzten, Friedhöfe mit ihren schwarzen, andächtig ausgebreiteten Grabkreuzen, stolze, aus grossen Parken aufragende Herrensitze und Kirchen mit Türmen aus Efeugrün und Steinkränzen. Dann und wann nackte Steinhügel und Städtchen, die wie Maulwurfshaufen ein besonderes Muster für sich bildeten. Zuweilen auch Fabriken mit langhalsigen roten Schornsteinen, die wie Kraniche das Land bewachten. Unter dem hohen und lichten Himmel im flimmernden Dunst der Mittagsstunden erschien diese wirkliche Welt, als wäre sie von einer goldenen Dämmerung umflort und wie tot; sie lag da bewegungslos und stumm in verwischten Farben schimmernd, wie ein verschossener und verstaubter Wandteppich. Die Sonne hing bereits zwischen Mittag und Westen, als mit einemmal die Vesperglocken ertönten. Bedächtig hub das Erzgeläut einen feierlichen, himmelanstrebenden Lobgesang an, als entstiege es dem Herzen und der Sehnsucht aller Dinge. Es war ein erhabenes und inbrünstiges Gebet, das immer höher und höher über alle Sonnenpracht zum Himmel hinauf stieg, bis fern zu Füssen des Urewigen!

Und gleichzeitig, als wär's sein Widerhall, stieg aus den Feldern und aus Wäldern, aus allen Niederungen des Lebens, ein furchtbares Gebrüll aller Tiere auf, das den Tiefen der Erde zu entquellen schien, und unter dessen Gewalt die Vögel in ganzen Schwärmen verängstigt aufflogen und die Bäume erbebten, einen Regen von Blättern niederschüttelnd.

Und als sich das Gebrüll wieder gelegt hatte, stimmten die Wölfe ihr langgezogenes und schluchzendes Geheul an:

„Gen Osten! Gen Osten! Gen Osten!"

Die zahllosen Herden setzten sich in Bewegung in der Richtung nach den im Osten blauenden Bergzügen.

Sie drängten geradeaus vorwärts, quer über die bestellten Felder und über Oedland dahin; über Dörfer und Städte hinweg, durch Wälder, Flüsse, Wiesenland und Moore. Es war, als ob ein unsichtbarer Vulkan diesen siedenden Lavastrom aus seinen Tiefen herausgeschleudert hätte, der sich mit dumpfem, ununterbrochenem Donnergeroll dahinwälzte — und wo dieser Strom sich ergoss, blieben nur Steine, Baumgerippe und die nackte, zerstampfte Erde zurück. Da blieb allein der Tod. Von Zeit zu Zeit entrang sich den dahinziehenden Herden ein Schrei aus unergründlichen Tiefen, der wie ein Lied unstillbarer Sehnsucht klang und so mächtig war, dass von seinem Gellen allein die Häuser einstürzten, die Bäume brachen und die Kreuze an den Landstrassen umfielen. Die Erde bebte unter den schweren Tritten auf viele Meilen im Umkreis.

Es war, als hätten sich alle Erdmächte zusammengetan zu einer Heerschar, wie sie die Welt noch nicht gesehen hatte.

Rex ritt auf einem grossen nachtschwarzen Hengst an der Spitze, und hinter ihm sass der Stumme und trommelte freudig mit den blossen Füssen gegen die Flanken des Pferdes. In einer unabsehbaren Schar zogen Stuten, Füllen und Wallache, von wachthabenden Hengsten umgeben. Die Kühe schritten unter der Leitung von Stieren, und unter dem Schutz der düsteren, schwerfälligen Ochsen trippelten unzählige Herden Schafe, von Böcken flankiert; zum Schluss drängten sich die Schweine, von alten Muttersäuen angeführt.

Die Hunde waren überall, wo es Ordnung zu schaffen und Gehorsam zu erzwingen gab.

Die Wölfe schlossen den Zug ab und trieben die Saumseligen mit Heulen und Bissen an.

Und ganz hinten tummelten sich die Nachzügler,

ganze Rudel von rosthaarigen Füchsen, Mardern und Iltissen.
Die Herden drängten unermüdlich vorwärts und wanderten immer weiter bis spät in die Nacht hinein. Dann erst fielen sie, jedes wo es ging und stand, zu Boden, vor Erschöpfung und Erregung weder Hunger noch Durst mehr verspürend.
Bei Morgengrauen frassen sie alles, was auf den Feldern stand, was in Korn- und Heuschobern und selbst in Scheunen an Futter vorhanden war, und tranken die Bäche aus, bis nur kotige Pfützen zurückblieben. Dann zogen sie weiter. Sie bewegten sich schon langsamer vorwärts, jedoch mit dem gleichen Eigensinn und derselben Verbissenheit. Die Augen auf die fernen Berggipfel geheftet, drängten sie unwiderstehlich weiter und weiter gen Osten, ins Land der Freiheit.
So vergingen Tage um Tage in Mühsal und unbeschreiblicher Sonnenglut. Vergeblich erklang das Sturmgeläut aller Kirchturmglocken, vergeblich versuchten die Menschen die Lawine aufzuhalten, die im Begriff war, die Erde zu verwüsten, vertraten den vorwärtsziehenden Tieren den Weg, durchstachen Deiche, setzten ganze Täler unter Wasser, entfachten Waldbrände und warfen Verteidigungsschanzen auf, die sie mit Palissaden verstärkten — die Herden setzten mit unerschütterlicher Ruhe ihren Weg fort, ohne auf Tod und Wunden zu achten, die bei der Ueberwindung der Hindernisse ihrer harrten. Ihre Wut gegen die ehemaligen

Unterdrücker steigerte sich nur immer mehr. Die Erinnerung an erlittenes Unrecht und das Bewusstsein der neuen Freiheit erwachte nur um so deutlicher, sodass sie mit Zorngebrüll zum Angriff eilten, die Gräben mit Toten füllend, das Feuer mit ihrem eigenen Blut löschend und die Täler mit ihren Leichen bedeckend.

Und sie flossen dahin wie eine gewaltige Sturmflut. Die verzweifelten Menschen traten ihnen schliesslich mit Waffen entgegen und versuchten mit Kanonen und Maschinengewehren diesen furchtbaren Ansturm zu brechen und zurückzuhalten. Es entbrannte ein unerbittlicher Kampf. Die Kanonen donnerten den ganzen Tag, lange und tiefe Furchen in die Herdenmassen reissend. Die Gewehrsalven prasselten in dichtem, todbringendem Trommelfeuer drauf los. Rauch verschleierte die Erde und dämpfte das Sonnenlicht. Das Stöhnen der Sterbenden stieg zum Himmel empor. Es entstand ein unbeschreibliches Durcheinander: der Rauch, das ununterbrochene Aufblitzen der Schüsse, die wie Donnerrollen klangen, herzzerreissendes Gewimmer und das Brüllen der im Gedränge Verirrten verbreitete solches Entsetzen, dass ganze Scharen stehen blieben und dann in plötzlicher Panik flüchtend einander zu Boden rissen. Leichen bedeckten die Erde, die Kanonen schossen mit wachsender Treffsicherheit, und ein ganzes Heer mächtiger Riesenmänner hackte mit furchtbaren Streitäxten auf die Tiere los.

Endlich heulte Rex, der auf einem schwarzen Hengst über das Schlachtfeld dahinjagte, das wilde Triumphlied des Sieges und des Todes. Ein markerschütterndes Aufheulen der Begeisterung und des Hasses antwortete ihm, und sofort gingen die zu einer Mauer zusammengeschlossenen Reihen blindlings zum letzten Angriff über.

Der Rest der Feinde zerstob in wilder Unordnung und Panik. Sie suchten Zuflucht auf den Bäumen und flüchteten in die Berge oder in befestigte Städte. Eine namenlose Verzweiflung erfasste die ganze Menschheit. Die siegreichen Herden aber, vom Kampfgewühl völlig erschöpft, legten sich auf dem Schlachtfeld zur Ruhe nieder, gleichgültig und taub gegen das Heulen und Todesröcheln der Sterbenden um sie her. Nur hier und da sah man noch Rudel Stiere, Mutterschweine, Wölfe und Hunde, die die ihnen begegnenden Menschen zerfleischten und sich voller Mordgier an ihnen rächten. Meilenweit, wohin der Blick reichte, drängten sich gehörnte Köpfe, Rüssel, Mähnen und wehende Schweife, und dazwischen zogen sich lange Wälle von totem Getier, von Verwundeten und Verreckenden dahin. Das ganze Schlachtfeld war ein einziges Blutbad, aus dem immer neue rote Rinnsale dicken Blutes in die Bäche, Seen und Teiche sickerten. Blutbesudelte Fetzen wanden sich im Kot. Umgestürzte und noch warme Kanonen ragten wie grosse tote Haie aus den Haufen zerrissener Menschenleichen hervor. Und aus diesen

Totenhügeln, aus Löchern, Dickichten, Gräben, blutgetränkten Wiesen und Häuserruinen bäumten sich irrsinnig gebärdende Rümpfe von Tieren und Menschen auf und heulten in letzter Todesqual.

Dem Stummen stockte das Herz bei diesem Anblick; da er sich aber schämte, seine Gefühle zu zeigen, murmelte er nur:

„Das ist zuviel Aas, wenn die Sonne das anwärmt, wird es die ganze Welt vollstinken.“

„Bald werden die Schinder da sein.“ Rex wies dabei mit einem Ohr nach dem Himmel.

„Sind das Hagelwolken? Du meine Güte, das wird ein Prasseln geben!“ Angst hatte ihn gepackt.

„Hör mal, wie diese Wolken schwatzen!“ Er spitzte beide Ohren und bog den Kopf zur Seite.

Aus der hohen schwarzen Wolke, die mit rasender Geschwindigkeit näherschwebte, kam ein pfeifendes und vieltöniges Rauschen, wie von einem heraufziehenden Gewitter. Schliesslich erkannte man das ohrenbetäubende Gekreisch vieler Vogelstimmen. Schwärme von Raubvögeln kreisten bald darauf über den Herden, verdunkelten die Sonne mit einer Wolke von schwingenden Flügeln und wirbelten wie Blätter im Sturm. Die Wolke begann hier und da zu bersten und schimmernde Risse zu zeigen, durch welche zuckende Ströme von Adlern, Krähen, Raben und Habichten niederschossen. In wenigen Augenblicken breitete sich über der Kampfstätte eine Decke zerzausten Gefieders aus, und wilde Vogelschreie erfüllten die Luft. Unzählige Flügelschläge schwirrten, unzählbare Krallenfänge griffen zu, und die gefrässigen Schnäbel begannen zu hämmern, zu zerren, zu reissen, zu schlingen.

Entsetzen erfasste die Herden, jähes Angstgebrüll stieg empor und übertönte das Flügelrauschen und das grausige Gekrächz. Die Schafe drängten sich mit untröstlichem Geblök voller Angst zu unlösbaren Haufen zusammen. Eine allgemeine Verwirrung brach aus. Die unersättlichen Schnäbel hackten blind drauf los, ohne in dem Tumult die Toten von den Lebendigen zu unterscheiden, sodass sich manch ein Rücken mit frischem Blut färbte und sich manch ein Rüssel gegen die gierigen Krallen wehren musste.

Die Wölfe scheuchten die Angreifer mit vieler Mühe für eine Weile auf. Diesen Umstand benutzte Rex, um die erregten Herden einige Meilen weiter in eine Gegend zu geleiten, die noch nicht zerstampft und verwüstet war, in ein Hügelland voll frischer Nahrung, reicher Dörfer, grüner Wiesen und silbriger Bäche, das sich als ein Ausläufer der fernen Berge ausbreitete, die immer mächtiger mit ihren Schneekuppen gegen das Blau des Himmels aufragten.

„Wir wollen hier auf die Kraniche warten, sie haben versprochen, uns den Weg gen Osten über die Berge und weiter zu weisen!"

„Die werden entweder heute oder morgen ankommen," murmelte der Stumme. Er hatte ein von den Menschen verlassenes Haus in Beschlag genommen und kochte an einem Herdfeuer das Essen für sich, Rex und Krutschek, seinen unzertrennlichen Kameraden, der es sich in einem gewaltigen Federbett bequem gemacht hatte.

„Und wer ist jetzt obenan?" knurrte Rex und streckte nach alter Gewohnheit seine Glieder vor dem Feuerherd aus. „Auch mit den Menschen kann man fertig werden!" prahlte er, sich die Flanken am Feuer wärmend.

„Das Vieh ist stärker als der Mensch, aber sie haben euch schön zugerichtet, herrjemine!"

„Die für die Freiheit Gefallenen zählen wir nicht!" knurrte Rex stolz zurück.

„Uns ist beschieden, zugrunde zu gehen oder zu siegen," winselte Hinkefuss auf, die Schwelle betretend.

„Du hast dich aber bei diesen Kämpfen schön ausgefüttert! Wie ein Masteber siehst du aus!" bemerkte der Stumme und gab ihm einen Fusstritt in den runden Bauch.

„Jede Obrigkeit lebt von den Untertanen!" erwiderte der andere, sich die blutige Schnauze ableckend.

„Jeder hat ein Recht aufs Glück," kläffte Krutschek, den Kopf unter dem Federbett vorschiebend. „Alle sind gleich!" und er rollte herausfordernd mit den Augen.

„Ich soll also zum Beispiel den Schafen gleich sein?“ erwiderte Hinkefuss empört. „Lass doch gefälligst eins kommen und versuchen, mich aufzufressen, dann will ich es dir glauben. Gelehrte Esel haben allerhand Märchen über die Gleichheit vorgeplappert und andere Esel haben es für eitel Wahrheit gehalten, grad' wie den Unsinn vom Glück für alle. Für dich war das Glück ein aus der herrschaftlichen Küche zugeworfener Knochen, für das Pferd ein Bündel Klee oder eine Krippe voll Hafer! Mir aber würde selbst ein ganzer Haufen Füllen nicht genügen! Wo siehst du da die Gleichheit, du dummer Köter? Du hast dich gewöhnt, den Unsinn der Menschen nachzubellen. Noch hast du aber nicht begriffen, dass auch sie sich ihr besonderes Recht gemacht haben, und dass es auch ihnen nur um eins zu tun ist, nämlich um ihr Leben.“

„Die geboren sind, müssen sterben, alles andere ist eitel Wind!“ knurrte Rex verächtlich und machte sich an die Schüssel Fleisch mit Kartoffeln heran, die der Stumme vor ihn hingestellt hatte.

„Es stinkt mir hier zu sehr nach Menschen!“ schüttelte sich Hinkefuss und eilte vors Haus.

„Der bildet sich gottweiss was auf seine Zähne und seine Krallen ein!“ brummte der Junge, ab und zu einen Löffel voll aus dem Topf langend.

Krutschek wartete demütig auf die Reste, und als sie alle gegessen hatten, legten sie sich schlafen.

Sie waren aber noch kaum eingeschlummert, da erhob sich plötzlich ein entsetztes Gebrüll und Gewieher. Rex sprang auf. Der Himmel vor ihm stand in Feuersgluten, und die aufgescheuchten Herden stoben nach allen Richtungen auseinander. Der grosse Forst brannte, Rauchwolken ballten sich zu schwarzen Mähnen zusammen, die Bäume lohten wie Fackeln, und die Luft bebte unter dem lauten Geknatter der fressenden Flammen.

Ganze Haufen Schafe drängten sich mit blödem, gellendem Geblök ums Feuer. Pferde wieherten wild auf.

„Sie wollen uns wohl zu Grieben braten," fragte der Stumme, sich den Schlaf aus den Augen reibend. „Diese Menschenäser, wie sie sich noch verteidigen und angreifen. Sie werden uns noch oft die Hölle heiss machen!" Er wandte sich nach Rex um, der aber war schon auf seinen Hengst gesprungen und jagte davon, um die entsetzten Herden zu beruhigen.

Der Wald brannte bis tief in die Nacht, und immer dichtere Rauchwolken bedeckten die Erde und erfüllten die Luft mit erstickendem Dunst.

Kaum hatten sie sich am frühen Morgen in einer zerstörten Hütte zusammengefunden, als abermals ein wüster Lärm entstand.

An die fünfzig starke, grauhaarige Schäferhunde trieben einen Haufen zweifüssiger Geschöpfe vor sich her, welche markerschütternd heulten und sich wie Wahnsinnige benahmen.

„Das sind ja Menschen! Barmherziger Jesus, das sind Menschen!“ schluchzte der Stumme und hörte, vor Entsetzen starr, dem Bericht zu, den die Schäferhunde Rex brachten.

„Mutterschafe mit Lämmlein hatten sich vor der Hitze im Forst geborgen — sie sind dahin; Stuten mit Füllen — sind dahin; Kühe und Säue mit ihren Kleinen — sind dahin. Sie haben ein Feuer angefacht, das alle aufgefressen hat, und als wir die Herden verteidigen wollten, schleuderten sie ihre Blitze auf uns. Auch von den Unseren sind viele gefallen. Räche uns! Wir verlangen Vergeltung!“ heulten sie drohend.

„Warum habt ihr sie euch nicht selbst genommen!“ kläffte Rex ungeduldig.

„Man hat uns befohlen, Wache zu halten und die Herden zu beschützen, und deine Sache, unser Herr und Gebieter, ist es zu richten!“

Die fast nackten, vom Feuer geschwärzten Menschen standen hilflos da und starrten wie geistesabwesend vor sich hin, nichts mehr erwartend als neue Qualen und den unvermeidlichen Tod.

„Flüchtet auf die Bäume!“ lallte plötzlich der Stumme, von ihrem Anblick erschüttert.

Sie begriffen nicht und liessen ihre Augen über das Gewimmel der sie umdrängenden Tiere schweifen.

Hinkefuss rannte schaumbedeckt herbei, der Speichel rann ihm aus dem Rachen, in seinen Augen flimmerten grüne Lichter.

„Mache mit ihnen, wie du gewohnt bist!" befahl Rex.

Hinkefuss heulte seinen Kampfruf, die Schäferhunde traten beiseite, sodass ein leerer Platz entstand, in dessen Mitte das Häuflein Menschen dicht gedrängt stehen blieb. Sie flüsterten sich irgend etwas zu, ihre Blicke suchten in der Runde und blieben an den grossen Lindenbäumen haften, die vor dem Hause wuchsen, doch bevor sie sich zu einer Tat entschliessen konnten, erdröhnte der Boden und ein Rudel wütender Wölfe fiel über sie her.

Ein einziger markerschütternder Schrei gellte zum Himmel, und nach einer Weile sah man nur noch blutige Fetzen von Menschenleibern am Boden liegen.

„Du hast ihnen befohlen, auf die Bäume zu flüchten!" wandte sich Rex mit drohendem Knurren zum Jungen, sobald sie allein geblieben waren.

Der Junge heftete seine unerschrockenen, blauen Augen auf ihn und holte zugleich sein langes, scharfes Messer hervor.

„Du gehst mit uns und willst unseren Feinden dienen?"

„Warum hast du sie zerreissen lassen?" erwiderte der andere vorwurfsvoll.

„Du hast es gehört, warum! Sie hätten sich doch verteidigen können! Sieh mich nicht so an mit deinen Augen!" Er duckte sich zum Sprung.

„Du bist ein ebenso toller Hund wie der Hinkefuss!" schrie der Junge wütend und rannte in seine Stube, um sich ins Federbett zu wühlen. Krutschek versuchte, ihn durch freundschaftliches Lecken zu beruhigen, bis ihn ein heftiger Fusstritt aus dem Bett beförderte. Der Stumme aber vergrub sich noch tiefer in die Decken und brach in krampfhaftes Schluchzen aus. Er weinte über die Menschen. Die Seele war in ihm erwacht, und das menschliche Unglück liess sein Herz schmerzlich erbeben. Und obgleich er vielleicht unter den Menschen weniger galt als selbst sein Freund Krutschek, empfand er dennoch, dass seine ehemaligen Bedrücker seine Brüder waren. Bis dahin hatte er keine Gemeinschaft mit den Menschen gefühlt. Irgend ein trunkener Zufall hatte ihn gezeugt, Niedertracht hatte ihn vor die Tür der Gesindeküche als ein Findelkind hingeworfen, Elend, Verachtung und Verwahrlosung waren seine Erzieher gewesen.

Jeder stiess nach diesem hässlichen missratenen Geschöpf und tat ihm Unrecht. Sein Maul war das einer Bulldogge, seine Beine waren krumm, rötliche Borsten bedeckten seinen dicken, aufgeblähten Kopf, seine Arme hingen, wie bei einem Affen, am Körper herunter, er hatte statt einer Menschenstimme nur die Möglichkeit, quakende Laute von sich zu geben, nur seine ungewöhnlich schönen blauen Augen waren klug und von strahlendem Glanz. Zu den Tieren des Wirtschaftshofs verstossen, hatte er sich mit ihnen verbrüdert und sich dermassen an sie gewöhnt, dass er sie für seine Nächsten hielt. Sie liessen sich gerne von ihm leiten, sein geistiges Uebergewicht anerkennend. Und erst in dieser Zeit ihres gemeinsamen Wanderns begann er sich ihnen gegenüber fremd zu fühlen und sie selbst mit feindlichen Augen zu betrachten. Sogar Rex erschien ihm jetzt als ein anderer; er beurteilte ihn von der Höhe des menschlichen Verstandes herab. Und so erwachte in ihm der Gedanke an die Flucht.

„Begreife doch, dass die Menschen uns feindlich gesinnt sind!" Rex schob seinen Kopf zur Stube herein. „Wir müssen sie vernichten."

„Du wirst noch um ein Stückchen trockenes Brot bei Bettelgreisen winseln, du Hundekönig."

„Warum bist du denn nicht bei dem Esel daheim geblieben? Ihr hättet ein feines Paar abgegeben."

„Gewiss, wer sich mit Spreu zusammentut, den fressen die Schweine," entgegnete er weinerlich.

„Steig auf den Baum und schaue, ob die Wälder vor uns in Brand stehen. Die Vögel flüchten von dort, und es kommt ein brenzlicher Geruch aus jener Richtung!" befahl ihm Rex.

„Du kannst die Krähen hinschicken, lass die Umschau halten!" wehrte sich der Junge, machte jedoch gleichzeitig Miene, von seinem Lager aufzustehen.

„Eil dich, du Menschengeschmeiss, solange ich noch gut gelaunt bin!" brauste Rex ungeduldig auf.

Der Junge kletterte flink wie ein Eichhörnchen auf einen Baum von gewaltiger Höhe, und da er Augen wie ein Falke hatte und auf viele Meilen weit alles gut unterscheiden konnte, rief er von oben herab, was er sah.

„Der Wald brennt, das Feuer kommt auf uns zu, aber es wird uns nicht erreichen... breite Sumpfstrecken liegen dazwischen...!"

„Man muss den Wald also zu umgehen trachten. Und was siehst du hinter dem Wald?"

„Da sieht es ganz gelb aus, vielleicht sind das Sande, vielleicht aber auch Getreidefelder. Ich sehe viele kleine Hügel."

„Bell' niemandem von diesem Feuer; die Herden lassen sich durch jeden Dreck aufscheuchen, und unser Weg ist noch lang."

„Wann ziehen wir weg?" Er glitt am Baumstamm entlang zu Boden.

„Die Kraniche sollen uns den Weg über die Berge weisen, sie können jeden Augenblick kommen."

„In ein paar Tagen wird hier alles bis auf die Wurzeln kahl gefressen sein. Vom Baum herab habe ich ringsum nichts als zerstampfte Felder gesehen, und in den Bächen und Weihern ist nur Schlamm übrig geblieben. Den Weg bis zu den Bergen finden wir auch ohne Kraniche."

„Ich lauf, um nach den Weideplätzen zu sehen!" schrie Rex und machte sich auf den Weg, von seiner aus grossen Schäferhunden bestehenden Leibwache begleitet.

Der Stumme aber pfiff Krutschek herbei und ging mit ihm in das Städtchen, in welchem sie ihr Quartier aufgeschlagen hatten. Die weissen Häuser lagen inmitten von Gärten, einzelne waren einstöckig und ganz von Blumen überrankt. Sie sahen völlig menschenleer aus, hatten weder Fenster noch Türen, und hier und da waren selbst die Wände eingedrückt; sie waren vollständig ausgeplündert, voll zerschlagenen Hausrats, und furchtbar von den Wölfen, Hunden und Schweinen beschmutzt, boten sie einen kläglichen Anblick. Von den Obstgärten waren nur Baumstümpfe übrig geblieben, und wo sich einst Gemüsegärten befunden hatten, sah man nichts als kahlen, zerstampften Boden. Schwärme verängstigter Tauben flatterten ratlos über den roten Dächern und den hohen Strassenbäumen.
Der Stumme bewaffnete sich mit einer zufällig gefundenen Axt und begann, eine verschlossene Speisekammer, verschiedene Schränke und die Tür zu einem Keller aufzubrechen. Er fand dort so viel Nahrung vor, dass eine ganze Hundemeute, die Krutschek herbeigerufen hatte, sich daran gütlich tun konnte. Mit besonderer Gier fielen sie über die Brot- und Speckvorräte her.
„Habt ihr schon genug von rohem Fleisch und warmem Blut?“ höhnte er, ein paar aufgestöberte Schaftstiefel anpassend. Es waren seine ersten Stiefel, er umarmte und küsste sie und zog sie mit freudigem Herzklopfen an. Darauf fand er einen

roten Anzug, der ihm ebenfalls ganz gut sass, zog sofort seine Leinwandhose und das sackleinene Hemd aus, kleidete sich um und stiess einen durchdringenden Pfiff aus.

„Du siehst wie einer vom Herrenhof aus," bellte Krutschek und beschnüffelte ihn von allen Seiten.

„Bin ich denn etwa was Schlechteres?" quarrte er stolz und besah sich im Spiegel. „Bist du es wirklich, du Wechselbalg? Oder ist das vielleicht ein Herrensöhnchen, Herr Findling? Oder bist du der Gutsherr selbst, du Scheusal?" Er warf sich allerhand Spitznamen zu, mit denen man ihn zu beschimpfen pflegte und zierte sich vor dem Spiegel. In dem leuchtenden Rot seiner neuen Kleidung und in seinen neuen Stiefeln konnte er sich kaum wiedererkennen. — „Solltest du es wirklich sein, in eigener Person, Herr Stummerjan?" Er beobachtete seine Bewegungen, die der Spiegel getreu wiedergab.

„Hahaha! Du Affe! Hahaha!" ertönte plötzlich ein lautes Gelächter, das wie aus den Tiefen des Spiegels zu kommen schien.

Er gab dem Spiegel einen Fusstritt, dass er in tausend Scherben zersprang. Das Gelächter aber wollte kein Ende nehmen. Auf dem Schrank sass ein Star. Er sprang wütend auf den Vogel zu, doch dieser flog zum Fenster hinaus, liess sich auf einem hohen Baum nieder und setzte sein herausforderndes höhnisches Gelächter unbesorgt fort.

„Was kann solch ein Vieh verstehen!" Er lockte

ihn, einen Starenruf nachahmend, doch der Vogel liess sich nicht irreführen.
Darauf schleuderte er einen Stein nach ihm und begann, die anderen Häuser abzusuchen.
Ab und zu jauchzte er dabei vor Entzücken, wenn er auf Wunderdinge stiess, die er bisher nur durch eine Fensterscheibe im Herrenhof oder selbst nur im Traum gesehen hatte.
Er betrachtete all diese Herrlichkeiten mit grenzenloser Glückseligkeit, räkelte sich auf Kanapees, wälzte sich in Betten und auf weichen Teppichen, beschaute sich in Wandspiegeln, probierte immer neue Anzüge und selbst Damenkleider an, lümmelte sich in tiefen Klubsesseln, hämmerte mit zusammengeballten Fäusten auf Klaviertasten und stampfte mit ganz besonderem Genuss auf Kissen, Atlasdecken und feinen Wäschestücken herum. Nachdem er sich an all diesen Dingen satt gefreut hatte, suchte er sich einen langen Hirschfänger aus, den er in einer Scheide am Gürtel tragen konnte, einen Revolver, ein Zaumzeug und eine warme Decke für seinen Hengst. Als köstlichsten Schatz aber wählte er sich eine Reitgerte, die gerade so aussah wie jene, mit der ihm das Herrensöhnchen so manches Mal den Rücken gegerbt hatte. Mit dieser Beute beladen, wollte er schon in sein Quartier zurückkehren, als er hinter einem zerschlagenen Schaufenster ein Schaukelpferd entdeckte. Es war ein Schimmel von der Grösse eines Kalbes, hatte ein rotes Geschirr und war

mit wirklichem Pferdefell überzogen. Atemlos und stockenden Herzens betrachtete er das Spielzeug, ganz in Staunen und fassungslose Bewunderung versunken. Schliesslich sprang er auf den Rücken des Pferdchens, schnalzte mit der Zunge, tätschelte seinen Hals, stiess mit den Absätzen gegen seine Flanken, liess die Reitgerte sausen und begann selbstvergessen auf und ab zu schaukeln. Er juchzte, weinte und lachte abwechselnd, wie in einem Rausch. Dann beugte er sich über den Pferdehals und schloss die Augen: und es war ihm, als jagte er aufs Geratewohl dahin, dass dem Gaul die Milz spielte und der Wind ihm um die Ohren pfiff. So sprengte er verwegen dahin, und die Fahrt wurde immer schneller und selbstvergessener.

Dann, als er schliesslich von all dem Schaukeln müde war, sprang er ab, streichelte den Gaul, und taumelte, zur Besinnung kommend, beschämt zurück.

„Du lieber Gott, was ist der Mensch doch dumm! Ich habe ja einen wirklichen Hengst.“ Aus Rache über seine eigene Dummheit schlug er das Pferd in Stücke und warf die Teile zum Fenster hinaus. Unzufrieden mit sich selbst, kehrte er in den Ladenraum zurück. Da plötzlich erzitterte er, von einem tiefen Schreck erfasst, als hätte man ihn unversehens vor einen Altar gestellt. In einem grossen, mit Spiegelscheiben versehenen Schrank sassen auf Borten prächtig geputzte Puppen verschiedener Grösse; weisse und braune Teddybären, Hunde,

Pferde und Lämmlein standen neben den köstlichsten Hampelmännern, und dazwischen hingen verschiedenerlei Säbel, Gewehre, Trommeln, Trompeten und tausend andere nie gesehene Herrlichkeiten. Er bekreuzigte sich, rieb sich ungläubig die Augen, seinem eigenen Glück nicht trauend. Mit heissen Blicken verschlang er diese Wunder, verhielt den Atem, damit sie nicht wie Nebel zerrännen. Er staunte und glotzte, und Tränen der Rührung flossen über seine Wangen.

„O du mein Jesus, solche Wunder!" rief er mit erstickter Stimme.

In der Ladenecke sass, in einem besonderen Schrank, eine Puppe von der Grösse eines fünfjährigen Kindes; sie war braunlockig, von einer sanften Blässe und hatte dunkelblaue Augen, ihre Lippen leuchteten blutrot. Die Haare waren über der Stirn gescheitelt und umrahmten ein längliches, fast strenges, wunderschönes Gesichtchen. Sie hatte ein rotgelbes Kleid an und grüne Pantöffelchen. Er hätte schwören mögen, dass sie lebendig war; so trat er denn auf sie zu und lallte irgend etwas. Sie lächelte. Es wurde ihm plötzlich ganz heiss, und die Angst presste ihm die Kehle zusammen; ein seltsames Gefühl des Grauens beschlich ihn. Er wich etwas zurück, sie guckte ihm nach, die Haare standen ihm zu Berge, er wagte nicht, sich von der Stelle zu rühren, er wagte nicht zu atmen — seine Seele war ganz Anbetung und inbrünstige Demut. Er fiel auf die

Knie, und die Hände zusammenfaltend, betete er sie an mit einem Aufwinseln der Verehrung und einem Lallen unsagbarer Verzückung.
Da aber stürzte Krutschek herein und begann, die Puppe anzubellen und gegen sie anzuspringen; er wollte ihr Kleid packen.
„Wen bellst du hier an, du Vieh?“ Wütend ergriff ihn der Stumme beim Nacken und schlug mit der Reitgerte solange auf ihn ein, bis der Hund mit kläglichem Gewinsel davonrannte, als hätte man ihn mit kochendem Wasser verbrüht.
„Das ist bloss ein dummer Hund! Und er hat nicht aus Bosheit gebellt!“ versuchte er den Freund zu entschuldigen, schob sich näher an den Schrank heran und griff unwillkürlich nach ihrer Hand.
„Mama! Mama!“ zwitscherte plötzlich ein Kinderstimmchen, und gleichzeitig streckte die Puppe die Hände nach ihm aus.
Er verlor die Besinnung. Später konnte er sich's nicht erklären, wie und wann er zum Quartier heimgefunden hatte. Rex beratschlagte mit dem Hinkefuss und den Schäferhunden. Er kroch auf sein Lager, versteckte den Kopf unter dem Federbett und versuchte, wieder zu sich zu kommen und die Todesangst, die ihn zur plötzlichen Flucht getrieben hatte, abzuschütteln.
In der Abenddämmerung erzählte er Rex das ganze Erlebnis.
„Sie muss lebendig sein, sie hat gesprochen, hat

die Arme ausgestreckt und mich angeschaut," versicherte er mit Nachdruck.
„Grad einer solchen habe ich einmal im Herrenhof das Bein abgebissen, es ist aber nur Sägemehl aus ihr herausgekommen," lächelte Rex.
„Wenn du es wagst, sie anzurühren, schlitze ich dir den Bauch auf!" drohte der Junge, mit dem Hirschfänger in der Luft herumfuchtelnd.
„Nimm diesen Eisenzahn fort und lass dein Geschrei! Die Kraniche sind schon im Anzug, die Adler haben es verkündet!" Rex beschnupperte ihn. „Du hast eine neue Haut angezogen. Und ich sage dir, sie ist nicht lebendig; ich habe damals mit Mühe meine Zähne aus ihrem Leib herausziehen können, dabei hat sie nach Leim gestunken."
„Was weisst du von Menschendingen!" lallte der Junge verächtlich und legte sich wieder auf sein Lager. Er konnte jedoch nicht einschlafen. Er dachte an die Puppe und an die Gefahren, die ihr von Wölfen und Hunden und vor allem von Krutschek drohten, der sie aus Rache vielleicht erwürgen würde.
Er sprang von seinem Lager auf, ohne recht zu wissen, was er beginnen sollte. Er rannte vors Haus, starrte lange in den Mond, horchte in die Nacht hinaus, und als die Herden endlich still geworden waren und man nur noch ab und zu ein schlaftrunkenes Aufbrüllen oder das ferne Gebell der wachthabenden Hunde hören konnte, zog er

den Hirschfänger aus der Scheide und lief davon. Die Nacht war hell, voller Mondlicht und Stille. Die Puppe sass so, wie er sie zurückgelassen hatte, unbeweglich, mit weitgeöffneten Augen und vom silbernen Glanz des Mondlichts umsponnen. Lange blieb er unentschieden stehn, bis er sie mit plötzlichem Entschluss packte und gegen seine Brust presste. Da ereignete sich etwas, das sein Blut in den Adern erstarren liess — sie umhalste ihn mit ihren Händchen, und von ihren Lippen flossen leise, zauberische Klänge.

Er setzte sich vors Haus und liess sie, trotz seiner furchtbaren Angst, nicht aus den Armen; schliesslich beruhigte er sich, denn er begriff, dass sie wie mit einem Bienengesumm zu ihm sprach.

„Ich verstehe deine Sprache nicht!" stöhnte er verzweifelt, sein fieberheisses Gesicht an ihre Brust pressend.

Abermals quoll von ihren Lippen die süsse, berauschende Melodie, die wie Jasminduft in einer warmen Frühlingsnacht war, oder wie das Summen der Mondstrahlen, oder auch wie der ferne Widerhall einer in den schweren Banden des Körpers aufseufzenden Seele. Und sie hatte sein Herz wie eine vergessene Glocke zum Klingen gebracht, so dass er mit der Sehnsuchtsstimme plötzlich erwachter Träume aufstöhnte.

„Mütterchen!" entriss sich den Tiefen seiner Seele ein Schrei, mit dem wie Blutstropfen der dumpfe Schmerz heraufquoll, und bittere, brennende Trä-

nen benetzten seine Augen. Mit einemmal erwachten in ihm alle Erinnerungen an erlittenes Unrecht, der Schmerz begann auf seine Seele einzuhämmern und sie nach dem Ebenbild der Menschheit zu gestalten. Er wusste selbst nicht, wie das gekommen war, und warum es ihn quälte. Und nach all diesen Erlebnissen blieb in seinem Herzen ein grenzenloses Zärtlichkeitsempfinden und das Verlangen zurück, sich der Schwachen anzunehmen, ihnen zu helfen und den Ueberschuss seiner Gefühle nach allen Seiten hin auszuströmen. Die Musik schwieg, und die Puppe lag auf seinen Knien mit geschlossenen Augen und einem blassen Lächeln auf den Lippen.
„Das Fräuleinchen schläft!" Gerührt trug er sie wie ein kleines Kindchen vorsichtig weg.
Er legte sie auf seinem Lager zurecht, deckte sie mit dem Federbett zu und bewachte sie mit dem Hirschfänger in der Hand. Ab und zu horchte er auf ihre Atemzüge, beunruhigte sich, dass sie so still und kalt wie eine Tote dalag; sie erweckte in ihm ein immer grösseres Angstgefühl und eine abergläubische Anbetung. Er hielt sie für ein lebendiges Wesen, doch konnte er nicht verstehen, warum sie so anders war, als alle anderen, die er im Herrenhof gesehen hatte, bis er mit einemmal alles begriff.
„Sie ist verzaubert! Das muss es wohl sein!" überlegte er und rief sich allerhand Geschichten in Erinnerung, von denen er an Winterabenden in

der Gesindeküche gehört hatte: Geschichten von verzauberten Prinzessinnen, Rittern und allerhand Menschen, die in Bäume und Tiere verwandelt worden waren. — „Sie ist verzaubert! Wenn man nur das bestimmte Wort finden könnte, um sie sofort wieder lebendig zu machen!" phantasierte er erregt vor sich hin und stellte sich vor, wie er sie entzaubern und zu ihrem königlichen Vater zurückbringen könnte, der sie ihm darauf zur Frau geben würde. In goldenen und silbernen Kleidern würde er dann herumstolzieren und selbst ein grösserer Herr als sein Gutsherr sein. Mit diesen Traumbildern schlummerte er ein. Er schlief unruhig, schrie laut im Traum und warf die Stiefel ab, denn sie brannten ihn furchtbar. Bei Morgengrauen jedoch sprang er sofort wieder auf.

„Verzaubert ist sie! Wenn man doch bloss das Wort finden könnte!" quälte er sich und blickte auf die Schlafende. Fernes Rufen der Herden wurde vernehmbar und klang immer lauter und näher.

„Die Kraniche! Die Kraniche!" schrien Stimmen, als spräche die Erde selbst.

Und tatsächlich, von der westlichen Himmelsrichtung her kamen langgezogene Kranichrufe, wurden von Minute zu Minute mächtiger, und bald darauf erschienen die langen Kranichzüge. Sie zogen eine Zeitlang über den Herden Kreise in der Luft und steuerten die Spitzen ihrer Keile gen Osten, bis sie sich ganz erhoben und, die Spur ihres himmelan-

strebenden Fluges mit klagenden Stimmen verkündend, fortzogen.
Die Herden folgten ihnen in feierlicher Andacht.
Eine meilenbreite Tierflut wälzte sich mit wildem Getöse durch Felder und Wälder, überschwemmte Dörfer und Städte, nur zerstampfte Oeden, Stille und Tod hinter sich zurücklassend.
Das Land wurde gebirgig und trocken; die hohen, fernen Gipfel, deren Schnee sonst im Sonnenlicht schimmerte, waren verschwunden. Waldbewachsene Hügelketten, von tiefen Tälern und Engpässen durchschnitten, verdeckten den Fernblick, und nur die Kranichrufe führten sie, wie ein nimmermüder Wolkensang, durch die Labyrinthe dunkler Wälder oder das blendende Licht daliegender Hügelkuppen.
Der Stumme hatte seine Stiefel über den Hals des Hengstes gehängt und in einem der Schäfte seine „verzauberte Prinzessin" untergebracht, so dass es von weitem so aussah, als stünde sie aufrecht auf dem Rücken des Pferdes. Die Hunde bellten freudig beim Anblick ihres lächelnden Gesichts, und die Vögel liessen sich zwitschernd auf ihre ausgestreckten Aermchen nieder. Er scheuchte sie neidisch fort, seine Prinzessin sorgsam wie seinen Augapfel hütend. Er schützte sie vor der Hitze und bedeckte während der glühenden Mittagsstunden ihr Köpfchen mit grünen Zweiglein. Nachts aber, wenn alles ruhte und niemand ihn sehen konnte, kniete er vor ihr nieder, flüsterte

ihr geheimnisvoll etwas ins Ohr und wartete voller Beben, was sie darauf antworten würde.

„Wenn man bloss das Wort finden könnte," quälte er sich ununterbrochen. „Könnte ich sie nur entzaubern, dann würde ich sofort das ganze Vieh verlassen. Ich bin doch ein Mensch!" schärfte er sich ein, das Gewoge der unzähligen Köpfe seiner Reisegefährten überblickend. Er fühlte sich immer mehr als ein Fremder und als ein ganz anders Gearteter unter ihnen. Er ärgerte sich über ihren Aufstand gegen die Menschen, erkannte ihre Gründe nicht an und hielt ihr Ziel für Wahnsinn.

„Im Joch oder in Freiheit — Vieh bleibt Vieh," überlegte er mit unerbittlicher Logik, aber er gewahrte zugleich mit einem bis jetzt noch nie so stark empfundenen Mitgefühl all die Leiden, die sie erdulden mussten. Der Weg wurde nämlich immer schwieriger und mühsamer. Es kamen Tage furchtbarer Glut; die Sonne brannte erbarmungslos vom frühen Morgen bis zum Untergang, kein Lüftchen brachte Kühlung, der ganze Umkreis war wie von geschmolzenen Feuersgluten übergossen, der Boden glühte unter den Füssen, die Gebirgsbächlein schimmerten nur spärlich aus den Felsen. Die Täler waren von giftigem heissem Brodem erfüllt. In den Wäldern gab es auf dem verbrannten Moos und im verdorrten Gras keine Kühlung, und die hohen Nadelbäume boten keinen Schatten. Sie trafen immer weniger Ackerland an, die Dörfer wurden seltener und die Nahrung karger. Es gab Tage, an denen es nicht mehr für alle reichte. Ganze Tausende legten sich hungrig und todmüde zur Nachtruhe nieder. Und die Nächte, die auf solche Tage folgten, waren heiss und von einer durch nichts gelinderten Schwüle. Der sternenbesäte Himmel hing über ihnen wie ein Paradiesgarten voll silbrig erblühter Blumen, aber die Erde war wie eine Hölle, in der man weder Ruhe noch Schlaf finden konnte. Die ausgetrockneten durstigen Kehlen keuchten in hilfloser Qual. Der Hunger wühlte in den Eingeweiden. Viele sanken tot nieder. Seufzer und Klagen, unzufriedenes Gemurmel und Schmerzenslaute erfüllten jetzt die Dunkelheit mit einer seltsamen Unruhe. Aber der Glaube an die Zukunft war stärker als das Elend der Gegenwart und stärker selbst als der Tod. Und wenn die Wölfe bei Morgengrauen durch Aufheulen das alltägliche Zeichen zum Aufbruch gaben und die Kranichrufe aus den Wolkenhöhen erklangen, setzten sie unermüdlich und unverdrossen die Wanderung fort, ohne auf diejenigen zu achten, die hinsanken und den Weg mit ihren Leibern bezeichneten, auf jene Zahllosen, die dem Hunger, der Erschöpfung, Krankheiten und unbekannten, grausamen Feinden erlagen. So wälzten sich die Herden dahin, in Staub gehüllt, wie ein schweres Gewölk, das sich dicht über der Erde zusammengeballt hat und als aufsteigendes Gewitter grollend vor Gebrüll, Gewieher und Hufgestampf widerhallt.

Nach vielen Tagen ununterbrochener Wanderung gelangten sie auf eine endlose Hochebene. Die schneebedeckten, noch immer fernen Berggipfel offenbarten sich ihnen abermals in ihrer königlichen Pracht. Sie stiegen in den Himmel empor, wie der Altar einer furchtbaren, in Wolken verborgenen Majestät. Ein Aufbrüllen allgemeiner Rührung begrüsste ihren Anblick. Schon schien ihnen die Grenze aller Leiden aufzudämmern, die fieberheissen Augen glaubten, dass hinter diesen himmelhohen Gipfeln das Land der Freiheit und des Glücks läge. Die Freude stärkte die Herzen mit neuer Zuversicht. Die Klagen verstummten. Eine Flut heisser Hoffnung füllte ihre Herzen. Und obendrein begannen mit einemmal frischere Winde zu wehen, die Tage wurden kühler und der grosse Fluss, der ihnen in der Einfassung seiner abschüssigen Ufer entgegenfloss, war voll reinen, eiskühlen Wassers. Allein der Anblick der weiten Steppe, die sich ringsum wie eine riesige Tafel weit in die Ferne ausbreitete, ängstigte sie. Es gab da nichts als verwitterte Felsblöcke, vereinzelte Baumgruppen und dorniges Gebüsch. Die rostbraune Erde war voller Risse und von Gräsern, die wie graue, wirre Flechten aussahen, und niedrigem, rötlichem Moos bedeckt. Unbekannte Tiere flüchteten ängstlich bei ihrem Nahen, und während der kalten Nächte weckte sie dumpfes, grauenerregendes Gebrüll, das wie unterirdisches Grollen klang, aus dem ersehnten Schlaf. Selbst die Wölfe bekamen Angst, die Hunde versteckten sich zwischen dem Hornvieh. Aber kein Mensch war zu sehen, selbst die hoch in den Lüften kreisenden Vögel konnten keinen erspähen. Nirgends eine Spur von Wohnstätten, Landstrassen oder aufsteigendem Rauch. Es war eine ganz neue Welt, deren Fremdheit Grauen erregte.

Dann kamen Tage des Hungers. Vom Menschen gesammelte Vorräte gab es nicht mehr. Die einzige Nahrung bestand aus harten, borstenartigen Gräsern und stachligen, gallenbitteren Pflanzen.

„Es gibt keine Wiesen! Es gibt keine Kartoffelfelder! Kein Korn! Und keinen Klee!" stöhnten die Herden.

Grenzenloses Staunen bemächtigte sich ihrer und machte sie unruhig. Sie begriffen es nicht. Sie hatten sich eingebildet, dass überall unerschöpfliche Vorräte für sie aufgestapelt lägen, deren sie sich nur zu bedienen brauchten und deren Besitznahme ihnen allein die Niedertracht des Menschen verwehrte. Wo waren die vollen Scheunen geblieben? Wo die Kartoffelfelder? Wo die Kornäcker? Wo die fetten Weiden? Was war mit diesen Dingen geschehen?

Die Menschen traten ihnen nicht mehr entgegen, denn es gab hier keine mehr! Aber es gab auch keine Vorräte mehr! Dumpfe, zehrende Sorgen bemächtigten sich ihrer.

Auch Rex quälte sich mit ähnlichen Gedankengängen ab, ohne begreifen zu können, der Stumme aber brummte bissig.

„Da habt ihr nun eure Freiheit, wozu braucht ihr mehr Futter? Wenn die Menschen nicht säen, dann werdet ihr auch nichts zu fressen haben. Sie aber werden sich ohne euch behelfen können. Das versteht noch keiner von euch, aber wie gern würdet ihr schon alle zur vollen Krippe zurückkehren! Die Wölfe haben sich runde Bäuche zugelegt, aber selbst sie haben übergenug von dieser Herrlichkeit!"

„Und sollten wir bis zum letzten vor Hunger krepieren, keiner von uns wird gutwillig unters Joch zurückkehren."

„Ihr werdet bald verrecken und ich mit euch," fügte er traurig hinzu.

„Alle wilden Tiere wissen sich ohne Menschenhilfe durchzuschlagen. Wir werden es auch können. Kein Wort mehr von Rückkehr zu den Menschen, sonst lass ich dich von den Huftieren zerstampfen. Uebrigens ist unser Ziel nicht mehr fern."

„Du musst es wohl wissen, da du der König über alles Vieh bist, mir aber haben die Störche etwas ganz anderes geklappert..."

Rex wollte nichts mehr hören, knurrte den Hengst kurz an und jagte dann zum Fluss, wo die Herden lagerten oder elendes stechendes Gras zupften. Diese immer mehr in die Länge sich ziehende Wanderung beunruhigte ihn. Die Tage vergingen, und die öde Steppe wollte kein Ende nehmen. Manchmal rannte er weit voraus und spähte von der Höhe aufgestapelter Felsblöcke nach der äussersten Grenze der Ebene aus. Umsonst — soweit der Blick reichte, breitete sich das Oedland wie ein rostrotes Leichentuch aus, befleckt mit elendem Gewächs und wüsten Steinblöcken, und über ihr hing ein grauer, wolkenloser, leerer Himmel. Die Kette gewaltiger Schneegipfel schloss den Himmelsrand ein. Auf dem Weg dahin türmten sich formlose Felshaufen, wie Ueberreste geborstener Planeten und Meteore, auf denen das gespenstische Licht ewiger Eisregionen spielte. Voll geheimer Angst floh er vor dem Anblick.

Während einer dieser Nächte gelang es Rex, die Kranichzüge, die den Herden stets um einige Stunden vorauseilten, einzuholen.

„Fern! Noch fern! Noch sehr fern!" sangen sie ihm ihre Antwort.

Er rannte zu den Herden zurück. Sie ruhten an den abschüssigen Ufern des Flusses. Der Vollmond leuchtete hell. Sie lagen still da, wie vom Schlaf umfangen, nur ab und zu war ein unterdrücktes Stöhnen vernehmbar. Sie schienen friedlich in sich versunken zu sein und käuten unermüdlich das elende Futter wieder. Bei seinem Nahen wachten sie aus ihrer totenhaften Starre auf, und schwere, stumpfe Blicke begleiteten ihn mit dem Ausdruck grenzenloser Ergebenheit. Sie waren noch ruhig und ertrugen geduldig das Elend. Sie ertrugen ihr Leid ohne Klage und Widerspruch mit der Hingabe, die ihnen in ihrer sklavischen Vergangenheit anerzogen worden war.

Rex merkte, dass sie bald am Rande ihrer Kräfte sein mussten und nicht mehr lange standhalten würden. Als er ins Lager zurückkehrte, setzte der Stumme das vorhin unterbrochene Gespräch fort.

„Die Störche haben geklappert, dass es bis zu den Bergen noch eine ganzeWoche weit ist, dann kommen die Berge, dann wieder weite Flächen und dann eine Dreitagereise übers Meer. Am Fusse der Berge sollen grosse Wiesen, Gewässer und Wälder sein."

Als es zu tagen begann, befahl Rex den Wölfen, die Herden mit aller Macht vorwärts zu treiben.

„Gen Osten! Vorwärts! Schneller!" heulte er, auf seinem Hengst dahinjagend und die Reihen musternd. „Das Ziel ist nicht mehr fern!"

Sie setzten sich in Bewegung, wie ein schweres Gewölk, das der Wind vor sich her jagt. Die Hoffnung, die er angefacht hatte, trieb sie von neuem an, es trieb sie der Hunger vorwärts und der Tod, der über ihnen seine furchtbare Geissel zu schwingen begonnen hatte und bereits Tausende zu Boden streckte. Niemand achtete darauf. Sie rannten wie von dem nicht mehr fernen Glück geblendet und als trüge sie die Angst dahin. Die Wölfe, gemäss dem Befehl von Rex, heulten, drängten sich immer näher an sie heran und rissen die Saumseligen in Stücke. Aber nun gerieten die Herden in eine breite Zone von Gewittern und Wirbelstürmen. Die Winde stürmten in starken Stössen gegen sie an, die aufgewirbelten Staubwolken verdunkelten die Sonne, losgerissene Steinblöcke warfen die schwersten Ochsen und die Schafe zu Boden. Der Zug mühte sich in einem wildtobenden, nach allen Seiten zausenden Wirbelsturm vorwärts! Wolkenbrüche verwandelten die Steppe in eine stürmische See, die Wildbäche rissen tiefe Furchen und Klüfte in den vertrockneten Boden. Eine plötzliche Windstille dauerte nicht an, der Himmel liess bald wieder seine schwarzen regenschwangeren Wolken niedersinken, ein Pfeifen und Dröhnen erschütterte die Höhen wie unter den Hufen wilder Rosse, und abermals zuckten die Blitze nieder, von ohrenbetäubendem Donnergeroll begleitet.

Eine wahnsinnige Angst übermannte jetzt selbst die Mutigsten. Hinkefuss versuchte, sich mit seiner Sippe im Dickicht zu verstecken, die Füchse scharrten sich ein, die Hunde verkrochen sich im Felsgeröll, selbst Rex suchte Zuflucht an den überhängenden steilen Flussufern. Die Herden waren dem Gewitter schutzlos preisgegeben und stoben, ohne sich helfen zu können, in rasender Flucht nach allen Richtungen auseinander.

Nur der Stumme verstand es, sich mit seiner Prinzessin, seinem Hengst und Krutschek vor der Wut der ziehenden Gewitter in Sicherheit zu bringen. Als erster rief er dann die auseinandergestobenen Herden wieder zusammen und wies ihnen den Weg, bis sich die rechtmässigen Führer eingefunden hatten. Und da er obendrein etwas

Menschenverstand hatte, vermochte er nach und nach die nahenden Gewitter vorauszusehen und rechtzeitig Mittel und Wege zu finden, um die Herden vor einem Unglück zu bewahren. Ihm vertrauten sie blind, und noch ehe sie die furchtbare Gewitterzone durchwandert hatten, wurde er der eigentliche Herr und Anführer der zahllosen Scharen. Ihn suchten die verängstigten Blicke in Stunden drohender Gefahr. Er regierte wie ein geborener Herrscher und erzwang sich Gehorsam mit seinem Revolver.

Selbst Rex begann ihn zu fürchten; die zornig funkelnden Augen liessen ihn unwillkürlich erzittern.

„Ein Mensch!“ knurrte er in hilfloser Wut, ausserstande, dessen herrische Blicke zu ertragen.

„Dieser Menschenbalg brütet Verrat gegen uns aus!“ empörte sich Hinkefuss und versuchte, sich an den Jungen heranzuschleichen.

„Noch einen Schritt, du Aasschinder, und es wird dein letzter sein!“ lallte der Stumme und hob seine Waffe.

Sie gingen scheinbar versöhnt auseinander. Aber seit diesem Vorfall verfolgten ihn die Wolfsaugen unermüdlich auf Schritt und Tritt.

Er aber dachte nicht an Herrschen und Regieren. Das Herumziehen war ihm zuwider geworden, und sein Entschluss, zu den Menschen zurückzukehren, stand fest. Seinen Hengst und Krutschek hatte er schon dazu überredet. Es war ihm nur noch darum zu tun, von den Herden so viele wie möglich für seinen Plan zu gewinnen und mit ihnen heimzukehren.

„Sie gehen elendiglich zugrunde, während es auf den Feldern soviel Herbstarbeit gibt! Wäre es nicht schöner, selbst zu arbeiten und einen vollen Bauch und ein sicheres Dach über dem Kopf zu haben, als hier alle miteinander vor Hunger zu verrecken?“ flüsterte er seiner „verzauberten Prinzessin“ zu. „Die Gnädige wird mich noch auf die Herrschaftszimmer bitten lassen, wenn ich ihr soviel Vieh mitbringe!“ phantasierte er, sehnsüchtig seiner ehemaligen Gutsherrin gedenkend.

Als die Herden wieder einen ruhigen, wenn auch ebenso öden und unfruchtbaren Landstrich erreicht hatten, legten sie sich zu mehrtägiger Rast nieder. Der Stumme schlenderte durch das Lager und spitzte fleissig die Ohren, auf die Stimmen der Unzufriedenheit horchend, die immer lauter wurden. Er liess sich in lange Gespräche mit ihnen ein, klagte mit ihnen über die gemeinsame Not und streute allmählich den Gedanken an eine Rückkehr zu den Menschen aus. Sie empfingen eine solche Zumutung mit Zorn und Murren, zuweilen mit Staunen, am häufigsten aber mit kläglichen Seufzern. Was hatten sie freilich weiter zu erwarten, als Elend, Hunger und Tod? Sie sahen schon fast wie Gerippe aus, an denen die zerfetzten und verwahrlosten Felle wie Säcke hingen! Sie konnten sich nur mit Müh und Not auf ihren

Beinen aufrecht halten. Eine tödliche Erschöpfung und völlige Gleichgültigkeit gegen alles liess Tausende willenlos zu Boden sinken, da es ihnen besser schien, Hungers zu sterben, als sich von neuem die Mühe zu geben, nach dem elenden Futter in der öden Steppe herumzusuchen. Das langgedehnte Stöhnen der Sterbenden hörte jetzt bei Tag und bei Nacht nicht auf. Die Herden schmolzen zusammen. Der ganze junge Nachwuchs war krepiert. Die Wölfe hätten es erklären können, warum die Lämmer so schnell ausstarben. Auch von den Ferkeln war nicht viel übrig geblieben. Und was an Gehörnten und Vierhufern zugrunde gegangen war, wäre nicht leicht zu zählen gewesen. Die Verluste wuchsen in dem Masse, wie ihre Hoffnungen erloschen.

Jeden Morgen, wenn die Sonne riesengross und strahlend hinter den schneebedeckten Berggipfeln aufstieg, drang das Gebrüll der Herden zum Himmel empor.

„Niemals werden wir dahin gelangen! Niemals! Niemals!" so klang der klagende Chor der Verzweiflung.

Vergeblich beruhigte und ermutigte sie Rex und pries ihnen das zukünftige Glück. Sie hörten ihm mit gebührendem Schweigen zu, aber sobald er den Rücken gekehrt hatte, brachen sie in noch lauteres Wehklagen aus.

„Mögen sie uns wieder ins Joch spannen und schlagen," stöhnten die Ochsen, bittere, stechende

Disteln wiederkäuend, „wenn sie uns nur satt zu fressen geben, fressen, o fressen!“

„Ich konnte sicher sein, dass die Menschen mir jeden Morgen die Krippe mit Hafer füllten,“ erzählte ein Pferd, „und dann erst liessen sie mich arbeiten.“

„Und gerbten dir das Fell mit Peitschen, dass die Haut dir rissig wurde,“ höhnte sein Nachbar, ein verwegener Hengst.

„Aber zu Mittag gab es wieder Hafer, und einen Kübel reines frisches Wasser, und Ruhe.“

„Und Prügel obendrein!“ wieherte der andere, mit den Hufen scharrend.

„Aber jeden Abend hatte man seinen warmen Stall, eine halbe Krippe voll Hafer und schönen trockenen Klee in der Raufe.“

Dieses Zurückgedenken an vergangene Zeiten endigte mit einem wütenden Kampf; die Hufe knallten gegeneinander, die Knochen knackten und das brüderliche Blut floss reichlich aus den Wunden. Uneinigkeit, lärmende Auftritte und blutige Abrechnungen wiederholten sich immer häufiger. Eine unversöhnliche, streitsüchtige Erregbarkeit griff wie Tollwut um sich. Jeder war bereit, die anderen sein Elend und seine Enttäuschung entgelten zu lassen. Ganze Tage und Nächte vergingen in leidenschaftlichem, feindseligem Gezänk. Der Stumme benutzte diese Stimmung, um sie zur Rückkehr zu überreden und in ihren leiderfüllten Seelen die Bilder des verlorenen Glücks heraufzubeschwören. Manch einer wollte dann unter dem Einfluss solcher Erinnerungen sofort heimkehren und lief mit lautem Gebrüll ratlos umher.

„Rette uns! Führe uns! Wir wollen zu den Menschen zurück! Wir wollen Herren über uns haben! Wir wollen fressen! Führe uns!"

Es gab aber auch viele, die seine Vorschläge mit Verachtung von sich wiesen.

„Wir kehren nicht zu den Menschen zurück. Wir ziehen Hunger der satten Knechtschaft vor. Wir werden nicht mehr wie Sklaven leben können. Wir wollen für uns allein leben. Fleisch für den Menschen wollen wir nicht mehr sein. Kehr' du zurück, wenn du Lust hast, aber verleite nicht die anderen zum Verrat."

Tatsächlich nahmen diese Aufreizungsversuche ein schlechtes Ende, denn eines Morgens knurrte ihm Krutschek ängstlich zu:

„Rex und Hinkefuss halten auf dem Felsen mit den Aeltesten Rat. Sie bellen von dir, ich hab' es gehört."

„Nur keine Angst. Ich werde mich zu verteidigen wissen!" Dabei zeigte er seinen Revolver und den haarscharfen Hirschfänger.

„Du wirst ein paar töten, und der Rest wird dich bei lebendigem Leibe zerreissen. Lass' uns fliehen..." winselte Krutschek.

„Sag allen, die mit uns gehen wollen, dass sie sich sammeln und allmählich zurückbleiben," befahl er.

Er hatte kaum ausgeredet, als plötzlich ein Rudel Wölfe über ihn herfiel. Hinkefuss bellte ihn an: „Wir verjagen dich aus unserer Mitte. Rex schenkt dir das Leben um der alten Freundschaft willen. Drohe nicht mit deinen Blitzen, sonst lass ich dich sofort zerfleischen. Wir haben dich aus Gnade mitgenommen, und du hast es uns mit Verrat und Verschwörung vergolten. Scher dich fort!"

Der Junge blickte sich nach Hilfe um. Da er aber ringsum nichts als gefletschte Zähne und wütende Wolfsaugen sah, bestieg er seinen Hengst, den man ihm gebracht hatte. Mit schussbereitem Revolver und seiner Prinzessin im Arm ritt er, von Wölfen umgeben, im raschen Trab davon. Krutschek verliess ihn nicht, er sass an ihn geschmiegt und klapperte vor Entsetzen mit den Zähnen. Sie ritten ganze zwei Tage lang, unterwegs nur kurze Rast haltend. Als sie endlich ihren Bestimmungsort erreicht hatten, heulten ihm die Wölfe zu, er solle absteigen. Das Pferd und den Krutschek verschlangen sie in einem Nu.

„Und wenn du die Menschen auf unsere Spur bringst, dann wirst du umgebracht!" warnte ihn einer. Darauf rannten sie eiligst davon.

Er blieb wie betäubt allein zurück und blickte sich mit tränenschweren Augen nach allen Seiten um; jetzt erst begriff er den furchtbaren Schlag, der ihn getroffen hatte. Er stand mutterseelenallein in einer öden, unfruchtbaren Wüste. Vielleicht bedurfte es wochenlanger Märsche bis zu den nächsten Menschenbehausungen. Er hatte keine Nahrung, keine Hilfe und kein Pferd. Entsetzen fasste ihn, er liess aber den Mut nicht sinken und schluchzte nicht einmal. Er sammelte seine Sachen, warf die Stiefel über die Schultern, verbarg die Prinzessin in einem der Schäfte, schnitt sich im Gebüsch einen Knüppel zurecht und wandte seine Schritte mutig gen Westen. Er folgte dem Flusslauf und wanderte allein den von Tiergerippen gezeichneten Weg zurück, über welchem mit scharfem Gekreisch Geier kreisten. Wenn der Hunger ihn quälte, raubte er den Vögeln frech seinen Teil und wanderte weiter, in der Zuversicht, das Wort bald zu finden, mit dem er seine Prinzessin entzaubern würde."

„Und ihr werdet bis auf den letzten verrecken." Er drohte mit der Faust nach dem Osten. „Ihr werdet schneller zu Aas werden als ich."

So wanderte er furchtlos weiter. Er nährte sich, wie es gerade kam, und da er sehr schlau war und der Fluss viele Fische hatte, litt er nicht einmal viel Hunger. Er besass einen Feuerstein und einen Feuerschwamm, und wenn es ihm gelang, einen grösseren Fisch zu fangen, briet er ihn auf glühenden Steinen, wusch seine Prinzessin, setzte sie sich gegenüber am Feuer zurecht und liess es sich schmecken. Er bot ihr Essen an, redete auf sie ein, als wäre sie lebendig, küsste ihr die Hände und Füsse, legte den Kopf auf ihr Herz und horchte andächtig auf die himmlischen Töne, mit denen

sie ihm antwortete. Er betete sie in unaussprechlicher Glückseligkeit an. Und wenn er sein Herz und seinen Magen genugsam gesättigt hatte, setzte er seinen Weg fort.
Er war wie ein Sandkorn, das verwegen durch die unermesslichen Weiten der Wüste rollte. Er war so klein, so gering und schwach auf dem Hintergrund dieser ungeheuerlichen Welt, dass selbst die wilden Tiere ihn nicht angriffen. Er wanderte drauf los, ohne sich um die Gefahren zu kümmern, er dachte selbst nicht an dergleichen, schlief an Feuerstätten, die er selbst entfacht hatte, und als er eines Tages Zugvögel gewahrte, die vor dem Winter in ferne Länder flohen, lockte er sie zu sich heran, die einzelnen Stimmen mit Geschick nachahmend. Sie liessen sich in ganzen Schwärmen bei ihm nieder, und bevor sie den Betrug erkannten, hatte er sich mit seinem Knüppel Vorrat für mehrere Tage verschafft. Mit den schönsten Federn schmückte er den Kopf seiner Prinzessin. Nach zwei Wochen eines solchen fast frohen Wanderlebens überkam ihn eine plötzliche Unruhe; in der Nacht hatte sich die Luft stark abgekühlt. Ein eisiger Hauch wehte von Osten. Und als der Tag anbrach, fielen die blassen Sonnenstrahlen auf glitzernden Reif. Der Stumme liess seine verängstigten Augen voll Staunen über die reifbedeckte weisse Ebene irren. Er hatte den Winter und seine furchtbare Macht gänzlich vergessen. Tiefe Sorge legte sich um sein Herz. Er kratzte sich betreten die

Zotteln und zog nach kurzer Ueberlegung die Stiefel über seine blossen Füsse, wickelte sich in eine Decke ein, die er mit einer Schnur umgürtete und drückte die Prinzessin an seine Brust. Auf diese Weise gegen den Frost ausgerüstet, begab er sich unverzüglich weiter auf Wanderschaft. Die Angst, die immer kälter werdenden Tage, und die Winde, die aus dem Osten bliesen, trieben ihn vorwärts. Auch der Hunger begann ihn wieder zu plagen. Die Vögel hatten sich verzogen, an die Fische war schwer heran zu kommen wegen der mit einer feinen Eiskruste bedeckten Flussufer. Durchfroren und elend wanderte er, immer wieder neu erklügelte Worte seiner Prinzessin ins Ohr flüsternd. „Fürchte dich nicht, ich werde das richtige Wort schon finden und dich entzaubern!" murmelte er. „Du wirst wieder lebendig werden, dann kommt ein feiner Rappen angetrabt und wir reiten von dannen! Mein Gott, wenn ich es doch fände!" seufzte er verzweifelt vor sich hin. Die kalten Tage folgten in ununterbrochener Kette aufeinander, von heulenden Winden gezaust, todtraurig und so widerwärtig, dass er oft in Höhlen Zuflucht suchte, um besseres Wetter abzuwarten. Was sollte man aber tun? Die darauffolgenden Nächte waren noch schlimmer. Stockfinster, eiskalt und stürmisch legten sie sich über die Erde, von Tiergebrüll und Klagen erfüllt, dass es schien, als rasten Herden von wilden Tieren durch die Dunkelheit. Die Haare standen ihm vor Angst zu Berge, Entsetzen und Kälte liessen ihn nicht mehr schlafen. Wenn der Tag anbrach und sich der Aufruhr der Winde gelegt hatte, setzte er, trotz Hunger, Kälte und Ermüdung, seine Wanderung fort, in der noch immer lebendigen Hoffnung, dass vielleicht heute und gewiss bald der Rauch menschlicher Wohnstätten in der Ferne aufsteigen würde, oder dass er wenigstens einen Wald fände, der ihm als sichere Zuflucht vor der Eiskälte dienen könnte. Aber alles war vergeblich. So weit der Blick reichte, dehnte sich eine grausame endlose Wüste aus. Die mit Flecken von niedrigem Gebüsch gezeichnete und von einem gewundenen Flusstreifen durchschnittene Steppe reichte bis an den blassblauen Himmel, der am Horizont über grünlichen, wie Eisschollen übereinander getürmten Wolkenbergen schimmerte. Das Grauen vor dieser leeren Ebene, der toten Stille und der Einsamkeit packte ihn plötzlich mit solcher Macht, dass er wie ein Grashalm zusammenknickte und verzweifelt aufschluchzte.

„Hilf mir, heiliges Jesuskind! Ich werde dir dafür eine ganze Passion schnitzen und an deinen Altar einen singenden Star im Käfig hängen! Rette mich, du lieber Gott!“ Er schluchzte und bekreuzigte sich ununterbrochen. Am folgenden Morgen hatte es so fest gefroren, dass der Boden unter seinen Tritten dröhnte. Der Fluss war mit Eis bedeckt, und es war kaum möglich Atem zu holen. Der Wind hatte sich gelegt. Eine unheilvolle, nur vom Knacken des berstenden Erdbodens unterbrochene Stille umfing ihn. Von einer Fortsetzung der Wanderung konnte keine Rede mehr sein. Er hatte an diesem Tage gerade noch an die Stelle gelangen können, wo der Fluss, tief ins Land einschneidend, eine morastige, mit Schilfrohr und Buschwerk bewachsene Bucht bildete.

„Hier ist der Fluss nicht zugefroren, also müssen auch Vögel an diesem Wasser leben!“ überlegte er und grub sich am steilen Flussufer mit dem Messer und den blossen Händen eine Höhle. Er bedeckte sie mit Zweigen, polsterte sie mit Blättern aus, und nachdem er darin die Prinzessin untergebracht hatte, vergrub er sich tief in sein neues Lager. Bei der wohligen Wärme, die jetzt seine Adern durchrann, murmelte er schlaftrunken, im Halbtraum noch mit dem Frost kämpfend:

„Du kannst mir nun den Buckel herunterrutschen, das ist alles, was du kannst.“ Dann schlief er ein, ungeachtet des in den Eingeweiden wühlenden Hungers.

Am frühen Morgen ging er ins trockene Ried, legte sich dort auf die Lauer und wartete geduldig, obgleich ihm der Frost bis ins Mark drang. Zum Glück verwirklichten sich seine Erwartungen. Bald nach Sonnenaufgang flogen ganze Züge von Enten herbei und liessen sich ruhig auf dem eisfreien Wasserspiegel nieder. Er quakte wie ein alter Enterich, wenn Gefahr im Anzug ist, die erschrockenen Vögel flatterten auf, aber der grössere

Teil verbarg sich sofort im trockenen Ufergras. Er tötete mit seinem Knüppel oder fing sogar mit den Händen so viele Vögel, dass er die Beute kaum in seine Höhle zu schleppen vermochte.

„Das wird was Leckeres werden. Den Rest macht uns der Frost mürbe!" prahlte er vor der Prinzessin und zündete vor der Höhle ein grosses Feuer an. Von nun ab war er immer satt und schlief nach Herzenslust, die verlorenen Kräfte allmählich wiedergewinnend. Nur mit stockendem Herzen dachte er an die Fortsetzung seiner Wanderung. Der Frost wurde von Tag zu Tag ärger. Reif in der Grösse dicker Hagelkörner bedeckte die Steppe wie mit einem flaumigen Schafpelz. Nach und nach froren auch die Sümpfe zu und erloschen die Augen der lebenden Gewässer, vom grünen Star des Eises überwachsen, und immer seltener kamen die Vögel aus der Ferne. Die Tage öffneten ihre Pforten wie Grabgewölbe, in denen das Kerzenlicht einen düsteren Schein in die Stille des Todes sickern lässt. Durch die dichten, zerzausten Nebelmassen tastete sich der blutige Schein des Frühlichts wie der gequälte Blick eines Sterbenden. Die Abenddämmerung sank mit einer erschreckenden Plötzlichkeit wie ein schwarzer, undurchdringlicher Trauerschleier. Dafür offenbarten einem die Nächte traumhafte Märchenbilder — der fast schwarze, samtene Himmel war mit silbrigem Sternensand übersät und spielte in einem tausendfachen Gefunkel, Flimmern und

Glitzern, dass man wie vor einem Meer zuckenden Lichts geblendet stand. In einer solchen Nacht liess sich irgendwo aus nächster Nähe ein unheilverkündendes Aufheulen vernehmen.

„Vielleicht sind das die Wölfe?“ dachte der Stumme. „Das kann auch Hinkefuss mit den Seinen sein! Es wäre mir in Gesellschaft doch wohler!“ Er horchte begierig auf die näherkommenden Stimmen. Trotz der strengen Kälte kletterte er das steile Flussufer hinan, um die Steppe zu überblicken. Er gewahrte tatsächlich ganze Reihen von Schatten, die sich in der Richtung zum Fluss bewegten, ihnen voran ein mächtiger Hirsch, der, das Geweih bis zum Rücken zurückgelegt, dahinschoss, als jagte er mit dem letzten Rest seiner Kräfte. Er stolperte immer häufiger, und vor dem steilen Flussufer blieb er stehen und röhrte kläglich. Die andern waren schon ganz nahe, schon erschütterte ein wildes sieghaftes Gewinsel die Luft, als der Hirsch plötzlich das steile Ufer hinabschoss und mit riesigen Sprüngen den Sumpf erreichte. Er durchwatete ihn rasch, zwängte sich durchs Gebüsch, bald im Eise einbrechend, bald wieder aus den Eissplittern emporschiessend und mit der Macht der Verzweiflung alle Hindernisse überwindend. In einem nicht zugefrorenen Tümpel aber sank er ein. Bevor er sich aus dem Wasser herausarbeiten konnte, überfiel ihn die ganze wütende Meute. Es entspann sich ein verzweifelter Kampf. Der Hirsch riss sich aus dem Sumpf empor und verteidigte sich mit seinem Geweih, trampelte die Angreifer nieder, floh, versank abermals im Morast und kämpfte bis zum letzten Atemzuge — bis er von den Wölfen in Stücke gerissen wurde.

„Ihr Aeser, wartet nur!“ murmelte der Stumme erregt und feuerte einen Schuss mitten in den wimmelnden Haufen der Wölfe ab. Feuer blitzte auf, und die Entladung erschütterte die trockene Luft. Die Wölfe stürzten in wilder Flucht davon. Er schoss noch mehrere Male in der Richtung der Fliehenden und rannte mit der noch rauchenden Waffe in der Hand auf den Hirsch zu. Dieser lag tot da, mit zerfleischten Flanken und durchbissener Gurgel, aber auch ein paar in ihre eigenen Eingeweide verwickelte Wölfe wälzten sich neben ihm am Boden.

„Auch mir gehört ein Teil!“ entschied er und schnitt sich, ohne auf das Winseln der verreckenden Wölfe zu achten, ein gewaltiges Stück vom toten Hirsch ab. Kaum hatte er es in seine Höhle geschleppt, als er die wiederkehrenden Wölfe vernahm. Der Hunger und der Dunst des frischen Blutes zog sie unwiderstehlich an. Sie frassen die Reste des Hirsches auf und verschlangen die verreckten Kameraden, man hörte die Knochen zwischen ihren gewaltigen Kiefern knacken. Selbst den blutbesudelten Schnee leckten sie mit ihren Zungen auf. Dann, nach beendigter Mahlzeit, machten sie sich an die Fährte des Stummen heran. Um sie abzuschrecken, heulte er mit einemmal einen Warnungsruf, wie er ihn den Wölfen früher schon abgelauscht hatte. Sie blieben stehen, spitzten die Ohren und sahen sich nach allen Seiten um. Nach kurzer Zeit aber gingen sie, ohne sich irre führen zu lassen, vorsichtig weiter vorwärts, kletterten das Ufer herauf, kamen immer näher, bis sich sämtliche umliegenden Büsche mit einem grausigen Gewimmel füllten.

Dem Jungen wurde plötzlich heiss vor Angst. „Das sind nicht die Kameraden von Hinkefuss! Sie werden mich wie einen Hasen zerreissen!“ Er sah sich nach Rettung um und begann fieberhaft die angesammelten Vorräte an Dürrholz, Riet und trockenen Gräsern auf einen Haufen zu stapeln, und als die Wölfe so nahe herangekrochen waren, dass er schon ihren widerwärtigen Dunst riechen konnte, und ihre Augen wie Glühwürmchen im Gebüsch funkelten, zündete er Feuer an und setzte den Haufen in Brand.

Die Wölfe, durch die immer höher schlagenden Flammen verscheucht, zogen sich zurück.

„Morgen kehren sie totsicher wieder,“ flüsterte er seiner Prinzessin zu und fachte unermüdlich das Feuer an. „Haben sie mich erst einmal ausgekundschaftet, werde ich sie nicht mehr leicht forttreiben können.“ Er war sehr besorgt. „Wir müssen hier bleiben, denn fliehen können wir nicht mehr.“ Er trocknete sein schweissbedecktes

Antlitz. „Die ganzen Nächte lang werden wir uns mit Feuer verteidigen müssen. Und kommen wir heraus, dann müssen wir totfrieren, oder sie würgen uns ab, wie Lämmer. Was soll man tun?“ Angst irrlichterte in seinen Augen. Seine Kraft verliess ihn, er fühlte sich wie ein hilfloses Kind, dem ersten besten Zufall preisgegeben! Er begann laut zu weinen wie einst, wenn ihn die Wirtschafterin grundlos durchprügelte. Er sah in Gedanken den fernen Herrenhof, die warme Gesindeküche, die brodelnden Töpfe auf dem Herd, aus denen schmackhafte Düfte emporstiegen. Ein Schluchzen erschütterte seinen mageren Körper, Leid presste ihm das Herz zusammen. Er machte sich bittere Vorwürfe. Warum hatte er sich bloss mit den Tieren eingelassen. Selbst im Schweinestall war es viel besser als hier. Er wird elend umkommen müssen. Fressen ihn nicht die Wölfe, dann macht ihm der Frost den Garaus. Niemand in der Welt hat Mitleid mit ihm! Verweint und zermürbt vergrub er sich bei Tagesgrauen auf seinem Lager und verfiel in einen tiefen Schlaf. Erst spät am Tage weckte ihn die durchdringende Kälte. Der Frost war viel stärker geworden. Seine Augenwimpern waren bereift und sein Körper starr vor Kälte, er konnte kaum Atem holen. Mit grosser Anstrengung schürte er das Feuer und begab sich, nachdem er etwas Speise zu sich genommen hatte, an den Fluss, um Brennholz für die nächste Nacht zu suchen. Das Arbeiten wurde ihm schwer, er taumelte und fühlte sich im Kopf ganz wirr. Immer wieder brach ihm der Schweiss aus, ein inneres Fieber brannte ihn, dann wieder wurde er von Kälteschauern dermassen geschüttelt, dass er selbst in der Nähe des Feuers nicht warm werden konnte. Und zuletzt, als es bereits zu dunkeln begann, übermannten ihn eine grenzenlose Müdigkeit und eine solche Schläfrigkeit, dass er trotz der drohenden Gefahr, deren er sich bewusst war, sein Lager mit den Daunen der getöteten Vögel auspolsterte, und zu einem Knäuel zusammengerollt, in Schlaf verfiel.

Spät in der Nacht weckte ihn nahes Heulen und Bellen. Die Wölfe kämpften miteinander um die letzten Knochen des Hirsches, und nachdem sie alles verschlungen hatten, was noch zu fressen war, wandten sie sich abermals zu seiner Höhle. Das Feuer hielt sie jedoch zurück, sie kreisten nur in der Nähe, heulend vor Hunger und Wut.

Er wachte weiter und schürte das Feuer an, obgleich er vollkommen kraftlos und sterbensmüde war. Zuweilen dämmerte er hin und wusste überhaupt nicht mehr wo er war und was mit ihm geschah. Dann war ihm wieder alles so gleichgültig, dass ihn selbst das Gewinsel und verdächtige Rennen der Wölfe um die Höhle nicht mehr störten. Das frischgebratene Hirschfleisch schmeckte ihm nicht, er schob es mit Abscheu beiseite. Mit dem Gefühl grosser Erleichterung begrüsste er den neuen Tag, und kroch abermals in seine Höhle, konnte jedoch keinen Schlaf finden. Ein unstillbarer Durst begann ihn zu quälen. Er trank Wasser, schluckte den eiskalten Rauhreif, aber nichts wollte nützen. Den ganzen Tag verbrachte er untätig und in furchtbarer Langeweile, wobei er gedankenlos seinen Vorrat an Aesten und Riet aufstapelte und die noch übrig gebliebenen Vögel rupfte. Sein Atem ging immer schwerer. Er schleppte sich manchmal in die Steppe hinaus, um durch die zu Eis erstarrten Tränen nach einem menschlichen Wesen zu spähen. Die Einsamkeit war unerträglich, Sehnsucht ringelte sich um sein Herz wie eine würgende Schlange. Aus versunkenen Tiefen stiegen Erinnerungen auf. Sie erschienen ihm jetzt wie wunderbare Märchen, die er einst vor vielen, vielen Jahrhunderten vielleicht geträumt hatte. Gott, wie glücklich wäre er, wenn er sich an diesem Winterabend in eine stille dunkle Ecke hinterm Herd verkriechen könnte, zur Stunde, da sich die Gesindeküche mit Menschen und Stimmengewirr anfüllt. Was hätte es ausgemacht, wenn man nach ihm mit einem Holzscheit geworfen hätte, weil er die Hofhunde geneckt hatte. Die Wirtschafterin gab ihm zuguterletzt doch einen Knochen zum Nagen, etwas warme Milch oder ein Butterbrot. Jesus, was gab es da für Gelächter, für Neckereien und Freudenausbrüche, und was für Geschichten wusste die Schweinehirtin zu erzählen. Wenn sich dann die Mägde an den Spinnrocken setzten und die Gutsherrin in der Gesindeküche erschien, nahmen die Erzählungen überhaupt kein Ende mehr, Angstschauer liefen einem über den Rücken und die Haare sträubten sich. Es waren meistens Geschichten von verzauberten Prinzessinnen, Drachen und Königssöhnen.

Er konnte diese Fiebergesichte kaum von sich schütteln. Das Gefühl von Kranksein, Einsamkeit und Hilflosigkeit kam abermals über ihn.

„Ich werde wohl sterben müssen?“ sann er und kroch, zu einem Häufchen Elend zusammengeduckt, näher ans Feuer heran, das ihn wie ein Mutterarm mit unaussprechlicher Seligkeit beglückte. Brennende Gluten durchdrangen ihn. In seinem Kopf war ein Rauschen und eine süsse Schläfrigkeit, die ihn einlullend schaukelte und ihm die Augenlider mit heissen Küssen schloss.

Schon blickten die Sterne in sein blasses Gesicht und liessen ihre Strahlen auf seinen bereiften Haaren spielen, nur das Krachen der Eismassen im Frost schreckte ihn für einige Augenblicke aus der seligen Schlaftrunkenheit wieder auf. Als aber die schleichenden Schatten im Ufergebüsch auftauchten, raffte er sich wieder auf, um das Feuer zu schüren, holte die Prinzessin hervor und setzte sie neben sich. Dann versank er ganz in ihre Betrachtung.

Sie sass da, lächelnd und von der Glut rosig angehaucht, und schaute ihn mit rätselhaften Augen an. Er warf ganze Bündel Zweige und Riet aufs

Feuer, dass die Flammen mit lustigem Knacken und Knistern immer höher schlugen und auch ihm dabei immer wärmer, heller und freudiger zu Mute wurde. Mit einemmal leuchteten seine Augen auf, sein Gesicht erglühte und sein Herz begann rascher zu klopfen — er hatte endlich das Wort gefunden!

„Sogleich werde ich es dir sagen!" murmelte er. „Wenn ich es ausspreche, wird sich alles verwandeln," er liess siegreich seine Blicke in der Runde schweifen. „Es ist mir ganz von selbst eingefallen. Was scheren mich jetzt Wölfe, Frost und Not! Jesus, sofort, oh, wie es mich schüttelt, sofort!" Schliesslich flüsterte er ihr etwas ins Ohr und sprang entsetzt zurück.

„Jesus Maria! Jesus Maria!" wiederholte er und bekreuzigte sich.

Da wuchs die Puppe in seinen Augen und offenbarte sich ihm, mit einem Purpurmantel angetan und einer goldenen Krone auf dem Haupt, und hinter ihr stand der stolze Rappe, scharrte mit den Hufen den Boden und liess den goldenen Zaum und die funkelnden Steigbügel klirren.

Sein Herz erstarrte angesichts dieses Wunders und füllte sich mit Begeisterung und heiligem Grauen.

Sie sprach ihn mit derselben singenden Stimme an, die er bis dahin nicht begriffen hatte.

„Besteige das Pferd, mein Prinz! Besteige das Pferd!" Jedes ihrer Worte hallte in seiner Seele wie eine Osterglocke.

Da schwang er sich in den Sattel, raffte die Zügel zusammen, gab dem Hengst einen Hackenstoss, und jagte davon, mit dem Wind um die Wette. Sie sass vor ihm, er hielt sie fest umarmt und spornte das Pferd immer wieder an.

Nun rauschen nur noch die Winde in seinem Ohr und peitschen ihm das Gesicht, die rasende Fahrt verschlägt ihm den Atem und dem Gaul spielt die Milz im Leibe. An seinen Blicken fliehen Felder, Wälder und Flüsse vorbei — bis in ihm das Lied übermenschlichen Glücks erwacht. Sie jagen weiter, immer weiter, immer schneller, sie jagen in die weite Welt hinaus, sie jagen zum König Vater, zu einem frohen, seligen Hochzeitsfest...

☆

ZWEITER TEIL

6.

DIE FREIHEIT

Die sich am Himmel wölbenden Wolken, die wie gewaltige rostbraune Felsblöcke dräuten, barsten plötzlich auseinander, stürzten zusammen und fingen an, zu Geröll zu zerbröckeln. Unter diesen Lawinen verschwand die letzte Himmelsbläue. Die Ferne umflorte sich düster. Das Licht erlosch allmählich. Die erblindenden Augen des Tages trübten sich mit weisslichgrauem Schimmer. In unerreichbaren Höhen heulte ein Wind und füllte die Luft mit durchdringendem Pfeifen. Entsetzliches Vogelgekreisch wurde laut. Das Rauschen unsichtbarer Wälder schwoll an wie das Gebraus sturmgepeitschter Meereswogen. Die blutigen Zungen lautloser Blitze zuckten in der grauen Dämmerung, und ein wildes Gebrüll stieg aus dem Schoss der Erde empor. Ueber der Steppe wuchsen die Windhosen und drehten sich wie riesige, himmelhohe Spindeln, das erlöschende Gespinst des Tages aufwickelnd. Dann plötzlich entstand ein quälendes Schweigen. Nur die Gespenster der grausigen Spindel drehten sich in rasender Geschwindigkeit weiter und sahen aus wie ein Wald voll kahler, mit rauchgrauen zerzausten Zotteln bekränzter Stämme. Plötzlich ertönte die fürchterliche Kapelle der Blitze. Sie fuhren so dicht hintereinander zu Boden, dass ihr scharfes Geknatter sich in ein einziges ununterbrochenes Dröhnen verwandelte, unter dessen unheimlicher Wucht die Wolken auseinanderstoben und die Erde mit einer Flut schwerer, erdrückender Nebel bedeckten. Alles verschwand in einem undurchdringlichen Grau, und die Welt schien unter dem Anprall der Donnerschläge in einem bodenlosen Abgrund zu versinken. Alles Lebendige erstarrte in grenzenlosem Entsetzen. Unfassbare Mächte zerstampften die bebende Erde. Vernichtung sangen ihr die Blitze. Vernichtung heulten die Winde, die aus der Dunkelheit auf sie niederstiessen und sie einem Haufen Sand gleichmachten, der in die Unendlichkeit davongewirbelt wird.

„Ruhig liegen bleiben! Rührt euch nicht von der Stelle!“ bellten die Kommandos, denn die Herden versuchten immer wieder aufzuspringen und zu fliehen. Rex, von seinen Schäferhunden und der ganzen Wolfsmeute umringt, hielt die Herden im Zaum und erzwang sich, wo es nottat, mit den Zähnen Gehorsam. Er konnte kaum noch bellen, aus seiner schaumbedeckten Schnauze floss blutiger Schleim. Er konnte sich nicht weiterschleppen. Als die ärgste Panik überwunden war, fiel er mit heraushängender Zunge und vor Müdigkeit keuchend, auf einem Hügel nieder. Die Herden legten sich in einem unübersehbaren Kreis um den Hügel. Die unbegreiflichen Erscheinungen am Himmel und auf der Erde erfüllten sie mit wahnsinniger Angst. Die Luft erbebte von ihrem kläglichen Gebrüll und Stöhnen! Die Pferde stampften wiehernd auf. Aus der grauen Masse leuchteten die smaragdenen Augen der Schafe und drang ihr klagendes, herzzerreissendes Blöken. Das schau-

rige Geheul der Wölfe mischte sich dazwischen. Die Hunde beschnupperten den Boden und rannten wie toll im Kreis herum. Das sehnsüchtige Brüllen der Kühe und Ochsen dröhnte mit düsterem Bass im Chor der verängstigten Tierstimmen. Selbst die Schweine, die sonst so klug und vernünftig waren, quiekten beunruhigt. Sie litten alle im gleichen Masse. Und zu alledem legte sich der Nebel wie ein eiskaltes Tuch auf ihre Haut und durchdrang sie bis ins innerste Mark. Die schweren Häupter hoben sich immer wieder, und tränenfeuchte Augen irrten suchend durch die Dunkelheit. Doch nichts kündete Besserung an. Das Tageslicht kam nicht wieder, die Nebel wurden immer dichter. Nur Rex verlor seine Ruhe und Selbstbeherrschung nicht. Er hatte schon manches Gewitter erlebt. Die Erinnerung an einen furchtbaren Schneesturm, der ihn drei Tage lang durch die verschneiten Felder des Herrenhofes gescheucht hatte, stieg in ihm auf. Damals hatte er das Unwetter hungernd und frierend im Schutze eines Feldsteines abwarten müssen.
„Sie haben's immer warm und bequem in ihren Ställen gehabt," knurrte er, von ihrem Gestöhn geärgert.
„Selbst die Wölfe finden das Wetter nicht besonders schön!" gab ihm einer der Schäferhunde zur Antwort und spitzte die Ohren.
„So sollen sie sich ein besseres aussuchen!" Das ständige Klagen machte ihn wütend.

„Und wenn diese Dunkelheit kein Ende nimmt?“ seufzte einer der Hunde, sich dabei eifrig kratzend. „Dann wirst du mit deinen Flöhen zusammen verrecken. Da kann das Philosophieren auch nichts helfen! Und jetzt macht, dass ihr schlaft!“

Er streckte sich aus, so gut es ging, und versuchte einzuschlafen.

Der Gewittersturm hatte sich nach einer anderen Richtung gewandt; das Donnerrollen klang immer ferner und ferner. Auch die Stimmen der Herden beruhigten sich. Die Winde wichen zurück und schlugen schlaff mit den ermatteten Flügeln. Langsam breitete sich ein starres, totes Schweigen aus. Eine steinerne Ruhe legte sich über alles, die Herzen schlugen langsamer, die Angst zerrann, und schliesslich stellte sich der gütige Bruder Schlaf ein und bezwang alle mit seinen Vergessenheitskünsten, bis die fieberheissen Augenlider zufielen, die Köpfe wie leblos zu Boden sanken und eine süsse Wohligkeit die Ermatteten umfing. Zuletzt nickte auch Rex ein, nachdem er sich vor dem Einschlafen überzeugt hatte, dass die Nacht wirklich angebrochen war. Er wachte jedoch häufig auf, spitzte die Ohren, reckte sich und witterte in der Luft umher. Als er aber den scharfen Duft der Frostluft in die Nase bekam, versteckte er die Schnauze zwischen den Vorderpfoten und schlief weiter.

Nicht ein Laut störte mehr die Totenstille. Die Nebelwälle lagen da wie abgestorbene und dem

Wechsel der Zeiten preisgegebene Felsblöcke. Die Lebenspulse waren verstummt.

Es musste kurz nach Mitternacht sein, zur Stunde, zu der in den Dörfern die ersten Hähne krähen, als Rex plötzlich mit gesträubtem Fell und gespitzten Ohren aufsprang. Er hatte den bekannten Ruf, die Stimme des Stummen vernommen. Nur konnte er nicht unterscheiden, woher die Stimme kam. In wilden Sätzen umkreiste er den Lagerplatz. Das Lallen des Stummen klang einmal vor ihm, einmal hinter ihm, seiner selbst aber konnte er nicht ansichtig werden und musste schliesslich ganz ausser Atem zu seinem Lagerplatz zurückkehren.

„Nicht ein Knochen ist von ihm übrig geblieben!" versuchte er, seine Sehnsucht nach dem Freunde zu betäuben. „Oder ist er vielleicht zu den Menschen zurückgekehrt und hat mich gerufen?" Anstatt einer Antwort auf diese Frage öffnete die Erinnerung sperrangelweit ihre märchenhaften Speicher, in denen die noch lebendigen Ueberreste früherer Geschehnisse lagen. Mit weit aufgerissenen und doch blinden Augen schaute er in diesen Wunderspiegel. Ihm war, als sei er plötzlich mitten in längst vergangene Zeiten zurückversetzt und als erlebe er von neuem, was bereits gestorben war. Er bellte beim Anblick des Herrenhofes freudig auf, schlug wedelnd mit dem Schweif gegen die Flanken, die Wohnräume durcheilend; duckte sich wütend gegen die verhassten Dachshunde zum Sprung; jagte über Stoppelfelder hinter einem Häschen drein; schmiegte sich winselnd an die Füsse seines Herrn; träumte auf dem Löwenfell vor sich hin, mit schlaftrunkenen Blicken ins verlöschende Kaminfeuer starrend. Schliesslich sprang er einen der eingebildeten Feinde mit solcher Wut an, dass er gegen die Rücken der um ihn herum schlafenden Schäferhunde taumelte. Die Trugbilder zerstoben — rings war nichts, als graue Nacht, Stille und schlafendes Vieh. Doch er empfand keine Sehnsucht nach der Vergangenheit. Sie war ihm schon ganz verhasst.

„Gen Osten! Der Sonne entgegen!" begannen mit erneuter Kraft seine Erwartungen und Hoffnungen in ihm zu singen. Die Sorge um die Herden kehrte zurück und nahm seine ganze Aufmerksamkeit in Anspruch. Seine ganze Kraft spannte er an, um die Erlösungstat zu vollbringen.

„Wenn der Frühling kommt, und sie dort nicht ein Pferd, nicht einen Ochsen, ja nicht einmal einen Hund mehr haben...! Sie werden vor Hunger umkommen müssen. Wer soll denn für sie arbeiten?" Wie ein dem Feinde abgezapfter warmer Blutstrom durchrieselte sein Herz das süsse Gefühl der am Menschengeschlecht genommenen Rache. Doch mit einemmal musste er zurücktaumeln und seine Schnauze nach einer anderen Richtung wenden, denn der Luftzug wehte ihm einen Hauch widerlichen Gestanks und die Ausdünstungen der Herden zu.

„Wir werden ersticken! Passt auf, dass sie sich künftighin nicht so dicht in unserer Nähe hinlegen."

„Für die Menschen hat es ganz und gar nicht gestunken. Sie haben immer alles in Haufen angesammelt und hinausgefahren!" knurrte einer der Hunde.

„Die Menschen fressen alles, woran unsereins selbst nicht riechen würde."

„Wann bricht der neue Tag an, es ist doch schon Zeit!" Mit ängstlichen Blicken begann Rex die Dunkelheit zu durchforschen, aber nichts verkündete auch nur das schwächste Frühlicht. Mit untrüglichem Instinkt fühlte er aber, dass die Zeit des Sonnenaufganges da war. Die Schäferhunde wussten es ebenfalls. Sie liefen unruhig umher und winselten, in die endlose Nacht hinausspähend, dessen Herr die Pforten nicht öffnen wollte, um die Sonne herauszulassen.

„Vielleicht hat sie sich irgendwo in den Himmelsfeldern verirrt!"

„Das könnte schon möglich sein, dass der Hausherr sich mal verschläft... man hat dann an der Tür so lange bellen müssen, bis er aufgewacht ist."

„Von der Nachtwache kehrte man stracks zum warmen Herd zurück. Die Kartoffeln brodelten im Topf, der Speck brutzelte in der Pfanne, das Herdfeuer wärmte und draussen war Frost und Schnee! Das waren glückliche Zeiten! Das waren

Zeiten!“ sponnen sie leise ihre Erinnerungen aus. Rex’ donnernde Stimme unterbrach diese Unterhaltung.

„Gen Osten! Aufbrechen!“ erklang über den tausendköpfigen Haufen der Befehl und drang bis an die äussersten Grenzen des Lagers. Die Herden erhoben sich träge; sie fühlten sich schwer, durchfroren und ausgehungert. Aus stumpfer Gewohnheit den Befehlen gehorchend, setzten sie sich jedoch in Bewegung und zogen in ziemlich guter Ordnung quer durch die nebelumsponnenen Oeden davon. Wolfsgeheul und Wolfszähne trieben sie zur Eile an.

„Wo ist die Sonne? wo ist der Tag geblieben? Wo nur?“ murmelten sie traurig.

Die Kraniche sangen ihnen nicht das alltägliche Morgenlied.

Mit gesenkten Köpfen schleppten sie sich dahin, bei jeder Gelegenheit stehenbleibend, und versuchten unterwegs die bitteren Blätter an den Sträuchern abzunagen. Der dicke Reif knirschte unter ihren Tritten, und einige brachen sogar mit den Beinen durch die dünne Eiskruste. Sie tasteten sich mühsam durch das undurchdringliche Grau, stolperten ununterbrochen über unsichtbare Steine und rannten gegen Baumstämme oder gegeneinander an, was Unzufriedenheit und Zwist hervorrief.

„Wir werden hier noch die Beine brechen! Wohin treibt man uns? Wie war es glatt und eben auf den Feldern der Menschen!" stöhnten sie vor sich hin.

Auch das Antreiben der Wölfe und Hunde half nichts. Sie bewegten sich immer widerwilliger, ängstlicher und stumpfer vorwärts. Ganze Trupps schieden aus den Reihen des Zuges aus, und sanken schliesslich, immer mehr zurückbleibend, wie angesägte Klötze zu Boden. Andere wiederum blieben plötzlich stehen und rührten sich nicht mehr von der Stelle, aus Leibeskräften brüllend. Die Wolfszähne und Klauen erreichten wenigstens, dass der ganze Zug zusammengehalten und vorwärts getrieben werden konnte. Trotzdem begann schon der Zusammenhang zu zerreissen, es wurde immer schwerer, sich den nötigen Gehorsam zu erzwingen. Die Wanderung wurde zu einer unbeschreiblichen Qual. Es fehlten der Wechsel von Tag und Nacht und die bestimmten Merkmale der Jahreszeiten, wodurch die allgemeine Verwirrung immer grösser wurde. Sie legten sich schlafen, wann sie die Lust dazu ankam, und erhoben sich, wann es ihnen gefiel. Immer häufiger ruhten sie aus, und die Ruhepausen zogen sich immer mehr in die Länge. Erst nachdem sie alles Moos und andere elende Gewächse kahl gefressen und ihren Durst durch Belecken des Rauhreifs gestillt hatten, zogen sie mit dem schleppenden Schritt zu Tode Verurteilter weiter. Ganze Haufen wollten lieber zurückbleiben und verrecken, als weiter so leiden. Ihre Hoffnungen erloschen.

Die tödliche, graue Eintönigkeit, die nicht für einen Augenblick weichen wollte, machte sie sterbensmüde. Die Zeit dünkte ihnen unerträglich lang und die ihnen aufgezwungene Blindheit raubte ihnen den Rest ihres Lebensmutes. Sie fingen schon an, ihre uralten Instinkte zu verlieren. Niemand konnte mehr das Nahen der Nacht oder den Tagesanbruch wittern. Sie wanderten und wanderten endlos, ohne mehr recht zu wissen, ob diese Wanderung Tage, Wochen oder Monde dauerte. Es war ihnen, als irrten sie schon Ewigkeiten so herum und dass sie sich nun ewig über das graue, unermessliche Totenfeld dahinschleppen müssten, als ob es jetzt ihr Los sei, ewig Hunger zu leiden, tödlich erschöpft und blind zu sein, nicht ganz tot — aber dennoch einem langsamen Tode preisgegeben. Und der erbarmungsvolle Tag wollte nicht kommen, nicht ein gnadenvoller Strahl durchbrach die Finsternis, nicht ein einziger. Die Leiden steigerten sich, und immer mächtiger wuchs die Hoffnungslosigkeit. Die Nörgeleien verstummten, alle Klagen wurden still, und selbst die Kräfte zum Widerspruch fehlten. Sie zogen dahin, einem Zug traumhafter Gespenster gleich, aus dessen Mitte zuweilen ein einzelnes markerschütterndes Aufbrüllen der Verzweiflung zum unsichtbaren Himmel emporstieg.

Schliesslich entschloss sich Hinkefuss, auf Kundschaft auszugehen. Er blieb eine ziemlich lange Zeit fort und kehrte mit trübem Blick zurück.

„Ich bin der Sonne nicht begegnet. Sie ist nirgends zu sehen, nirgends, nirgends," winselte er schmerzlich. „Ich bin gen Osten gerannt; ich habe sie im Westen gesucht; auch in der südlichen Richtung habe ich die Nebelwälle durchforscht — überall herrscht dieselbe furchtbare, undurchdringliche Nacht. Nirgends ein Lichtstrahl mehr!" klagte er verzweiflungsvoll.

Darauf jagte Rex auf seinem schwarzen Hengst davon. Auch er kehrte zurück, ohne irgend etwas ausgerichtet zu haben. Blutiger Speichel floss ihm aus dem Rachen, und seine Augen funkelten düster. Er warf sich, vor Ermüdung keuchend, neben die Schäferhunde zu Boden. Die Nachricht von seiner Rückkehr verbreitete sich mit Blitzgeschwindigkeit, und bald umringten ihn die ungeduldigen Haufen, begierig, wenigstens einige Brocken Hoffnung zu erhaschen.

„Die Nacht trennt uns noch viele Tagesmärsche von unserem Reiseziel!" Er wagte ihnen nicht die ganze Wahrheit einzugestehen. „Ich bin den Kranichen begegnet... Sie haben gesungen, dass es in ein paar Tagen wieder heller werden soll... Sie haben die Sonne gesehen... Die Sonne kehrt bestimmt zurück... Habt keine Angst... Noch einige Tage ausharren! Geduld... Mut..." lallte er würdevoll.

„Warte du, bis die Wölfe die Stute gefressen haben!" knurrte einer der Hunde, über den Bericht nicht sonderlich erfreut.

„Nur der Mensch kann uns aus dieser Drangsal retten," liess sich darauf ein verwegenes Brüllen vernehmen.
„Schweigt! Tod dem, der diesen Namen noch einmal erwähnt!" brauste Rex auf, die Zähne fletschend.
„Recht so," bekräftigte Hinkefuss. „Inzwischen gehen wir aber zugrunde, die Herden bestehen nur noch aus Knochen und Haut..."
„Das also ist es, was dir abgeht!" bellte es höhnisch. „Du hast schon Mangel an fettem Fleisch."
„Was Fleisch! Das sind nur ausgedörrte Knochen ohne Mark, das sind einfach elende Sägespäne."
„Die Wölfe fegen schon mit ihren dicken Bäuchen den Boden und sie beklagen sich noch!" kläfften die Hunde.
„Auch ihr ernährt euch nicht von Gras! Ihr träumt beständig von den schmackhaften Abfällen aus den Bauernküchen und von den Leckerbissen auf dem Kehrichthaufen."
„Dass deine Zunge räudig werde! Wir leben von Aas, wie es gerade kommt. Aber wir morden nicht."
„Wir verweigern euch die Reste keineswegs... Ihr könnt euch nach Herzenslust vollfressen..."
„Du widerwärtiges Stinkvieh! Eher wollen wir verrecken, als fressen, was ihr übrig lasst! Das stinkt einen halben Tagesmarsch weit nach euch. Ihr könnt diese Herrlichkeiten für die Füchse und Geier aufbewahren. Die können es vielleicht vertragen!"

„Die Hunde und Wölfe haben es nicht eilig, das Ziel zu erreichen.“

„Sie leben auf unsere Kosten!“ erhoben sich verschiedene Stimmen aus der Mitte der Herden.

„Wo ist die Sonne geblieben?“ ertönte plötzlich ein drohendes Gebrüll. „Führe uns dahin! Wir sind genug gewandert. Wir frieren, rings um uns ist Dunkelheit, wir hungern, es graut uns. Rette uns, sonst gehen wir zugrunde! Gib uns den Tag zurück!“

In der Befürchtung, dass die Sache eine schlimme Wendung nehmen könnte, sprang Rex auf seinen Hengst und bahnte sich, von einem dreifachen Gitter von Wolfs- und Hundezähnen umgeben, einen Weg durch die aufgeregten Haufen und versuchte die Gemüter zu beruhigen.

„Es wird nicht mehr lange dauern,“ bellte er mit weit schallender Stimme. „Die Sonne wartet auf uns jenseits der Nebel, und bevor wir ein paar Mal gerastet haben, wird sie uns wieder in die Augen leuchten, uns von neuem erwärmen und uns die Wunder der Welt zeigen...“

„Bis die Sonne aufgeht, wird der Tau unsere Augen ausfressen...“

„Diese Nacht wird uns bis zum letzten Huf vernichten... Wo sind deine Paradiese, die du uns versprochen hast! Führ uns dahin!“

„Sie liegen vor euch... bald werden wir sie erreichen... Der Lohn wird den Mutigen zuteil, und allen, die ausharren... nur die kleinmütigen

Geistes sind und zweifeln, werden sich ins Verderben stürzen! Die jedoch alles geduldig ertragen, werden glücklich sein..."
„Gib uns zu fressen! Gib uns zu trinken! Gib uns Zufluchtsstätten! Wir verrecken!"
„Haltet durch!" heulte er aus Leibeskräften. „Bald hat eure Not ein Ende! Und merkt euch: an allem Unglück, das uns zustösst, ist die menschliche Niedertracht schuld. Sie haben uns mit Nebeln überschwemmt, sie haben uns die Sonne verhüllt, sie sind es, die uns aushungern und mit Kälte peitschen. Sie wollen uns durch die Qual des Hungers und der Nacht ins Joch und unter die Peitschen zwingen. Sie können selbst jeden Augenblick hier unter uns auftauchen, um die Zweifelnden und Schwachen in Versuchung zu führen. Tod den hinterlistigen Tyrannen! Sie werden euch mit ihrem Futter und mit ihrer Gnade locken. Traut diesen falschen Schlangen nicht, sonst werden sie euch das Blut aussaugen, wie sie es bisher getan haben. Für ein Mass elenden Futters werden sie euch wieder zu Sklaven machen. Lasst euch nicht betören! Ihre Herrschaft ist zu Ende. Erhebt eure Herzen! Verkauft eure teuer mit Blut erkaufte Freiheit nicht! Haltet durch, und euch werden die vollen Scheuern und Schober gehören; alle Felder und Wiesen werden euer sein! Sonne werdet ihr wieder haben, Wärme und erquickende Quellen. Ihr werdet die angenehme Kühle an heissen Tagen geniessen und

Schutz vor Unwetter und weiche Lagerstätten finden! Und für alles dies — keinen Zwang, keine Blut- oder Arbeitssteuer, keine Pflichten, selbst nicht die der Dankbarkeit. Genossen, Freunde, Brüder, ich zeuge vor euch mit der ganzen Macht meiner Gewissheit, dass Tage grenzenloser Seligkeit im Anbruch sind. Ich sehe sie schon, ich spüre sie, dort hinter diesen Nebeln. Seht ihr das blasse Frühlicht dort im Osten, es kündet uns die Zeit der Morgenröte, als heiliger Bote des nicht mehr fernen Tages..." Er heulte mit einer Löwenstimme, und es antwortete ihm ein lautes Gebrüll wie das frohe Donnern eines Frühlingsgewitters. Sie legten sich zur Ruhe nieder, zwar immer noch hungrig, jedoch in hoffnungsvoller Zuversicht.

„Du hast ihnen das Blaue vom Himmel heruntergelogen, wie ein Judenköter," knurrte Hinkefuss, sich neben ihm ausstreckend. „Das war gut für dieses Vieh, aber ich verlange die Wahrheit. Ich muss sie kennen! Ich will gestehen, dass wir bis jetzt gehörig zu fressen gehabt haben. Manch einer von den Meinen hat sich selbst einen Bauch angemästet. Eure Freiheit aber beginnt mir etwas zu stinken... Ich muss an meine eigene Haut denken. Eure Empörung kann für uns ein schlechtes Ende nehmen. Ich gebe keinen benagten Knochen dafür, dass ihr vielleicht morgen schon umkehren werdet. Ihr versteht es nicht, in Freiheit zu leben. Die Menschen werden bei eurer

Rückkehr das beste Futter bereitstellen, uns aber werden sie mit ihren Kugeln empfangen. Und wenn das dumme Vieh, durch Hunger zur Raserei gebracht, seine Anführer auf die Hörner nimmt oder sie mit seinen Hufen zertrampelt...! Ich bin nicht für das Gedränge! Es wäre auch eine zu grosse Schande für den Sohn meines Vaters, durch Schweine in Stücke gerissen zu werden. Es trennen uns viel zu grosse Unterschiede voneinander. Wir sind seit Urzeiten frei gewesen und bleiben ewig frei. Ihr aber könnt nicht ohne Peitsche, Schweineställe, Ketten und gefüllte Tröge leben. Du hast die Herden aufgewiegelt, und zu welchem Zweck? Damit sie fressen, sich räkeln, sich vermehren, ohne Sorge leben und schliesslich den Tod der Nichtstuer sterben. Solche Ideale sind nichts für uns Wölfe! Unser Lebenselement ist der Kampf, die Schlauheit, der Sieg und das freie Spiel der Kräfte! Selbst dem Tod ergeben wir uns nicht freiwillig," gestand er mit unumwundener Offenheit.

„Ist das denn wahr, dass der Tag bald wiederkehren wird?" fragte er plötzlich.

„Er kehrt wieder," bellte ihn Rex an, die Zähne fletschend, über die Unverfrorenheit des Wolfes empört.

„Die Kraniche haben diese Neuigkeit verkündet."

„Ich weiss nichts davon, dass du ihnen begegnet bist."

„Du spionierst hinter mir her, du lausiger Sack!" herrschte ihn Rex jähzornig an.
„Die Wachen sind dir, wie immer, gefolgt. Du hast es ihnen nicht verboten." Er rückte etwas von ihm ab.
„Ich brauche euren Schutz nicht! Es droht mir hier unter den Freunden keine Gefahr."
„Gewiss, aber ein brüderlicher Huf, oder ein freundschaftliches Horn und ein teurer Rüssel könnten doch vielleicht unversehens deine Rippen berühren! Das kann einem auch unter besten Freunden passieren," höhnte Hinkefuss leichthin.
„Sie sind mir treu ergeben. Ich habe sie aus dem Lande der Knechtschaft herausgeleitet. Ich bin ihr Anführer und ihr Bruder."
„Darum gerade halte ich es für sicherer, sich von ihnen etwas fernzuhalten! Das brauchen sie natürlich nicht zu wissen."
„Du begreifst unsere Gemeinschaft nicht. Dir sind nur Mord und Vernichtung und deine Räubergrundsätze verständlich...!"
„Ich halte nicht viel von einem Gebell, das die Menschensprache nachahmen soll. Du glaubst der Allerklügste zu sein. Du hast von den Menschen häufig Stockhiebe bekommen, aber ihren Verstand haben sie dir nicht dazu gegeben! Du hast dich mit deinem eigenen Hochmut vergiftet. Niemals bist du frei gewesen und hast auch keinen Begriff davon, was Freiheit ist. Was hat dich denn mit

der Viehherde verbunden? Der Hass gegen die gemeinsamen Herren. Und anstatt ihnen an die Gurgel zu springen, ihr Blut zu trinken und mit deinen eigenen Zähnen deine gerechte Rache an ihnen zu nehmen, hast du das Sklavengesindel gegen sie aufgehetzt und musst nun Dienst beim dummen Vieh tun! Du bist heruntergekommen, verehrtester Herr Hund! Und wenn du keine eigenen geheimgehaltenen Ziele hast, sondern einzig und allein das Glück dieser da und ihr Wohlergehen, dann bist du um so dümmer, wenn du glaubst, dass man aus ihnen eine freie Gemeinschaft machen könnte. Oder hat dich vielleicht das Machtgelüst gestochen? Ich begreife nicht das Vergnügen, über Hämmel zu regieren. Wir wollen den kurzen Sinn dieser langen Rede zusammenfassen: wozu bestehen alle diese Hörner, Hufe und Rüssel, oder wie sie alle heissen mögen? Damit wir was zu fressen haben. Wir, die wirklich Freien, die einzigen Herren und Herrscher in Feld und Wald! Nur der Mensch ist mächtiger als wir, aber du scheinst auch dies nicht mehr begreifen zu können..."

„Wozu bist du denn überhaupt mit uns gegangen?" warf Rex vorwurfsvoll ein.

„Weil ich dich lieb habe, Bruder Hund. Und dann wollte ich die Landschaft und die Gesellschaft wechseln und meinen Pelz etwas durchlüften. Aber diese Gesellschaft hängt mir schon zum Halse heraus. Das sind Erztölpel und ausgemachte

Dummköpfe. Man kann nicht einmal Mitleid mit ihnen haben. Fleisch, das ist alles, was man von ihnen haben kann. In Anbetracht einer solchen Sachlage wird jedes geistige Interesse hinfällig." Er versuchte absichtlich, Rex mit diesen Redensarten herauszufordern.

„Du hast mir Gehorsam geschworen," erinnerte Rex mit Nachdruck, „ich brauche dich noch."

„Um die Trägen anzutreiben und demütige Furcht vor der Obrigkeit zu wecken. Wir dienen dir treu."

„Davon würden die Schafe etwas erzählen können..."

„Ist es denn überhaupt zu denken, dass ein Schaf einen Wolf frisst?" Sein Bauch schüttelte sich vor verhaltenem Lachen. „Ich finde es ganz nett, über die Zweckmässigkeit in der Natur nachzudenken. Es wäre aber gegen alle Gesetze der Vernunft, wenn zum Beispiel die Hammel an Altersschwäche krepieren sollten."

Rex schwieg, und beide schliefen bald darauf ein. Eine durchdringende Kälte weckte sie.

„Und der Tag ist noch immer nirgends zu sehen!" winselte Hinkefuss, den eiskalten Frostreif von seinem Fell schüttelnd.

„Er wird kommen! Ich habe es gesagt!" antwortete Rex stolz und gab das Zeichen zum Aufbruch.

Die Herden setzten sich in einer seit langem nicht mehr innegehaltenen Ordnung in Bewegung und zeigten eine freudig erregte Zuversicht.

„Noch drei Rasten," erklärten die Hunde. „Das heisst: eine, und eine, und noch eine!"
Die erste Strecke durchwanderten sie im Eilschritt, die zweite legten sie in fieberhafter Aufregung zurück, die dritte — in einem Zustand der Raserei, doch das Tageslicht dämmerte nicht auf. Die schweren Nebelvorhänge zerrissen nicht für einen einzigen Augenblick. Eine graue, undurchdringliche Wand trennte sie nach allen Seiten hin vom Licht und von der Sonne.
Die plötzlich erweckten Hoffnungen aber trieben sie bis zum Aeussersten und umschatteten ihre verzweifelten Seelen. Sie hatten nun keine Kraft und keinen Willen zur weiteren Wanderung mehr und warfen sich zu Tausenden ratlos zu Boden, sie stürzten nieder, wie in die Arme des mitleidvollen Todes.
Aber der Tod wollte sie nicht erlösen, der Schlaf sie nicht erquicken, und selbst die Ruhe schenkte ihnen keine Vergessenheit und verlieh ihnen keine neuen Kräfte.
Durch ihr Unglück zu blinder Wut gepeitscht, jagten sie dann wieder, von Angst und Hunger getrieben, vorwärts, wohin die Beine trugen und solange der Atem reichte.
Wer von ihnen wusste noch, wieviele solcher furchtbaren Tage und Nächte sie bereits erlitten hatten? Nur eins war ihnen allen klar, dass es nirgends einen Tag, nirgends eine Sonne und nirgends ein Ende dieser ewigen Nacht gab.

„Nur der Mensch kann uns erretten!" verkündeten die Schweine während einer Rast.
„Der Stumme wollte uns retten, aber sie haben ihn fortgejagt!" gedachten seiner die ehemaligen Mitverschworenen und Freunde.
„Weil er uns wieder der menschlichen Willkür ausliefern wollte!" erklärte einer der Standhaften.
„Das hätte er tun sollen! Was haben wir von dieser Freiheit! Wir gehen nur an ihr zugrunde! Die Dunkelheit und der Hunger bringen uns um! Betrogen haben sie uns!"
„Nach Hause! Zurück zu den Menschen!" schluchzten kaum erst bewusstwerdende neue Hoffnungen und Widersprüche aus der Dunkelheit auf.
Niemand schlief, wenn sie Rast hielten. Dumpfe Empörung breitete sich aus. Die Erkenntnis, dass man ihnen ein furchtbares Unrecht angetan hatte, begann unter den harten Schädeln allmählich aufzudämmern. Endlich kamen sie zur Besinnung, und allen wurde mit einemmal klar, dass sie sich Rex auf Gnade und Ungnade ausgeliefert hatten. O unglückseliges Los! Das ist doch nur ein Hund — ein herrenloser, aufständiger Köter! O vermaledeite Stunde des Wahns! Und wohin hatte er sie geführt! In den tiefsten Abgrund des Elends! Und womit hatte er sie von den urangesessenen Heimstätten, von dem seit altersher geregelten Dasein fortgelockt? Mit dem dummen Märchen vom Glück! Mit einem elenden Trugbild. Der er-

littene Hunger, die Kälte und die Seuchen, die sie heimgesucht hatten, waren nichts im Vergleich zu dieser endlosen Nacht, zu dieser Qual des ewigen Herumirrens durch blinde Nebel, nichts im Vergleich zu dieser Welt der grauen, leeren Grenzenlosigkeit, in der sie leben mussten. Es blieb ihnen nur der Tod als einzige Erlösung. Noch ein paar solcher Strecken, und sie werden alle elend zugrunde gehen. Fliehen! Zurückkehren! Dieser Gedanke stieg plötzlich in ihnen auf, wie ein blendendes Licht. Ueberall ist aber Nacht! Wie soll man ihr entrinnen? Und wohin sich wenden? Ganze Schwärme von Zweifeln überfielen sie und fingen an, mit Geierschnäbeln auf sie einzuhacken. Der Mensch wird uns hinausgeleiten! Wie ein Blitz schoss diese Möglichkeit an ihren staunenden Blicken vorüber. Der Mensch wird uns erlösen! Ein inbrünstiges Gemurmel zog durch das Lager. Demut, Furcht und banges Flehen klang aus ihm. Der Mensch! Die Atemzüge gingen in einem freudig erregten Taktmass. Der Anker fiel bis auf den Grund der Herzen. Mögen nun die Blitze dreinschlagen, mögen Stürme wüten, sie haben endlich den sicheren Hafen erreicht, ein sanfter Wellenschlag trägt dieses Schiff der Erlösung und schaukelt es, und wiegt es, und singt so bezaubernd vom verlorenen Glück.

Es war bitterkalt im Lager. Die Atemzüge schienen festzufrieren. Sie drängten sich dichter zusammen. Das furchtbare Elend verband selbst die

Feinde. Die wachgerufene Hoffnung entflammte sie zu Freundschaftsgefühlen und Mitleid. Das eine wollte dem anderen Bruder sein. Die Schafe nahmen die vor Kälte zitternden Schweine in ihre Mitte. Die Stuten trachteten sich zwischen den Hunden zu erwärmen. Grosse Fohlen schmiegten sich mit kindlicher Zuversicht gegen zottige Wölfe. Selbst die Schäferhunde, die die äussersten Grenzen des Lagers bewachten, hatten sich neben den Kühen hingelegt. Sie suchten etwas Wärme und frischen Mut beieinander. Durch ihre Gehirne huschten indessen phantastische Schattenbilder, wimmelten ungreifbare Flüsterlaute, und manchmal schien es ihnen, als wäre eine Stimme erklungen und ohne Widerhall verweht, sodass sie aufzuckend die Ohren spitzten und die Köpfe hoben. Ab und zu glaubten sie den Duft von Kleefeldern und jungem Getreide zu wittern; gierig versuchten die geblähten Nüstern die Wohlgerüche einzuatmen, bis diese sich plötzlich in den scharfen Gestank der Misthaufen verwandelten, auf denen sie lagen. Mit einem Aufstöhnen nahmen sie Abschied von den entschwindenden teuren Gesichten. Sie suchten sich gegen diese Hirngespinste mit ganzer Kraft zu verteidigen, die Köpfe aber träumten immer weiter bei Tag und bei Nacht. Bilder nebelumflorter Erinnerungen und verlockender Dinge, die es gar nicht geben kann, stiegen vor ihnen auf, bis sie schliesslich, nachdem der Schlaf sie auch noch völlig verlassen hatte, und die Augen hinter den schweren Lidern immer nur die längstvergangenen fernen Zeiten sahen, der Sehnsucht erlagen. Sie war aus ihrer Qual, aus ihren Aengsten und aus ihrem Leid emporgestiegen wie ein giftiger Dunst aus sumpfigen Morästen. Und sie erfasste sie mit ihrer mächtigen Flut. Sie hob sie einmal mit rasender Wucht in den Himmel, in eisige Oeden ohne Sonne und Sterne und stiess sie dann wieder in den Abgrund hinab, tief in die Schlucht des Entsetzens. Und bevor sie zur Besinnung gekommen waren, trug sie sie schon wieder hinaus an die flachen Ufer stiller, schläfriger Buchten. Die Augen schweiften in endlose Weiten, umfassten durchsonnte Räume, verloren sich in Felderherrlichkeiten, aus denen der Weihrauchduft menschlicher Siedelungen kam. Dann packte sie die Herzen mit gierigen grausamen Krallen, wie ein Geier das hilflose Lamm. Sie stürzte sich auf sie mit ihrer ganzen drückenden Last, zermalmte sie ohne Erbarmen, schleifte sie durch den Kot und liess sie das ganze Entsetzen des Seins ohne Sonne, ohne Morgen und ohne Hoffnung fühlen. Die Tiere wälzten sich unruhig hin und her, versuchten aufzuspringen, liefen im Kreise herum, scharrten mit den Hufen den Boden auf und wollten fliehen. Sie konnten jedoch diese Fesseln nicht zerreissen; die Sehnsucht umwand ihre Seele mit ihrem Schlangenleib und würgte sie immer grausamer. Röchelnde Klagelaute entstiegen ihren Rachen, die schweren Köpfe schlugen gegen den Boden, und dieser seltsame, unaussprechliche Schmerz wühlte so tief, dass sie tödlich erschöpft niedersanken und sich auf Gnade und Ungnade allem, was da kommen sollte, ergaben. Heisse Tränen quollen aus ihren Augen, und die neue Qual begann sich durch wilde Lüste und Räusche anzukündigen. O Todesherrin, Erlöserin! schluchzten sie in ihrem tiefsten Innern auf. Aus dunklen Gelassen krochen die Gespenster undeutlicher Erinnerungen hervor. O allerheiligste Gnade! Die gestorbenen Tage waren auferstanden. In den wahnsinnig verzückten Augen begannen sich frühlingsfrohe Felder, reife Sommertage und stille sternbekränzte Nächte zu spiegeln, und nun erklang in ihren Ohren das lange nicht mehr vernommene Lied. O gesegnetes Wunder! Was sang es noch? Wie klang es doch? Die Nebel zerstoben, der Star fiel von den Augen. Wie war es doch? Wann war es noch? Und wo? Mit einem ungläubigen Beben gaben sie sich den vorüberschwebenden Bildern hin. Ihre ehemaligen Herren und Gebieter waren in ihrer Mitte erschienen; ihre fürchterlichen Augen funkelten im Dunkel, ihre Angstschauer erweckenden Stimmen erklangen über den am Boden geduckten Köpfen. Doch, siehe da, keines hatte Angst. Eine süsse demutsvolle Ohnmacht lähmte die Herzen. Die Zungen streckten sich aus im Verlangen, wohltätige Hände zu lecken. Die Rücken und Häupter hoben sich von selbst ihrer gnädigen Liebkosung entgegen. O wie wurde die Seele ruhig! Wie einst, wie früher, wie es immer gewesen war. Und die Erinnerungen kamen wie ein lieblicher Dunst gezogen und trugen den Duft der Ställe, der Felder und des köstlichen Futters heran. Laue Dämmerstunden, gebadet in prunkendes Abendrot, durchwebt vom Goldstaub der Landstrassen, reich an frohem Gebrüll und Wagengeratter lebten auf... Sie kehren haufenweise heim, gesättigt und mit vollem Magen. Die Menschenjugend kreischt, manchmal lässt eines einen Peitschenhieb niedersausen! Ein Mutterkuss könnte nicht süsser sein. Es knarren die Brunnenschwengel, das Wasser plätschert in die Tröge, kaltes, erfrischendes, herrliches Wasser. Die arbeitsmüden Glieder schmerzen, welch ein Genuss, sich auf trockenem Stroh auszustrecken, im angenehmen Halbdunkel und in wohliger, einschläfernder, fliegendurchsummter Wärme. Es bedarf nur der Hingabe an den Herrn, und der sorgt dann dafür, dass man keinen Mangel leidet. So war es doch seit urewigen Zeiten. Zahllose Geschlechter haben so gelebt, und so müsste es immer, immer für alle Zeiten sein... Die Erinnerungen, von der zehrenden Sehnsucht heraufbeschworen, drängten in einem rastlosen Gewimmel an ihnen vorüber.

„Nur die Dummen empören sich gegen ewige Gesetze."

„Und müssen für dieses Vergehen eine bittere Busse zahlen."

„Und habe ich es nicht gesagt! Ich wusste wie das enden wird!“ sabberte griesgrämig ein alter scheckiger Ochse mit einem abgestossenen Horn.

„Dieser räudige Hund hat uns bestohlen. Welchen Nutzen habe ich davon, dass ich meine Wolle behalten habe!“ blökte ein Schaf.

„Er hat uns unser Glück und unsere Lebensfreude geraubt und uns dem endlosen Umherirren und Elend preisgegeben.“

„Und habe ich es nicht gesagt!“ versuchte der Ochse alle zu überbrüllen, sich dabei nach vorne drängend.

„Rex ist schuld und Hinkefuss ebenfalls! Trampelt sie zu Tode! Und tragt die Ueberreste auf euren Hufen in alle Winde!“ wüteten die Schafböcke.

Ein allgemeines Beifallgebrüll antwortete ihnen und tönte noch lange nach, vermischt mit zornigem Schluchzen und Klagen.

„Genug von dieser Jagd hinter Trugbildern her! Kehren wir um!“

„Sie haben sich an unserem Elend gemästet. Jetzt fegen sie schon mit ihren dicken Bäuchen über den Boden.“

„Und wie hat er doch schön, gefühlvoll und erhaben gepredigt!“ klagte ein altes Mutterschwein.

„Mit dem summenden Netz der Versprechungen wird man immer die Dummen fangen!“ setzte der scheckige Ochse salbungsvoll auseinander.

„Wo ist der Stumme geblieben? Er war immer unter uns. Er kennt die Wege, die zu den Menschen zurückführen, er wird für uns bei ihnen Gnade erwirken."

„Er soll uns führen! He, Stummer! Stummer!" liessen sich immer zahlreichere Stimmen vernehmen. Sie suchten in der Dunkelheit und im Gedränge nach seiner Spur. Irgend einer wollte ihn noch vor nicht allzu langer Zeit gesehen haben. Ein anderer erinnerte sich mit Rührung an sein Zureden. Ein dritter lobte seine Klugheit und Güte. Und alle hatten sie noch sein Bild vor Augen, wie er auf dem grossen schwarzen Hengst ihnen vorausritt. Alle Augen spähten im Nebel nach seiner hageren Gestalt aus. Immer wieder rief man nach ihm. Das Fieber fachte ihre Einbildungskraft an. Sie suchten immer ungeduldiger nach ihm. Die Augen wollten ihn entdecken, ihre von sehnsüchtigen Seufzern geschwellten Stimmen eilten ihm entgegen. Das Blut stieg ihnen zu Kopf, Raserei blitzte aus den Augen. Er erschien ihnen als der Erretter. Die aus der Verzweiflung geborene letzte Hoffnung heftete sich an ihn — bis schliesslich ein besonders sehnsüchtiges Augenpaar ihn entdeckte und den anderen wies.

„Dort ist er! Gerade vor euch! Seht ihr ihn denn nicht! Er zeigt uns den Weg mit seiner ausgestreckten Hand!"

Auf einmal wurde er allen sichtbar: ein riesenhafter Schatten löste sich vom Hintergrund der Nebelmassen und nahm die Gestalt an, die den Wünschen ihrer verlangenden Herzen entsprach.

„Folgt ihm! Er soll fürder unser Leiter sein. Führe uns! Rette uns! Erlöse uns! Folgt ihm!“ Es entstand ein Gebrüll, und die Herden stürzten dem Trugbild nach.

Nur Rex blieb mit seinen Getreuen zurück, ohne recht zu begreifen, was geschehen war.

„Sie werden schon umkehren,“ beruhigte ihn Hinkefuss, „sie sind davongerannt, um die Sonne zu suchen. Weiss denn das Vieh überhaupt, was es tut?“

„Und wieder werden Hunderte zugrunde gehen.“

„Es bleiben noch genug übrig, wir werden schon keinen Mangel an Fleisch haben.“

„Belle keinen Unsinn! Sie tun mir schrecklich leid. Und der Weg bis zum glücklichen Ziel ist noch so weit...“

„Mitleid ist eine Tugend der Sklaven. Durch albernes Mitleid werden Könige gestürzt und Königreiche zugrunde gerichtet.“

„Das sind wölfische Grundsätze! Du kannst die Welt wohl mit den Zähnen bezwingen, aber festhalten kannst du sie damit nicht.“

„So wisse, du Sklavenkönig, ich will gar nicht herrschen, ich möchte nur für mich leben können... ganz frank und frei...“ Sie widersprachen einander noch weiter, während die rasenden Herden mit allen Kräften hinter dem Stummen dreinjagten. Es schien ihnen, als ritte er dicht vor ihnen her. Auf dem grauen Hintergrund der Nacht schwebte seine gespenstige Gestalt — er galoppierte auf einem Pferd dahin, und ein wehender Fetzen hing ihm wie eine rote Wolke an den Armen herab. Die zerzausten, fahlen Haare schimmerten wie Mondschein hinter Wolken. Er hielt mit einer Hand seine Prinzessin an die Brust gepresst, und mit der andern wies er irgendwo vor sich hin. Sie jagten in dichten Reihen vorwärts, ohne ihn aus dem Auge zu lassen, und das Gestampf ihrer wilden Jagd hallte wider, wie eine die Dämme durchbrechende Sturmflut, die alle Hindernisse auf ihrem Wege zermalmt. Eins nur war ihnen bewusst: jetzt kehren sie zu ihren Heimstätten zurück; sie kehren zu den Menschen wieder, zu ihrem verlorenen Glück. Sieghaftes Gebrüll kündete dieses Glück an. Sie rannten, als hätten sie Flügel. Sie glaubten schon in den Nüstern den Atem der lenzlichen Saatfelder zu spüren, in ihren Herzen klangen Lerchenlieder, und der mit dem würzigen Duft jungen Grüns geschwängerte frische Wind kühlte ihnen die fieberheissen Augen. „Rasch! Rasch vorwärts! Eilt euch!" trieben ungeduldige Rufe weiter. Und niemand gab sich Rechenschaft, wie lange diese Jagd hinter einem Hirngespinst dauerte. Keiner klagte über Mühe und Leid. Viele blieben erschöpft zurück, viele starben unter den Hufen der eigenen Brüder, aber der Rest drängte atemlos weiter. Noch ein Sprung — und das Tageslicht wird aufleuchten, Dörfer werden sichtbar werden, die Sonne wird aufblitzen! Rasch. Vorwärts. Rasch.

Plötzlich prallten sie unversehens so heftig mit ihren Köpfen gegen eine Felswand an, dass die ersten Reihen mit zerbrochenen Gliedern in unsichtbare Abgründe hinabrollten. Dann versperrten ihnen schwarze, träge Gewässer den Weg, aus deren Schoss ununterbrochen hohe Feuersäulen zum asphaltschwarzen Himmel aufstiegen. Ungeheuerliche geflügelte Wesen tauchten in den blutigen Dünsten über den Wassern auf. Die Erde bebte. Die Uferfelsen fielen zerbröckelnd in Trümmer. Und alles dies geschah ohne den geringsten Laut. Selbst das Aufbrüllen des Entsetzens erstarb in ihren gelähmten Kehlen. Eine totenhafte Stille herrschte hier unumschränkt. Das Gespenst des Stummen zerflatterte in der grabesstillen Oede. Die blutschimmernden Gewässer begannen lautlos anzuschwellen, aufzusteigen und mit langen Zungen die Näherstehenden mitwegzuspülen. Sie wichen entsetzt vor dieser neuen Todesgefahr zurück. Die Fluten schienen sie zu verfolgen, bäumten sich immer drohender auf und langten immer tiefer in ihre Reihen. Sie schnitten ihnen den Weg seitwärts ab und fingen die Fliehenden, in schleichenden jähen Sprüngen auf sie zuschiessend, mit ihren gierigen Armen auf.

Ein tödliches Entsetzen liess die Tiere weit zurückweichen und trieb sie in wilder wahnsinniger Flucht vor sich hin.

Sie flohen ohne Besinnung und ohne Ziel immer weiter, bis sie sich in einem stacheligen Gebüsch festrannten. Sie wandten sich nun nach der entgegengesetzten Richtung und gerieten alsbald in einen Sumpf, aus dem widerwärtig riechende Dünste aufstiegen und auf dessen Oberfläche grünliche, Wolfsaugen ähnliche Irrlichter dahinkrochen. Sie kehrten noch einmal um und suchten verzweifelt und eigensinnig nach einem neuen Ausweg. Es war, als hätte sie jemand in einen verzauberten Kreis gebannt, und sie waren unfähig, ihm selbst um den Preis von Leid und Mühsal je wieder zu entrinnen. Sie verlangten nach dem Tageslicht, und wenn es selbst nur ein Glimmen der Sterne oder der leiseste Frühlichtschimmer gewesen wäre, sie hätten das Licht mit Freuden begrüsst — aber nur dichter Nebel hüllte die Welt ein. Undurchdringliche Wolken hingen wie ein dicker Pelz am Himmel, die endlose Nacht breitete sich ringsum aus. Nirgends gab es einen Ausweg noch Rettung. Und vergeblich suchten die blutangelaufenen Augen nach dem Bild des Stummen. Vergeblich heulten alle ihre Sehnsucht nach ihm. Die Nacht hallte vom kläglichen Gewimmer der hilflos Untergehenden wider.

Die Herden wogten wie ein für alle Ewigkeit in enge, felsige Ufer eingezwängter See, der sich ohne Unterlass gegen seine Bestimmung aufbäumte.

☆

7.

DIE ERFÜLLUNG

Es musste wohl schon gegen Morgen sein, als Rex, der im Schutz der Büsche auf einem Hügel geschlafen hatte, aufsprang und den Tau, der reichlich vom herabhängenden Gezweig niedertropfte, von sich schüttelte. Er witterte umher — es wehte ein feuchter, warmer Wind; die Nebel ballten sich eigentümlich zusammen, und die angewärmte Luft kündigte einen Witterungswechsel an. Er schüttelte sich noch einmal und liess seine Augen durch die trübe Dunkelheit schweifen; plötzlich erstarrte er. Hier und da leuchteten Sterne durch die Nacht. Er sank zu Boden, hielt den Atem an und erst nach längerem qualvollem Warten hob er den Kopf wieder; hoch über dem schnell fallenden Nebel glitzerte tausendfaches Sterngeflimmer. Er rührte sich nicht von der Stelle, bellte nicht und starrte nur mit fieberheissen Augen, sein bebendes Herz bezwingend, in dieses silbrige Glitzerlicht. Eine jähe Glut und heisse Schauer durchrieselten ihn, sodass er, um sich abzukühlen, die nassen Blätter und Zweige ableckte.

Die Nebel wurden immer durchsichtiger und sanken zur Erde, und auf den dunkelblauen Himmelswiesen blühten immer üppiger die strahlenden Sternblumen auf.

„Sie leuchten wieder!“ winselte er leise auf, voll Angst, das zauberhafte Gesicht zu verscheuchen. Er glaubte zu träumen und schloss die Lider, um den Traum nicht zu verjagen; nach einer Weile öffnete er noch einmal die Augen und lugte behutsam und erwartungsvoll nach dem Himmel.

Das Wunder aber blieb beständig.

Von einem Glücksrausch durchschauert, betrachtete er es lange voll demütiger, stummer Dankbarkeit. Die Nebel liessen weissliche Schwaden in immer grösseren Mengen zu Boden sinken, sodass schon stellenweise kahle Berggipfel und schwarze Baumkronen aus ihrem Gewoge auftauchten.

„Es wird Tag!“ schwoll in seinem Innern ein freudetrunkenes Jauchzen an.

Und mit einemmal packte ihn die Lust, sich unter die Schlafenden zu stürzen; er hätte sie wachrütteln und in alle Welt diese wundersame Kunde bellen wollen — dass die furchtbare Nacht nun zu Ende sei und bald die Sonne aufgehen würde. Aber er konnte sich nicht von der Stelle rühren; er fand nicht einmal die Kraft, mit seinem Schweif zu wedeln, er schmiegte sich nur dichter an den Boden, zitterte und klapperte mit den Zähnen wie im Fieber.

Und es wurde Tag, wie sonst; der Himmel erblasste, die Sterne erloschen, im Osten begann der erste rosige Morgenschein aufzuglühn, auf Erden aber erklangen unter den wogenden Nebeln die um diese Tagesstunde üblichen Kapellen des Geschnarchs und schlaftrunkenen Aufbrüllens.

Dieser, wie ihn dünkte, ungewöhnlich feste Schlaf beunruhigte ihn.

„Viele werden sich nicht mehr erheben können,

um das Sonnenlicht zu schauen," sann er, ohne die Schlafenden zu wecken. Plötzlich reckte er sich auf und heftete seine trotzigen Augen auf die sich öffnenden Tore des Ostens — jetzt wusste er wieder, wohin er die Herden führen sollte.
Aus fernen Höhen kam das Rauschen zahlloser Flügelschläge, und es ertönten langgezogene Kranichrufe — die Vögel, deren Gestalten sich lichtgrau gegen den Himmel abhoben, flogen durch das blasse Frühlicht in üblicher Keilordnung dahin. Ihr Ruf kam immer näher und schwoll immer mächtiger an, bis er, als die Herden erwacht waren, sich wieder jäh himmelwärts emporhob und der noch fernen Sonne entgegeneilte.
Zugleich erklang das Aufheulen der Wölfe und zwang die Liegenden, sich, wenn auch schwerfällig, vom Boden zu erheben.
Hinkefuss erschien bald darauf, ganz ausser sich vor Staunen.
„Die Kraniche sind da. Dann wird es wohl auch bald vollends Tag werden."
„Ich hab' es gesagt. Sie werden beim Anblick der Sonne toll werden", knurrte ihm Rex zurück, das Zeichen zum Aufbruch gebend. Aber niemand hatte es eilig. Sie glotzten den Himmel und die Erde mit verständnislosen, entsetzten Augen an, die wundersame Wandlung kaum begreifend. Die Glieder schmerzten, der Hunger quälte, die Ermattung hatte ihre Kräfte dermassen untergraben, dass sie nicht imstande waren, ihre eigene

Rettung zu begreifen. Und als die Nebelreste sich noch hier und da, wie weisse Fetzen, an den Büschen zerteilten und der graue Tag ihnen in die Augen blickte — betrachteten sie einander mit grenzenloser Verwunderung, als hätten sie die Erinnerung an ihre frühere Gestalt gänzlich verloren. Sie wichen voreinander zurück, wie vor unfassbaren Erscheinungen. Sie sahen wirklich grauenerregend aus: das zerfetzte Fell hing an ihren Körpern schlaff herab; sie waren bis über den Rücken mit Kot besudelt, mit Wunden, Schwären und Mist bedeckt und boten den Anblick einer widerwärtigen, sich mühsam dahinschleppenden Schinderware. Das ganze Lager glich einem Sumpf stinkenden Kots, der von zahllosen Hufen um und um gewühlt war. Sie erhoben sich widerwillig mit dem Gestöhn dumpfer Verzweiflung, als müssten sie sich in diesem frischen Morgenglanz nur noch unglücklicher fühlen. Unbegreiflicher Hass und Widerwillen stiessen sie voneinander zurück. Sie waren nicht vor Freude toll, wie es Rex vorausgesetzt hatte, sondern im Gegenteil, der helle, wissende Tag, der ihnen die unerbittliche, nackte Wirklichkeit zeigte, weckte in ihnen bitteres Leid und beunruhigte sie nur. Es reizte sie der purpurfarbene Schein des Morgenrots, es blendeten bis zum Schmerz die am Himmel aufblühenden lichtgrünen Felder, es entsetzte sie selbst das Licht, das jedes Ding in seiner gewöhnlichen und für sie so furchtbaren Gestalt zeigte.

Sie erblickten einander und erkannten, dass sie elend, gering und von allem enterbt waren. Zugleich überkam sie das Gefühl, ein Haufen unglückseliger Geschöpfe zu sein, die immer nur neuen Leiden ausgeliefert werden sollten. Ein verzweifeltes Aufbrüllen hallte durch das Lager, wie ein langgedehntes Donnerrollen. Und trotz der Wolfszähne und des Hundegekläffs liessen sich die Herden nicht von der Stelle bringen.
Eine sinnlose Angst hielt sie wie mit Krallen fest. Sie fürchteten den nahenden Tag; während der langen, erbarmungslosen Nächte hatten sie sich selbst gänzlich vergessen, hatten auch das Leben vergessen und sich daran gewöhnt, still ergeben in die Gräben des Todes zu sinken. Es war gut, nichts als Sehnsucht zu empfinden und vor sich hinfluchend zu verrecken. Es war gut, sich selber zu vergessen, als ein blindes willenloses Teilchen der Unermesslichkeit. Und dieser furchtbare Tag weckt sie nun aus der Bewusstlosigkeit des Todes, zwingt sie zum Leben und nötigt sie, an sich selbst zu denken. Wer soll noch die Kräfte finden, solche Last zu tragen? Und wohin sollen sie denn wieder wandern? Und wozu? Der alte Glaube und die ehemaligen Hoffnungen sind gestorben. Es war ihnen zu Mute, als erblickten sie zum ersten Male die blassen Unendlichkeiten des Himmels über sich und die zerrissenen, wilden Berggrate, die weiten, leeren Fernen der Welt vor sich. Grauenhaft erschienen ihnen diese Welten, und

die Erkenntnis drückte sie dermassen nieder, dass ein ungeheures Angstgefühl ihnen den Rest der Besinnung raubte. Die Erregung, die sich von Augenblick zu Augenblick steigerte, trieb sie unwiderstehlich in die Arme des Wahnsinns; hier und da entluden sich Stimmen der Wut, die Hufe scharrten wild den Boden auf und stampften zornig. Ein plötzlicher, unbezähmbarer Hass warf sie gegeneinander. Man trampelte sich gegenseitig nieder und nahm einander auf die Hörner. Längstvergessene Kränkungen und alter Groll wurden wieder wach. Jedes fühlte sich benachteiligt und rächte sich dafür an dem anderen. Es war, als hätte eine wilde, zänkische Flut das Lager überschwemmt, und obendrein erklang über den Herden das Flügelrauschen unzähliger Raubvogelzüge. Ganze Schwärme von Raben, Habichten und Geiern kamen von Norden hergezogen, liessen sich, Kreise in der Luft ziehend, immer tiefer herab und spähten unter raubgierigem Gekrächz nach Beute aus. Ab und zu fielen sie in ganzen Scharen über die einzelnen Daliegenden und zerrissen sie in wenigen Augenblicken. Sie hatten keine Angst vor Huftritten und Hornstössen. Erst die Wölfe zwangen sie zur Flucht; sie flatterten auf, besetzten alle umliegenden Bäume, Büsche und Berghügel und warteten geduldig auf eine gute Gelegenheit.

Auf einmal brach die Sonne zwischen den Berggipfeln hervor, gewaltig und rot, wie ein herausgeschältes bluttriefendes Riesenauge, und die ganze Welt ringsum verstummte, von einem Flammenmeer überflutet.

Die Schafe schluchzten zuerst in einem nicht enden wollenden Geblök auf, während der Rest in andächtiger Bewunderung dastand.

„Sie blöken, wie die Dummen!“ entschieden die Kühe ungeduldig und drehten der Sonne den Rücken.

„Kaum ist man etwas warm geworden, und gleich soll man wieder seine Glieder recken,“ klagte der alte scheckige Ochse. „Sie zeigen uns den Tag und werden ihn dann wieder verstecken. Als ob es was Besonderes wäre, die ganze Sonne überhaupt!“

„Es haben die Schinken die Sonne nicht gesehn! Nun bräunt sie der Vollmond ebenso schön!“ höhnte eine Sau.

„Sie geben uns die Sonne, und wo ist das Futter, das frische Wasser, wo sind unsere Ställe?“

„In solchem Mist halten sie uns hier und unter freiem Himmel.“

„Wohin soll denn die Reise wieder gehen?“

„Sollen wir wieder dem Wind im Feld nachjagen!“

„Ueberall weht der Wind den Armen ins Gesicht!“

„Ueberall laufen die Hunde barfuss!“ grollten sie.

Zum äussersten aufgebracht, gab Rex von neuem den Befehl zum Aufbruch.

„Sie zanken miteinander, klagen herum und wollen nichts von einem Aufbruch wissen,“ meldeten die Schäferhunde.

„Warum denn? Sie haben gejammert, dass es Nacht war — jetzt haben sie den Tag; sie haben sich nach der Sonne gesehnt — sie leuchtet wieder; sie haben über Kälte geklagt — und es ist jetzt ganz warm geworden; sie haben Hunger gelitten — dort sollen sie satt werden. Und dennoch wollen sie sich nicht von der Stelle rühren?“

„Jetzt gefällt ihnen das alles nicht mehr! Wer kann den Pöbel begreifen!“ knurrte Hinkefuss.

„Sie haben uns mit der Nacht betrogen, jetzt wollen sie uns mit dem Tag zum Narren halten. Glaubt dem Hund nichts und hört nicht auf ihn. Wir werden uns selber Rat schaffen, wir brauchen keine Hundeführerschaft. Sie wollen uns nur vollständig ausrotten!“ erhob sich ringsum das Brüllen der Ochsen.

„Man muss das Vieh zur Vernunft bringen,“ winselte Hinkefuss und klapperte mit den Zähnen.

„Tu das! Es ist höchste Zeit. Ich selbst weiss nicht mehr, was ich mit ihnen anfangen soll,“ knurrte Rex, den wüsten Wirrwarr überblickend. Verzweiflung hatte ihn angesichts seiner Hilflosigkeit gepackt, denn es war unmöglich, sich mit ihnen zu verständigen. Das Lager hatte sich in einen aus wutentbrannten und blöd gewordenen Tieren zusammengesetzten Landtag verwandelt. Das Durcheinander der verschiedenen Stimmen klang wie ein wilder Sturzbach, dessen Brausen das Lager von einem Ende zum anderen durchhallte.

Die Sonne stand schon in ziemlicher Höhe und spendete Wärme und Licht; der Himmel spannte sich wie ein prächtiges, blaues Zelttuch aus, die Luft duftete, die Berge warfen von ihren Schneekuppen einen Glanzschimmer hinüber, und durch die Welt kamen wundersam erquickende und berauschende Frühlingslüfte gezogen, aber die Tiere waren gegen alles taub und blind; selbst das Grün der fernen Halden sahen sie nicht. In ihren Zorn verbohrt, wussten sie selbst nicht, was mit ihnen geschah. Ab und zu trat eines hervor und gab der allgemeinen Empörung Ausdruck, was die Unruhe und Ratlosigkeit nur noch steigerte. Der alte scheckige Ochse vom Herrenhof, der sehr ansehnlich aussah und am lautesten brüllen konnte, hatte am längsten der Versammlung etwas vorzutragen und gab sich Mühe, eine Rettung für seine Unglücksgefährten zu finden, nur wusste er leider nicht, wie er das anfangen sollte. Er musste schliesslich einem Stier Platz machen, welcher sich mit seinen Hörnern Gehör verschafft hatte, seinen mächtigen Kopf hochreckte und lange etwas vor sich hin brüllte, mit den Hufen aufstampfend und zwischendurch wild schnaubend. Aber nur die jungen Kälber starrten ihn mit bewundernden Blicken an und lauschten auf jedes seiner Worte, bereit sich seinem Willen zu fügen.

„Was kann so einer wissen! Die Menschen haben ihn gehalten, dass die Kälber nicht alle werden, und er will uns hier Weisheiten predigen!“ verwahrten sich die Pferde und jagten ihn fort.
Darauf traten die Schweine mit ihren klugen Gründen hervor; eins quiekte dem anderen etwas zu; sie schüttelten dabei ihre Rüssel und waren bereit, die ganze Welt zu zerwühlen und jedes Wagnis zu unternehmen, aber einen erlösenden Rat wussten auch sie nicht zu geben. So entstand durch dieses ununterbrochene Hinundherberaten immer grössere Verwirrung, Gereiztheit, Kampflust und Kopflosigkeit. Und immer wieder kam es auf dasselbe heraus — dass sie mit Rex nicht weiterziehen wollten, dass sie zu den Menschen nicht zurückkehren würden und auch nicht auf der Stelle länger verweilen könnten.
Die Sonne hatte sich schon gen Westen gewandt, und die Luft hallte noch immer von tausendfachem Gebrüll, Geblök, Gewieher und Hufegetrampel wider. Schliesslich überwältigte sie die stille, warme Abenddämmerung. Obwohl hungrig, hasserfüllt und wutentbrannt, warf sich jedes zu Boden, wo es stand, und verfiel sofort in einen schweren und festen Schlaf.
Rex, der durch die Schäferhunde über alles Geschehene unterrichtet war, wandte sich schliesslich an Hinkefuss.
„Was sollen wir nun beginnen?“ und er starrte in den Mond, der gerade aufgegangen war.

„Ich weiss, was zu tun ist," bellte Hinkefuss höhnisch und trat etwas beiseite.

Eine riesige Wölfin sprang aus dem Gebüsch und warf sich neben Rex zu Boden.

„Ich werde dir einen Rat geben," knurrte sie kurz auf, leckte seine Schnauze und streckte sich nachlässig neben ihm aus.

Diese Vertraulichkeit gefiel Rex nicht, aber noch mehr verwunderte ihn ihre Anwesenheit.

„Nimm die Führung über uns, o Herr, und überlass das verreckende Getier seinem Schicksal. Sie werden uns schon folgen. Die Angst wird sie vorwärts treiben, denn was sollen sie allein beginnen ?"

„Belle keinen Unsinn. Was willst du hier überhaupt ?" fuhr Hinkefuss sie an.

„Her zu mir, Söhnchen!" Sie hatte seinen zum Sprung geduckten Rücken und seine blutunterlaufenen drohenden Augen bemerkt. „Du kommst mir gerade recht, mit dir habe ich eins abzurechnen, wenn du auch wie ein Hase vor mir davonrennst!"

„Niederträchtige Hündin! Werd ich denn dein verlaustes Fell nie los werden ? Ich lasse dich aus der Herde vertreiben. Fort aus meinen Augen!" knurrte er und stürzte sich wütend über sie her. Aber bevor er sie mit seinen Zähnen packen konnte, umstellten ihn die jungen bellenden Wölfe wie mit einer Hecke gefletschter Zähne, sodass er kaum zurückzuspringen vermochte.

„Auflehnung gegen den Anführer!“ heulte er empört, seine keuchende Stimme überschlug sich, als ob Wasser in seiner Kehle kochte. Zorn, Hass und gekränkter Stolz benahmen ihm den Atem.

„Die Zähne werden dir hohl, die Motten fressen dich wie ein altes Federbett, abends kannst du nicht mehr sehen, und willst noch regieren,“ höhnte sie bissig. „Gestern haben dich die Kälber mit Fusstritten traktiert, und du bist einfach weggelaufen! Und neulich, als die Schweine mit den Rüsseln deinen Bauch abtasteten, hast du nicht einmal aufzuknurren gewagt.“ Diese Hiebe trafen ihn so schmerzlich, dass er den Boden mit den Krallen aufriss und heulte, den geeigneten Augenblick abpassend, um sie zu überfallen.

„Komm her, stell dich zum Kampf, du sollst dem Tode nicht entrinnen. Ich habe dein Regieren und deine Niedertrachten satt!“ bellte sie, sich zum Kampf auf Leben und Tod anschickend. Sie war gewaltig, schien die grösste aus dem Rudel zu sein, wie eine wirkliche Mutter des Geschlechtes; biegsam wie eine Stahlklinge, hager und dabei von einer ungewöhnlichen Gewandtheit in all ihren Bewegungen, erwies sie sich als ein gefährlicher Gegner. Beine hatte sie wie aus Stahl und einen furchtbaren Rachen, aus dem mächtige Zähne blitzten. Auf dem dunkeln Fell waren hier und da Narben alter Wunden sichtbar. Unter den zusammengezogenen Brauen aber funkelten blutgierig aufblitzende Augen. Vor Kampflust bebend, röchelte sie kurz.

„Komm her! Komm hierher!"

Da wurde sie aber, ehe sie sich versah, von einer Meute von etwa hundert Schäferhunden umzingelt, und Rex bellte sie drohend an.

„Macht keine dummen Geschichten. Hier ist nicht die Zeit für eure Abrechnungen. Hinkefuss bleibt bei den Herden."

Der Befehl duldete keinen Widerspruch; die Wölfin kroch an seine Pfoten heran und winselte auf.

„Es sei, wie du willst. Ich bleibe bei dir, Herr, und werde dich bewachen."

„Du kannst bleiben. Bei Tagesanbruch ziehen wir weiter, und sollten wir allein aufbrechen müssen."

Er legte sich unter einen Strauch, konnte aber lange nicht einschlafen, denn die Wölfin schleppte ihm ein Stück Fleisch heran und trug ihm, während er es verschlang, ihre endlosen Klagen über Hinkefuss vor.

Bei Morgengrauen, als sie aufwachten, war das ganze Lager schon abzugsfertig und harrte der Befehle.

„Es ist wieder etwas in sie gefahren! Sie stehen da, wie die Lämmlein," wunderte sich Rex.

„Ist nicht vielleicht eine Hinterlist dabei?" beunruhigte sich die Wölfin.

Rex sprang auf seinen Hengst und ritt an die Spitze des Zuges; die Wölfin rannte neben ihm her. Alle Herden, soweit der Blick reichen konnte, standen bereit.

„Gen Osten! Der Sonne entgegen! Gen Osten!“ heulten die Schäferhunde.

Und die Herden setzten sich in Bewegung, wie eine unübersehbare Flut; gleichmässig, ruhig und still strebten sie dem Gebirge zu, das vor ihnen die silbrigen, immer noch fernen Gletscherfirnen erstrahlen liess.

☆

8.

DIE LETZTE GRENZE

Die Tage folgten einander, gleichmässig, ruhig und eintönig, wie dahinrollende graublaue Räder; sie glichen einer dem anderen dermassen, dass man nicht mehr wusste, ob das Heute nicht schon ein Morgen war, oder sich zu einem Gestern wieder umwandeln wollte. Sie flossen langsam und träge vorüber und waren wie tiefe, endlose, die Welt in ihrer ganzen Breite umfassende Gewässer. Blass erhoben sie sich im Morgengrauen, kamen ohne den Glanz des Frühlichts daher und zogen vorüber wie rastlos wandernde Pilgerzüge; sie mühten sich an Mittagen vorbei, die wie unter einem Schleier lagen, schlichen durch umflorte Dämmerungen und legten sich in die schwarze Nacht ohne Mond und Sterne, wie in einen Sarg, zur Ruhe des ewigen Schweigens nieder. Und so war es jeden Tag, unverändert und immerfort.

Und allmorgendlich spannte derselbe Himmel sein grauleinenes Gespinst über der Welt aus.

Und allmorgendlich rieselte das gleiche, gedämpfte tote Licht in die Augen, wie feiner Flugsand, der alles durchdringt.

Und allmorgendlich erwachte dieselbe schmerzliche, unbegreifliche Sehnsucht in den Herzen und trieb sie wie mit Peitschenschlägen vorwärts, immer wieder vorwärts.

Aber die gespenstigen Berggipfel, deren silbrige Schnee- und Eisspitzen vor ihnen aufleuchteten, waren noch ebenso unerreichbar und fern wie bisher. Der Boden unter ihren Füssen schien nicht weniger werden zu wollen. Dennoch wanderten die Herden unermüdlich weiter und ergossen sich in einem so breiten Strom über das Land, dass es schien, als bewegte sich mit ihnen zugleich der ganze sichtbare Umkreis, und als trüge sie ein riesenhaftes Schiff durch die Unermesslichkeit des Weltalls dahin. Kein Auge konnte nämlich in dieser Eintönigkeit der stets gleichen Hügel, Bäume und Bäche, der in dasselbe Grau des Himmels und der Erde gehüllten Tage den Weg erkennen. Keine Winde wehten, kein Regen fiel, die Sonne brannte nicht und der Frost fügte kein Leid zu. Ein Tag nach dem anderen verging in täuschender Aehnlichkeit, so dass sie wie Perlen eines zerrissenen Rosenkranzes waren, die nacheinander zu Boden gleiten. Diese Eintönigkeit erweckte in ihnen das Gefühl, als blieben sie ständig auf ein und derselben Stelle, obwohl sie ununterbrochen vorwärts wanderten. Bis endlich diese Welt alle nach dem Vorbild ihres grauen, stummen und starren Einerlei umgemodelt hatte. Jeglicher Zwist verstummte; Groll und Feindschaften hörten auf. Es gab keine Kämpfe, kein Gebrüll und kein klägliches Geblök mehr. Die angeborenen Unterschiede hatten sich verwischt. Das gleiche Los machte sie innerlich einander so ähnlich, dass sie sich ihrer Verschiedenheit nicht mehr bewusst waren. So wanderten Fohlen neben Wölfen, Muttersäue neben Kühen, Kälber einträchtig mit

Hengsten und die alten Ochsen mit tiefgesenktem Kopf inmitten der Schweine und Hunde. Sie wurden zu einem einzigen Wesen, und das gleiche Gefühl und derselbe Drang trieb sie vorwärts. Denn selbst die Erinnerungen brachten niemand mehr aus dem Gleichgewicht. Was einst gewesen war — die frühere Lebensweise, die Gemeinschaft mit Menschen, ehemalige Freude und ehemaliges Leid, war aus dem Gedächtnis ausgetilgt, wie vorjähriges Unkraut auf den Brachfeldern. Die ganze Vergangenheit war zu Staub zerstoben.

Sie wanderten also in demütigem Gehorsam und ohne quälende Zweifel dahin.

Das elendeste Futter schmeckte ihnen, der nackte steinige Boden wurde für ihre wandermüden Glieder zur ersehnten Ruhestätte, und der Schlaf schenkte ihnen völlige Vergessenheit. Jeden Morgen scheuchten sie die Kranichrufe von ihrem Lager auf, und das Gekläff der Wölfe und Hunde trieb sie vorwärts, ihrem Ziele entgegen.

„Dort, hinter den Bergen, es ist nicht mehr fern!“ heulte Rex, um sie anzuspornen.

Sie drängten mit immer grösserer Entschlossenheit und mit dem Eigensinn des felsenfesten Glaubens, dass sie bald das gelobte Land erreichen würden, auf die Berge zu. Ihre wie in einem flehenden Gebet und einem stummen Schrei des Verlangens weitgeöffneten Augen erhoben sich immer wieder zu jenen ersehnten und noch so furchtbar fernen Bergen.

Bis sie nach vielen, vielen solchen Tagen, in der Abenddämmerung unerwartet an eine Stelle kamen, wo der bisher noch ziemlich ebene Boden jäh abstürzte und durch zerrissene Schluchten in ein Tal abfiel, das den Eindruck eines tiefen Abgrunds machte. Aus den finstern, Moderluft und Feuchtigkeit atmenden Engpässen und Schluchten klang das Rauschen von Sturzbächen und stieg ein vielfacher Widerhall, wie von fernen Gewittern und dem Gebrüll wilder Tiere herauf.
Vor diesen Toren zur unbekannten Welt hielten die verängstigten Haufen, neugierig aufhorchend und vor sich hin witternd.
„Rührt euch nicht von der Stelle! Stehen bleiben!“ warnten die Schäferhunde eifrig.
Die Nacht sank rasch, sie war kühl, windig und voll beunruhigender Stimmen. Erst das Morgengrauen sollte ihnen das Geheimnis enthüllen. In dieser Erwartung standen sie da, sich dicht aneinander drängend und ohne zu wagen, einen Schritt weiter zu tun, denn von überall gähnten sie die verräterischen schwarzen Klüfte an, und der Boden bebte dermassen unter ihren Füssen, dass es schien, als müsste er jeden Augenblick sich losreissen und in den Abgrund hinabrutschen. Das Entsetzen, das sich ihrer bemächtigt hatte, wurde noch durch Donnerschläge und Blitze gesteigert, die sich ab und zu in den Abgründen der Nacht entluden. Ihre Rücken und Beine waren vor Ermattung wie gelähmt, Schlaftrunkenheit raubte ihnen den Rest

der Widerstandskraft, der Hunger quälte sie furchtbar, und ein unstillbarer Durst schien ihre Eingeweide auszupressen, aber sie blieben dennoch in der Erwartung des noch fernen Tages geduldig stehen und dämmerten vor sich hin, voll von banger Ungewissheit, was ihnen dieser Tag bringen würde. Ein Gerücht, dessen Ursprung niemand kannte, verbreitete die Hoffnung, dass dies die allerletzte Nacht der Qual und der Widerwärtigkeiten sein sollte.

„Morgen! Morgen!" verkündeten die gedämpften Stimmen. „Morgen!" antwortete ihnen hier und da ein kurzes Aufbrüllen. Wie auf einem Bilde, malte sich in diesen Stimmen all ihr Verlangen und all ihre Zuversicht an das kommende Morgen. Und nach und nach käuten alle Herden, sich dabei die steifgewordenen Beine vertretend, die Sehnsucht nach diesem gesegneten und ersehnten Morgen wieder. Und da die übervollen Herzen nicht mehr imstande waren, die aufwallenden Gefühle festzuhalten, brach plötzlich ein wahrer Sturm von verlangenden Rufen los. Die Gehörnten machten den Anfang, indem sie ein lautes, feierliches Gebrüll anstimmten, die anderen antworteten ihnen im vielstimmigen Chor, und bis zum Morgengrauen ertönte dieser Choral, den die Herden mit einer Glut und Inbrunst sangen, als ständen sie vor den Toren des Paradieses.

Kurz nach Mitternacht fing ein feiner Regen an zu sprühen, der sich bald in einen Platzregen verwandelte. Die Regengüsse prasselten erbarmungslos auf die Dastehenden nieder, bis hinter dem zuckenden Glasvorhang des herabrieselnden Wassers die Nebelbilder der neuen Welt auftauchten und feste Umrisse annahmen. Da erst hörte das Gebrüll auf, und nach einer kurzen Weile völliger Ruhe erklangen in der feuchten grauen Luft Kranichrufe, von Flügelrauschen begleitet.

Bald darauf erschien Rex mit seiner unzertrennlichen Wölfin.

„Vorwärts. Vorwärts! Aufbrechen!“ heulte er mit befehlender Stimme.

Es war nicht mehr nötig, den Befehl zu wiederholen, denn sie stürzten sich in den schwarzen Schlund des Engpasses, wie ein Strom, der seine Stauwerke durchbricht. Mit Gebrüll vorwärtsdrängend, trieben sie in einer unaufhaltsamen Flut, deren Gewalt sich in ihrem Streben zu Tal immerfort steigerte, den Bergabhang hinunter. Zuweilen blickte sich das eine oder andere um, brüllte dieses und jenes, von jäher Angst ergriffen, auf, verschiedene versuchten sogar umzukehren, aber die Herden hatten schon den Anlauf genommen, und von der allgemeinen Bewegung und der Abschüssigkeit des Weges mitgerissen, stob die ganze Masse unwiderstehlich bergab, die Geschwindigkeit ihres Abstiegs unwillkürlich immer mehr beschleunigend.

Im Schatten, den die hohen rings emporgetürmten Felsen warfen, hallte tausendfaches Getrampel wie ein niedergehendes Gewitter wider, unter dessen Anprall der Bergwald aufwogte, und an den Rändern dieser breiten niederstürzenden Tierflut rollten polternd ganze Steinlawinen zu Tal. Die aufgescheuchten Waldvögel flohen mit lautem Gekreisch vor ihnen her.

Der Engpass war stellenweise mit dem Geröll zerbröckelnder Steine oder hingesunkener morscher Baumstämme bedeckt und von reissenden Gebirgsbächen durchschnitten; hier und da legten sich den zu Tal Eilenden dunkle Schlüfte in den Weg; hin und wieder mussten sie tiefe Täler durchwaten, die sich wie grüne in der Felswand ausgehöhlte Schüsseln zwischen die Berge zwängten; dann wieder verwandelte sich der Engpass in eine schmale düstere Schlucht, in der sich die Tiere ihre Flanken gegen die rauhen Felswände wundrissen und die Hörner abstiessen. Die Hindernisse, die sie mit einem düsteren und verbissenen Schweigen überwanden, waren nicht aufzuzählen. Eine wilde Raserei trieb sie an und liess sie nicht das Grauen dieses Talzuges fühlen und begreifen. Sie waren wie versteinert und für jegliches Leid unempfänglich: Niedersausende Felsblöcke zermalmten sie, verräterische Gewässer ertränkten sie, gähnende Abgründe verschlangen sie, der Hunger quälte sie furchtbar und die ihre Kräfte übersteigende Mühsal streckte sie nieder. Und wer niedersank, den zerstampften die Hufe der nachziehenden Tausenden; wer für einen Augenblick sich ent-

kräftet hinlegte, war verloren; wer zurückblieb, musste zugrunde gehen. Der Tod streckte nach ihnen von überall seine mitleidslosen Klauen aus. Für die Schwachen gab es keine Gnade und kein Erbarmen.
Und alles schien sich gegen sie verschworen zu haben. Fast jeder Tag brachte neue Leiden und immer grausamere Qualen.
Nachdem sie nämlich den blutigen Tribut für die Passübergänge bezahlt hatten, gerieten sie unversehens in eine breite Zone von Schnee und Eis, in der ununterbrochen Stürme tobten.
Nachts ertönte das klagende Gestöhn der Erfrierenden in Schneetreiben und eisigem Wind.
Aber auch die Tage waren nicht minder grausam. Kalt sah die Sonne, wie ein grünliches Auge, auf die vom Tod vorwärtsgehetzten, leichenähnlichen Züge herab, die sich nur mühsam den Weg durch die Schneewüste bahnten.
Und als sie auch diese Hölle überwunden hatten, traten ihnen himmelhohe, erstorbene Forste entgegen. Sie erhoben sich vor ihnen riesengross und ehrwürdig. Unter ihren Wölbungen lagen rostige Schatten, die aussahen, als wären sie aus einer widernatürlichen Verbindung von Tag und Nacht entstanden. Die Bäume reckten sich bis an die tief herabhängenden Wolken empor und glichen Säulen aus rötlichem Kupfer. Sie waren bereits seit vielen Jahren gänzlich vermorscht und bestanden eigentlich ausschliesslich aus Moder, der

sich in der ehemaligen Gestalt nur dank der vollkommenen Bewegungslosigkeit und Totenstille dieser Region erhalten hatte. Auch der Boden lag wie erstorben da und war mit einer Moosflechte überwachsen, die einen leichenhaften Anblick bot. Das Furchtbarste aber war, dass bei jedem lauten Aufbrüllen, bei jedem Anprall oder selbst bei einem festeren Auftreten die Baumriesen niedersanken und zu Staub zerfielen. Die himmelhoch emporsteigenden Staubsäulen überschütteten die Vorüberziehenden mit Moder. Es entspann sich ein verzweifelter Kampf gegen diesen feinen, leichenhaften Ascheregen, der von allen Seiten auf sie niederstäubte. Er rieselte lautlos in zahllosen, rostigroten Kaskaden herab und begrub ganze Haufen von Tieren unter Asche. Sie stieg ihnen bis zu den Knien, einzelnen reichte sie schon bis an den Bauch, und viele wehrten sich verzweifelt gegen die erstickenden Staubwolken, nur mit dem Kopf noch aus den Aschehügeln herausragend. Tausende wurden auf diese Weise lebendig begraben, die Uebriggebliebenen aber schlichen vorsichtig weiter, in Todesangst jedem einzelnen Baum ausweichend.

Ihre einzigen Führer in diesen grausigen Irrgängen waren ein dunkles Ahnen und die Kranichrufe, die alltäglich bei Morgengrauen irgendwo in den Höhen über den Wäldern erklangen. Aber endlich winkte ein grünes, weitgerecktes Vorgebirge im hellen und freundlichen Tageslicht den tödlich Uebermüdeten. Die Sonne schien, es wehte ein sanftes, kosendes Lüftchen, es wogten saftige, dicht mit Blumen durchwirkte Weideflächen, es gluckten liebliche, zahllose Bächlein und gewaltige Zedernbäume spendeten gnädig samtenen Schatten. Die Stille eines durchwärmten Nachmittags umfing das Hügelland und war von Insektengeschwirr durchsummt.

Das Vorgebirge senkte sich sanft gegen ein unübersehbares Tal, aus dem die riesenhaften Berge — ihr langersehntes Reiseziel — schroff emporwuchsen. Die eisbedeckten Gipfel leuchteten wie silberne Fackeln im Sonnenschein. Die Bergflanken, im grünen Mantel der Wälder, vom weissen Geriesel der Wasserfälle hier und da gerillt, mit dem rauhen Spitzenwerk nackter grauer Felsen gekrönt, boten einen Anblick voll Majestät und Grösse. Seitwärts aber, zur linken Hand, erglänzte die glatte blaue Unendlichkeit des Meeres. Die Luft erbebte im rhythmischen Wellenschlag der Flut.

Die Herden waren blind gegen diese Wunder und blieben lange noch, vom Grauen des kaum überstandenen Todeskampfes geschüttelt, liegen, die Köpfe dicht an den Boden geschmiegt, und dermassen erschöpft, dass sie nicht einmal ihren Hunger und ihre noch blutenden Wunden verspürten.

„Ich rühre mich nicht mehr von der Stelle, lieber verrecke ich!“ brüllte ein Stier auf; sein Geständnis war ein treues Echo dessen, was die Herden fühlten. Tage gingen vorüber, bevor sie zu fressen und ihren Durst zu stillen anfingen, bevor sie allmählich ihre Kräfte wiedergewannen und sich die Welt näher anzuschauen getrauten.

Rex, der unter den Geretteten Umschau gehalten hatte, kehrte niedergeschlagen zur Wölfin zurück.

„Sind das alle?“ Entsetzen schnürte ihm die Kehle zusammen, er schnappte mit Mühe nach Luft.

„Hinkefuss und die Wölfe sind verschwunden!“ meldeten die Schäferhunde.

„Ich wusste, dass sie uns verraten würden,“ knurrte die Wölfin. „Noch ehe wir die Engpässe erreichten, haben sie sich aus dem Staub gemacht.“

„Sind aber dies alle Herden?“ sorgte er sich und wollte den eigenen Augen nicht trauen.

„Der Rest hat die Bergschluchten und den unglückseligen toten Forst mit seinen Leibern angefüllt.“

„Es wäre besser gewesen, wenn keines dem Tode entronnen wäre.“

„Sorg’ dich nicht so sehr, wir werden noch alle dran glauben müssen!“ stichelten die Schäferhunde frech.

„Das Reiseziel ist nicht mehr fern! gar nicht mehr fern!“ versicherte Rex mit Entschiedenheit.

„Warten wir, bis die Wölfe die Stute gefressen haben,“ winselte einer von ihnen, doch er hatte

noch nicht geendet, als die Wölfin sich über ihn stürzte und sein Blut unter ihren Zähnen hervorquoll; sie hatte ihm eine gehörige Lehre gegeben.
„Wo sind die Kraniche für die Nacht eingefallen?"
„Ich werde dich zu ihnen führen, ihr Geschrei dröhnt mir noch in den Ohren."
„Sie haben Angst vor dir, bleib lieber hier und pass auf."
„Ich kann mich nicht einmal mehr an den Geschmack ihres Fleisches erinnern," keuchte sie verächtlich, wies ihm die gewünschte Richtung und rannte selber zurück, um über die lagernden Herden Umschau zu halten.
Von den unzählbaren Haufen, die sich gegen das Menschenjoch empört hatten und fortgezogen waren, um die Freiheit in der Welt zu suchen, waren kaum einige Tausende übriggeblieben.
Zum erstenmal in ihrem Leben fühlte die Wölfin Mitleid ihr Herz durchzucken, als sie die elenden Gerippe sah, die bewegungslos dalagen.
„Nichts als Knochen, lauter Knochen und löcherige Felle!" winselte sie voll Bedauern.
Besonders gerührt war sie beim Anblick der Schafe, die im Schatten der Zedernbäume lagen.
„Gerettet sind sie, wie aber, wie?" klagte sie, und kroch etwas näher an sie heran.
„Wir wissen es nicht! Wir wissen es nicht!" blökten die Schafe, unter den Schutz der Bockshörner flüchtend.
Auch die Schweineherde schien ziemlich unversehrt

zu sein. Sie räkelten sich im Ufersand eines Baches. Beim Anblick der Wölfin erhoben sie drohend ihre Rüssel, spitzten die Klappohren und starrten sie mit ihren runden klugen Augen ängstlich an.

„Ich hätte nicht gedacht, dass ich euch wiedersehen würde. Und fast alle sind dem Tode entronnen!"

„Weil wir, wie immer, hinter dem Zuge herliefen, wir haben doch keine Pferdebeine."

„Und als der Forst zusammenzustürzen begann und alles zu verschütten drohte, da haben wir ihn behutsam und bedächtig umgangen."

„Wir haben nur Eile, wenn es zum Futtertrog geht. Dem Tod in die Arme zu rennen, dazu hat niemand Eile."

„Ihr könnt von Glück sprechen!" knurrte sie voller Anerkennung.

„Wir haben doch unseren Verstand dazu, um uns nicht dort hinzudrängen, wo schon andere zugrunde gehen."

Sie begab sich darauf zu den Pferden, aber eines stiess mit den Hinterhufen nach ihr und wieherte barsch.

„Mach, dass du fortkommst, schäbige Hündin, schleich hier nicht herum, sonst werde ich dich unter die Hufe nehmen."

Auch die Gehörnten empfingen sie ungnädig, und ein Stier richtete drohend seine Hörner auf sie.

„Du hast wohl Lust, einem von uns den Bauch

aufzuschlitzen? Du kannst genug von unserem Fleisch im Bergforst finden!“

„Wie wenige von euch sind übriggeblieben, ach, wie wenige!“ bedauerte sie so aufrichtig und so schmerzlich, dass ihr klagendes Heulen weithin schallte.

Darauf erhob ein Stier seinen schweren Kopf und brach in ein verächtliches Brüllen aus.

„Die Blitze fahren nicht ins Unkraut; solch ein räudiges Fell wie du rettet sich selbst noch aus der Sintflut. Fort von hier, und stink uns nicht die Luft voll!“

Sie heulte kampfsüchtig auf, dass die Stuten entsetzt zurücksprangen, sich zur Wehr setzten und nach allen Seiten ausschlugen.

„Dummes Fleisch. Euer Glück, dass ich keinen Hunger habe!“ knurrte sie grossmütig.

Es war schon dunkel, als sie mit einem Stück erjagten Fleisches, von dem das Blut noch niedertroff, nach Rexens Lager zurückkehrte. Sie machten sich gleich ans Fressen. Eine Zeitlang konnte man nichts als das Knacken der zermalmten Knochen und ein gefrässiges Schlecken hören. Aber als Rex sich gesättigt hatte, erzählte er von den Kranichen und leckte sich dabei wohlgefällig die Schnauze.

„Sie bleiben am Wasser bis zum Mondwechsel und bis zur Ankunft der Störche. Inzwischen werden sich die Unseren etwas erholen, ausfüttern und Kräfte sammeln; das Gras ist fein dicht. Aber was

ich sagen wollte, ich habe viele schwere und fette Vögel auf den Wiesen gesehen, die fliegen einem von selbst ins Maul; die Herden müssen wir jetzt schonen, es sind ihrer nur noch so wenige!“ warf er wie unabsichtlich hin.
„Ich habe keine Lust an Vögeln, man hat nur Mühe mit den Federn, und überall bleiben die Spuren zurück.“
„Es ist nun nicht mehr weit, gleich hinter diesen Bergen!“
Rex blickte nach den Gipfeln, die gespenstig aus der Dunkelheit ragten.
„Wir werden sie überschreiten, aber wie sollen sich die Vierhufer, das Horn- und das Klauenvieh vorwärts helfen?“
„Wir bleiben in den Tälern. Die Kraniche werden uns den Weg weisen.“
„Denen ist alles gleich; sie überfliegen Berge und Meere. Ob aber die Herden noch weiter mitgehen werden?“
„Sie sollten nicht weiter gehen wollen, jetzt, wo das Ziel so nahe ist! Das Paradies liegt ja da, gleich!“ deklamierte Rex.
Sie rollte sich zusammen und schien einzuschlafen. Der Mond stieg am dunklen Himmel empor, die Eisfirnen schimmerten im gedämpften Licht, die Erde sponnen silbrige Nebel ein, eine erquickende Stille überflutete die Welt und nur der ferne, regelmässige Wellenschlag des Meeres zuckte, wie ein gleichmässiger fester Herzschlag in der Nacht. Rex

konnte nicht einschlafen, eine unbewusste Angst quälte ihn.

„Solchen Weltenbummlern darf man nicht alles aufs Wort glauben," knurrte die Wölfin leise zu sich selbst.

Rex sann gerade über die Ratschläge der Kraniche und ihre Erzählungen nach.

„Diese Himmelsstromer haben es überall gut. Was können sie davon wissen, wie es unten auf der Erde aussieht?"

„Was können die von unserem Leben verstehen," gähnte sie und tat gelangweilt. „Die Flügel tragen sie aus jedem bösen Abenteuer davon. Sie wissen nichts von den Wagnissen eines Kampfes und von den Wonnen des Siegs. Wenn so ein dummer Schnabel einen Frosch herunterschluckt, hat er genug, um damit eine ganze Woche herumzufliegen. Ueberdies ist an sumpfigen Pfützen wahrlich kein Mangel in der Welt, und nun blähen sie sich damit, dass der Mensch ihnen nicht nachstellt. Was sind das für Paradiese, nach denen sie uns zu geleiten vorgeben? Ganz gewiss werden das nur Sümpfe und stehende Gewässer sein."

„Eines ist jedenfalls sicher, den Menschen, unseren Unterdrücker und Henker, werden wir dort nicht antreffen."

„Ob wir dort aber genug zu fressen haben werden? Ich denke natürlich nicht an mich..."

„Sie haben mir über jene Welt wahre Wunder gesungen. Ich glaube ihnen, denn sie lügen nie."

„Jede Raupe lobt ihren eigenen Schwanz. Es verwundert mich bloss, warum sie aus diesen Paradiesen zu uns kommen, um ihre junge Brut gross zu ziehen? Wir schlagen doch unsere Lager nicht am anderen Ende der Welt auf.“

„Das ist ein Geheimnis,“ knurrte Rex unwillig zurück. „Das kann man nicht mit dem Verstand erfassen.“

„Die Eulen in den Baumlöchern schreien auch in einem fort: Geheimnis, Geheimnis! Sie sind blind bei Sonnenlicht und glauben, dass die anderen auch nicht sehen können,“ heulte sie so laut, dass die in der Nähe liegenden Schafe erschrocken aufblökten.

„Halt deine Schnauze, sonst jag' ich dich fort!“ knurrte er sie drohend an, von den Zweifeln, die sie in ihm wachgerufen hatte, beunruhigt. Er durfte nicht an den Gefiederten zweifeln. All sein Glaube, all seine Hoffnungen für die Zukunft der Vierfüssler waren von den zauberischen Märchenliedern der Kraniche geweckt worden. Ihre Rufe hatten die Herden während ihrer Wanderung durch die Wüsten der an Schrecknissen so reichen Welt geleitet. Sie hatten einen langen, mit ihren Gerippen gezeichneten Weg hinter sich. Allem hatten sie entsagt und waren durch alle Höllen gewandert, um das erträumte Land der Glückseligkeit zu finden. Nun war es so nah, so greifbar nah. Kaum erst hatte er die Kraniche von diesen Wundern singen hören! Und ihr Gesang hatte seine

Seele mit neuem Glauben entzückt. Der Aerger musste wohl aus der Wölfin gesprochen haben, das Mondlicht hat sie böse gemacht.
Er konnte nicht einschlafen. Das Mondlicht schien ihm gerade in die Augen, und aus dem mit Nebeln zugeschütteten Tälern drang ab und zu der Widerhall eines fernen Gebrülls, das ihm Angstschauer über den Rücken jagte.
„Es stehen uns noch harte Tage bevor!“ Er horchte zitternd in die Nacht hinaus.
„Wir wollen die Gehörnten voraussenden!“
„Was kann nur so schrecklich brüllen?“ beunruhigte er sich.
„Das werden wir schon sehen, wenn es uns überfällt. Schlaf noch etwas, der Tag ist nicht mehr fern.“
Aber am folgenden Tage kehrten ihm dieselben Zweifel wieder, ein eigentümliches Gefühl der Angst beschlich ihn. Er meidete die Wölfin; um so mehr zeigte er sich für die Herden besorgt, machte sich in ihrer Mitte zu schaffen und besah jeden Vierfüssler aufs genaueste. Er liess sich mit ihnen in freundschaftliche Gespräche ein und verkündete mit flammender Begeisterung das nicht mehr ferne Ziel ihrer Wanderung. Er wies dabei immer wieder nach den Bergen, hinter denen all ihr Leiden ein Ende nehmen sollte. Er versuchte, ihnen seinen ganzen Glauben an diese glückselige Zukunft einzuflössen. Und er wiederholte mit seiner lauten Löwenstimme, was er von den Kra-

nichen erfahren hatte. Er tat dies mit immer grösserem Eifer, denn er fühlte ihren wachsenden Widerstand. Es war ihm, als hätte er Taube und Stumme zu überzeugen. Die Köpfe hoben sich, die schweren Blicke lasteten auf ihm, doch die einzige Antwort war feindseliges Schweigen. Er verdoppelte seine Bemühungen, doch ohne Erfolg. Er suchte ihnen die besten Weiden, die reinsten Quellen und die kühlsten Lagerplätze für die Mittagsrast aus — doch alles war vergebens. Das Misstrauen gegen ihn wurde immer grösser und wuchs von Tag zu Tag. Ein unsichtbarer und immer tiefer klaffender Abgrund öffnete sich zwischen ihm und den Herden. Und sie hatten doch wieder vollauf zu fressen. Er beobachtete, wie sich die eingefallenen Flanken wieder rundeten, wie ihr Fell wieder zu glänzen anfing und ihre Rücken sich gerade reckten. Selbst ihre Stimmen hatten die frühere Kraft zurückgewonnen. Und doch vermehrten sich nur die Klagen. Er hörte sie, als er sich eines Nachts im Nebel mitten unter die Herden geschlichen hatte. Die Schweine, die sich ein wahres Fest aus den unter den Zedernbäumen liegenden Nüssen machten, grunzten träge.

„Was ist das für ein Fressen! bitter sind sie wie Wermut und verfault. Ach, die Kartoffeln und Kleie, die leckeren Kartoffeln!“

„Oder dieses Gras hier zum Beispiel,“ wieherte ein Hengst, „das ist gerade so, als müsste man Disteln kauen, es verbrennt einem das Maul...“

„Was würde ich für ein kleines Mass Hafer oder einen Happen Heu geben!“
Die Kühe, die im üppigen Gras kaum zu sehen waren, stöhnten auch vor sich hin.
„Das soll Futter sein! Du frisst, und frisst den ganzen Tag, und die Eutern bleiben leer. Da ist weder Saft noch Kraft drin. Ach, Rübenblätter, Oelkuchen und ein Bündel trockenes Heu! Das war ein Schmaus!“
Auch die sich träge herumräkelnden Ochsen, deren Bäuche schon rund wie Tonnen geworden waren, klagten weinerlich.
„Den ganzen lieben Tag musst du dich gefälligst bücken, um Grashalm für Grashalm auszurupfen, und abends hat man nichts als einen leeren Magen, Schmerzen in den Gliedern, und zuguterletzt soll man noch laufen, um frisches Wasser zu suchen. Das ist eine hundsverdammte Freiheit. Dies Glück ist nicht für unsereins. Man kam früher ans fertige Fressen, die Krippe duftete schon von weitem nach gutem Futter.“
Selbst die dummen Schafe blökten ohne Ende, dass es ihnen unter all ihrer Wolle zu warm sei, die immer dicker wurde und niemand scheren wollte.
Der alte scheckige Ochse aber, der sich aus dem toten Bergforst mit nicht mehr ganz vollem Verstande herausgerettet hatte, trieb sich überall herum, ohne einen geeigneten Platz für sich finden zu können und brüllte.

„Ich hab es ja gesagt, dass die ganze Geschichte ein schlechtes Ende nehmen würde! Hab ich es etwa nicht gesagt? Suchen wir unseren Herrn, suchen wir den Menschen! Uh! Uh!"

Rex kehrte bekümmert und verbittert auf sein Lager zurück.

„Niederträchtiges Fleisch," winselte die Wölfin, nachdem sie seinen Bericht vernommen hatte. „Das Futter bläht sie schon auf."

„Sie fressen sich voll, haben nichts zu tun — was wollen sie denn mehr?" klagte er.

„Sie haben es zu gut. Not bringt sie wieder zu Verstand. Man muss weiterziehen."

„Jetzt hab ich aber Angst, dass sie vielleicht nicht mehr fortwollen. Ich habe gefühlt, dass sie mich hassen! Und wofür denn? Wofür? Es ist wahr, dass die Weiden zerstampft sind und das beste Gras weggefressen ist, auch das Wasser ist schon ganz trübe geworden. Womit soll man sie aber wieder in Bewegung bringen?"

„Mit Versprechungen. Versprich ihnen, was die Zunge halten kann, sie werden es dir glauben und dir folgen."

„Wieso denn?" knurrte er entrüstet.

„Ein kleines Versprechen ist ein nettes Ding, und der Dumme hat seine Freude dran! Du wirst dabei nicht das geringste gelogen haben. Das Glück liegt in der Hoffnung. Wovon haben sie denn bis jetzt gelebt? Man sagt auch, dass die Hoffnung die Mutter der Dummen ist, ich aber möchte in die ganze Welt hinausheulen, dass die Hoffnung unser aller Mutter ist. Lass die Schäferhunde die sozusagen geheimgehaltene Kunde verbreiten, dass unsere Wanderung im Tal am Fuss der Berge ihr Ende nehmen soll, dass dort die letzte Grenze ist und dort Freiheit und Glück wohnen. Man muss sie wieder mit irgend einem Gedanken aufrütteln, sonst gefallen sie sich in dieser seligen Trägheit und sind dann durch keine Macht mehr von der Stelle zu bringen. Und in Wahrheit, haben sie es vielleicht schlecht? Sie fressen sich satt, der Mensch vertilgt sie nicht und keine Peitsche knallt ihnen um die Ohren. Wenn es nur dort, wohin du sie führen willst, nicht schlechter ist!"

„Dort hat der Fuss des Tyrannen noch nie den Boden berührt," knurrte Rex leidenschaftlich zurück. „Du gibst mir zwar einen guten Rat, was aber soll geschehen, wenn wir am Fuss der Berge sind?"

„Da werden sie schon wieder vergessen haben, was du ihnen versprachst, und sich durch neue Versprechungen fangen lassen. Und so wirst du sie weiter und immer weiter locken können. Sie müssen betrogen werden, um ihres eigenen Glückes willen..."

„Du hast einen Kopf, der reich an Listen ist." Bewunderung, die an Scheu grenzte, klang aus seiner Stimme.

„Jedes freie Tier muss seinen Verstand haben, wir leben nicht von der Gnade des Menschen."

„Wir müssen unbedingt von hier fortziehen, denn bald beginnt wieder die Gewitter- und Regenzeit."
„Ich laufe, um den Aufbruch zu beschleunigen. Traust du den Deinen?"
„Den Hunden! So wie mir selbst. Hast du nicht gesehen, wie sie während der ganzen Wanderung treu und voll Eifer waren?"
„Pass auf die Bauernköter auf, sie scheinen mir Verrat zu spinnen..."
„Das sind nichts als Einbildungen, ich halte sie für die Allertreusten. Uebrigens sind es gerade die Schäferhunde, die dir den Zutritt zu den Schafen verwehren."
„So einer ist noch nicht geworfen, der mir etwas verwehren könnte!" winselte sie stolz. „Ich habe aber bemerkt, dass sie sich nachts unter den Herden zu schaffen machen und leise etwas herumkläffen."
Damit rannte sie davon. Rex aber stieg auf einen felsigen Vorsprung, der die Weideplätze beherrschte, streckte sich dort aus und schaute in die Runde.
Das hier und da mit Bäumen bewachsene Vorgebirge glitt, einem gewaltigen grünen Plantuch vergleichbar, in ein weites Tal hinab, das von einem goldenen Schleier umflort war.
Dahinter erhob sich die himmelanstrebende Gebirgswand, und etwas seitwärts funkelte eine weite Wasserfläche. Der warme Wind umspielte liebkosend diese Welt.

Die Sonne stand noch ziemlich hoch am Himmel. Die Herden weideten zerstreut und waren wegen ihrer grauen Färbung im hohen Gras kaum sichtbar. Nur die weisslichen Schweine zeichneten sich ziemlich scharf unter den breitästigen Zedern ab. Die Schafe schimmerten an den grünen Abhängen wie vereinzelt umherliegende Steine. Eintönige Wasserfälle plätscherten ab und zu, und das ferne Meer sandte die abgemessene Musik seines Wellenschlags herüber. Hin und wieder erklang ein gedehntes Brüllen, unterbrach ein freundschaftliches Hundegekläff den Nachmittagsfrieden.

Rex liess seine Augen von einem Ende zum anderen schweifen, er tat, als betrachtete er das makellose Blau des Himmels über den Berggraten, wo Adler kreisten, dann wieder blickte er sich nach dem unheilvollen Bergforst um, der am Himmelsrand wie eine dunkle Hagelwolke hing, doch er sah weder den Raum, noch sonst eine bestimmte Gestalt. Die Sorgen, die das dumme Gewinsel der Wölfin wachgerufen hatte, verdeckten ihm die Welt. Es kamen ihm alle Abenteuer ins Gedächtnis, die er seit seiner Flucht vor den Menschen erlebt hatte. Sie erschienen ihm in seiner Erinnerung vollkommen klar, so wie sie ihm ein jeder Tag gebracht hatte. Nur erlebte er sie jetzt in schwindelerregender Reihenfolge. Es fehlte kein einziger Seufzer von denen, die sein Ohr vernommen hatte, kein einziger Toter, von denen, die auf dem Weg zurückgeblieben waren, es fehlte keiner von den Hungertagen, und kein Leid, das sie während der mühevollen langen Pilgerschaft ertragen hatten. All diese Erlebnisse stürmten auf ihn ein, wie ein tobender Orkan, und doch war in ihm eine totenhafte Stille. Er versuchte die quälenden Erinnerungen abzuschütteln, wollte vor ihnen fliehen, zwang sich, sie zu vergessen — aber vergeblich. Sie frassen sich immer tiefer in sein kummervolles Herz ein. Grauen liess sein Fell sich sträuben und seine Zähne aufeinanderschlagen. Ab und zu entrangen sich ihm winselnde Laute, und in seiner Verzweiflung scharrte er den Boden mit den Krallen auf. Dennoch konnte er die Gesichte, die immer deutlicher und zahlreicher aus den Höhlen seines Gehirns hervorkrochen, nicht verbannen. Wo waren die unzähligen Scharen geblieben? Lange Heerstrassen, endlos in ihrer furchtbaren Länge, bedeckt mit den Gerippen jener Sehnsüchtigen tauchten vor ihm auf, als ein grausig schimmerndes Band. Und wieviele von den Ueberlebenden sollten das gelobte Land schauen? Eine furchtbare Last drückte auf seinen Schultern. Eine tiefe Traurigkeit überkam ihn, sein Herz, etwas wie ein Verantwortungsgefühl wurde in ihm wach und wuchs sich zu einem zerrenden Schmerz aus. Er hatte den Kranichen Vertrauen geschenkt: ihre hochfliegenden Märchengesänge hatten ihn betört. Waren das vielleicht wirklich nur wundersame Mären? Kann es auf der Welt ein solches Glück geben? Es schien ihm, als schlügen Hämmer mit wütender Wucht gegen seinen Schädel. Und wenn das alles nicht wahr sein sollte, dann wären ja alle seine erhabenen Losungen und Gelöbnisse, mit denen er die grossen Massen zur Empörung gebracht hatte, nichts als eitel Lug und Trug! Das gelobte Land nichts als ein Hirngespinst und eine Täuschung! Und was sollte geschehen, wenn zum Schluss dort, wohin er sie führen wollte... Nein, nein, heulte in ihm der Selbsterhaltungstrieb auf. Es muss so sein, wie er es sich eingebildet hat, wie es die Kraniche gesungen haben, wie es seine Seele verlangt. Er hat die Massen nicht zu ihrem Verderben, sondern zu ihrem Heil geführt. Die Pilgerschaft ist schwer, sie leiden, gehen zugrunde, sie haben es aber trotzdem nicht schlechter als unter der Menschenherrschaft. Er hat ihre Ketten gesprengt und ihnen die Freiheit gegeben! Sie sind ihm freiwillig gefolgt, er hat sie nicht dazu gezwungen. Nun beklagen sie sich und fluchen ihm wegen ihrer Leiden. Mit Leid muss alles bezahlt werden. Sie werden lernen, zu leben. Mit Leid erkämpftes Glück wird nicht mehr trügen. So viele wilde Tierarten gibt es auf Erden, und keine würde ihre Freiheit gegen den menschlichen Schutz eintauschen. Sie haben der Ungerechtigkeit den Krieg erklärt und müssen den Sieg davontragen. Sie sind noch blind, aber dort, jenseits der Berge, in jenen Gefilden der paradiesischen Glückseligkeit werden sie sehend werden. Im Rausch des neuen Lebens werden sie die Vergangenheit vergessen. Sie soll verflucht sein!

Der Sturm in seiner Brust hatte sich gelegt, nur hin und wieder zuckte noch durch sein Gehirn ein Gedanke wie ein blendender Blitz und zog wie ein aufbegehrendes Donnergrollen vorüber. Doch allmählich besänftigte stolze Ruhe sein Herz, seine Zuversicht erstarkte und der alte, unerschütterliche Glaube richtete den erlahmten Willen wieder auf.

Lange noch sann er auf dem Felsen über alles nach, und erst spät abends, als der Mond schon am Himmel dahinsegelte und die Zedernbäume lange Schatten warfen, kehrte er zu seinem Lager zurück.

„Die Störche sind im Anzug von Westen, ich habe ihr Geklapper gehört," knurrte die Wölfin schlaftrunken.

„Auf sie warten gerade die Kraniche und wir auch."

Es wurde vollkommen still. Die Nacht deckte die ganze Welt mit silbrigen Fittichen zu.

Kaum hatte das Frühlicht die Baumwipfel grau getüncht und die noch umflorten Augen der Gewässer aufglimmen lassen, als im Westen ein dumpfes Rauschen hörbar wurde. Bald darauf tauchten am blassen Morgenhimmel unübersehbare Vogelzüge auf. Sie kamen in der Flugordnung eines riesigen Keils aus der Richtung des toten Forstes geflogen. Wie eine blitzschwangere Gewitterwolke näherten sie sich in schräg niedergleitendem Flug, und ihr Geklapper knarrte über dem Vorgebirge wie trockenes Knistern von Hobelspänen.

„Die Störche! Die Störche!“ hallten die Rufe von einem Ende des Lagers zum andern. Die Herden richteten sich auf, die schweren Köpfe wandten sich der schwarzweissen Wolke zu, welche immer tiefer niederging. Frohes Gebrüll begrüsste die alten Freunde. Es antwortete ihnen ein munteres Geklapper, und ein Wirbel von unzähligen Flügeln rauschte so nah, dass man schon die scharfen langgestreckten Schnäbel und die am Bauch entlang gestreckten roten Beine der Störche unterscheiden konnte. Ihr Flügelschlag verursachte ein so starkes Wehen, dass die Baumwipfel aufwogten. Gleichzeitig aber rieselte durch die Lüfte das Gezwitscher feiner Vogelstimmen, und ganze Schwärme kleiner Singvögel, die sich bis dahin auf dem Rücken der Störche verborgen gehalten hatten, flatterten jetzt mit lieblichem Jubilieren herab. Sie besetzten alle Zedernbäume, alle Büsche und Hügel und liessen sich auch in ganzen Scharen zwischen den Herden zu Boden nieder. Die Storchenzüge umkreisten indessen das Vorgebirge und bogen links ab, den flachen Wiesengewässern zu, die mit ihren weissen Dünsten schon aus der Ferne das Vorhandensein des schläfrig aufschimmernden Flusses verrieten. Dort liessen sie sich nieder, und lange noch konnte man ihr Geklapper, die Begrüssungsrufe der Kraniche und das frohe Geplätscher hören, während ganze Schwärme über dem Wasser immer wieder aufflatterten.

Die Ankunft der Störche hatte die Herden stark

erregt, viele waren ihnen bis ans Wasser gefolgt. Eine unbegreifliche Freude liess die Herzen höher schlagen und stachelte sie zu ungestümem Uebermut an. Die Gehörnten konnten sich an freudigem Gebrüll nicht genug tun. Die Pferde jagten in ausgelassenen Sprüngen einher, wieherten und schlugen aus. Die Hunde gebärdeten sich wie toll und bellten laut die Schwalben und Lerchen an, die das Gezweig der umstehenden Bäume besetzt hatten. Ueberall herrschte eitel Freude. Es war, als feierten die Weideplätze ein grosses Fest. Man vergass zu fressen und schaute unverdrossen nach den Niederungen hinüber, wo die Gewässer im Feuer der Morgenröte glühten. Die Störche! Die Störche! riefen viele Stimmen. Alles drängte sich in die Nähe der alten Freunde. Sie kamen ja aus bekannten Himmelsstrichen! Aus der fernen Heimat, von ihren Feldern und von ihren Dörfern, von den Dächern der wohlvertrauten Behausung. Alle hatten das Gefühl, als sei mit den Störchen eine neue, berauschende Luft herübergeweht. Das trockene, hölzerne Geklapper rief eine wunderreiche Musik aus der Vergangenheit wach. Eine tränenfeuchte Rührung kam über sie. Hatten sie sich denn nicht gemeinsam auf den Heimatwiesen ergangen? Waren es nicht dieselben Störche, die jahrelang von den Dächern ihr Geklapper hatten erschallen lassen? Selbst die Schweine waren gerührt, als sie sich erinnerten, wie die Langschnäbel ihnen das Futter aus den Trögen wegstahlen. Manch

eines entsann sich noch der schmerzlichen Schnabelhiebe. Und wie oft hatten sie nicht auf den Stoppelfeldern das Klagen der Rebhühner vernommen, denen die Störche die Eier fortgenommen oder die Jungen geraubt hatten. Jeder rief sich eine besondere Geschichte zum Bewusstsein und war plötzlich von quälender Sehnsucht nach der entschwundenen Vergangenheit ergriffen. Sie glaubten den herben Rauch der Schornsteine, die leckeren Düfte der Wirtschaftshöfe und den Geschmack des frischen Futters zu spüren. Und das sehnsüchtige Gebrüll der Herden wuchs immer mächtiger an und wurde gesteigert durch das Gezwitscher der Schwalben, die die Herden in raschem Flug umkreisten, wie einst in jenen seligen Tagen . .
Auch Rex war auf einmal wie aus dem Gleichgewicht gebracht. Er hatte mit den Störchen stets in guter Freundschaft gelebt. Ihr Nest befand sich dicht beim Herrenhaus auf einer alten Lärche, und sie stahlen ihm zuweilen Kartoffeln aus seiner Schüssel. Wie oft jagte er zum Spass auf den Wiesen hinter ihnen her! Tausend Erinnerungen wurden bei ihrem Anblick in ihm lebendig.
„Dort ist es jetzt kalt, Schnee und Eis überall! Aber auch sie haben dasselbe Ziel wie wir," äusserte er laut seine Rührung.
Nur die Wölfin empfing ihre Ankunft mit Missvergnügen und Verachtung.
„Diese Abfallsammler und Froschschlucker! Das ist gerade die richtige Gesellschaft für die Hunde,

um gemeinsam Jagd auf den Kehrichthaufen zu machen," bellte sie höhnisch. „Ich begreife die Kraniche, sie haben ihre eigenen Rechte und halten sich von den Menschen fern, aber dieses Gesindel, diese Hofdiebe, die immer ausgehungert und auf Fremdes erpicht sind, diese Krakeler, die alle Bäume beschmutzen, diese nimmersatten Kehlen . . . !"

„Und man kann sich vor ihnen nirgends verbergen, sie erspähen alles und plappern es der ganzen Welt aus. Aber ihr Mut, davon werde ich mich demnächst überzeugen, was der wert ist."

Sie überzeugte sich auch wirklich recht bald davon und brachte am hellichten Tage ein paar Störche zurück, die sie gefangen und erwürgt hatte.

„Ich habe sie mir vor den Augen aller genommen! Mögen sie jetzt ganze Monate auf mich schimpfen."

Rex unterbrach vergnügt ihre Reden.

„In einigen Tagen werden sie mit den Kranichen fortziehen und wir hinter ihnen her."

Die darauf folgenden Tage vergingen in seltsam erregter Stimmung und voll heimlicher Beratungen. Nachts vernahm man unterdrücktes Murren unter den Herden. Was aber die Wachsamkeit der Wölfin besonders reizte und was sie niemandem verriet, das war das Verhalten der Hunde, die sich ständig bei den Herden aufhielten und mit ihnen insgeheim etwas anzuzetteln schienen. Jetzt gingen auch noch häufige Regengüsse nieder, und wenn es selbst aufhörte zu giessen, wälzten sich zusammengeballte Wolken über den Hügeln des Vorgebirgs. Die Nächte wurden finster, kühl und sturmbewegt. Die Täler hüllten sich in undurchdringliche Nebelschleier ein. Oder es bedeckten den Himmel abermals schwere bräunliche Wolken, hinter denen die Sonne als ein grünlich angelaufenes, faules Ei sichtbar wurde. Auf dem Meere tobten wütende Sturmwinde, die Wogen überfluteten donnernd das Gestade und schleuderten ihre Schaumspritzer hoch empor. Und es war nirgends eine Stelle, wo man vor den rasenden Winden und dem niederprasselnden Regen Zuflucht finden konnte, denn selbst die vom Sturm gezausten Bäume fegten mit ihren Aesten über den Boden und ächzten grausig.

An einem der nächsten Tage, zur Abenddämmerung, verkündeten die Kraniche, dass sie zum Aufbruch bereit seien.

„Morgen wollen wir weiterziehen! Mögen alle davon benachrichtigt werden!“ befahl Rex, und als er mit dem Benagen eines Rippenstücks, das ihm die Wölfin gebracht hatte, fertig war, kroch er ins Gebüsch und schlief ein.

Er erwachte bei hellem Tageslicht; es regnete nicht mehr und der Wind jagte die letzten Wolkenfetzen vor sich her.

„Wir ziehen weiter! Vorwärts! Vorwärts!“ heulte er aus allen Kräften und liess plötzlich seine erstaunten Augen in die Runde schweifen — das Vorgebirge war leer, man sah nichts als die über die Ufer getretenen schaumbedeckten Wellen, die sich über die Wiesen ergossen.

„Wo sind sie geblieben?“ bellte er dumpf.

„Der Fluss hat die Wiesen überschwemmt, sie haben wohl vor der Flut flüchten müssen!“ versuchte die Wölfin zu erklären. Ihre Söhne hatten sich um sie geschart, und eine Anzahl der allertreusten Schäferhunde rannte ratlos umher und beschnupperte den Boden.

„Sie sind nirgends zu erspähen. Sie müssen also noch vor Mitternacht abgezogen sein.“

„Wie haben sie sich erdreisten können, dies ohne meinen Befehl zu tun. Wie haben sie es wagen dürfen!“ tobte Rex aufgebracht.

„Sie haben es gewagt. Das Seltsamste aber daran ist, dass ich nicht einen Sterbenslaut gehört habe, das ist wirklich unbegreiflich...“

„Wir holen sie sogleich ein. Vorwärts!“ heulte Rex, seine gewohnte Zuversicht wiedergewinnend.

Er jagte voraus, die Fluten überholend, die mit steigender Geschwindigkeit talabwärts flossen. Das Vorgebirge fiel ziemlich schroff ab, stellenweise war man gezwungen, felsige Schluchten zu umgehen, und hier und da versperrten den Weg kleine, von Bäumen umstandene Seen, die sich dicht an steile Abhänge schmiegten.

„Sie müssen tiefer, jenseits des Wassers sein. Die Büsche verdecken den Ausblick.“

Aber auch dort fanden sie die Herden nicht. Sie

bemerkten nur, mit Staunen Umschau haltend, dass jenseits des Wassers die Fusstapfen sich plötzlich nach rechts wandten und an der Bergsohle entlang auf das Gebirge zu weiterliefen.

„Sie haben sich verirrt. Die Unglückseligen! Sie wollten den abschüssigen Abstieg umgehen und haben den richtigen Weg verloren," klagte er.

„Aber wie sie laufen können. Für gewöhnlich hätten sie nicht in zwei Tagesmärschen so viel Weg zurückgelegt."

„Auch wir müssen unsere Beine strecken."

Sie rannten im Trab weiter. Die Spuren des Ueberganges der Herden liessen sich auf einer breiten Strecke feststellen: die Gräser waren zerstampft und in den Boden getreten, die Büsche abgebrochen, an den niedrigen Kaktuspflanzen hingen Wollflocken und Haarbüschel. Der Weg war von zahlreichen Bächen, Dämmen aus Geröll und Sanddünen durchkreuzt und von weissen Kreidefelsen abgegrenzt. Hinter diesen breitete sich eine weite, graue, öde, von der Sonne versengte Landfläche aus. Hier und da leuchteten dort weisse Flecke und zerstreut ragten hohe Baumgruppen wie Inseln auf.

„Dort rasten sie!" bellte einer, seine Augen auf eine Stelle richtend, über der ganze Wolken von Vögeln kreisten. Bald darauf entdeckten sie eine bläuliche Bucht, die von Federpalmen wie von grünen Wimpern umsäumt war, und weiter ringsum ausgedehnte grüne Wiesen.

„Sie liegen im Schatten,“ bellten die Hunde, vorwärtsjagend.
Rex überholte sie mit wilden Sätzen und stürzte als erster mitten unter die Herden.
„Habt ihr keine Augen im Kopf!“ heulte er drohend. „Anstatt geradeaus auf die Berge zu gen Osten zu gehen, lauft ihr wie dumme Hammel gerade nach der entgegengesetzten Richtung! Und das noch ohne meinen Befehl?“
Nicht eine Stimme gab ihm Antwort. Das versetzte ihn in solche Wut, dass er wie toll umhersprang, alle anbellte und jähzornig den ersten besten mit den Zähnen zauste, gegen andere mit dem Kopf anrannte und mit den Krallen den Boden aufriss.
Tausende sahen ihn an mit undurchdringlichen Augen. Sie waren von der Wanderung und von der Hitze übermüdet und schläfrig, er aber störte ihre Ruhe. Hier war gerade eine so angenehme Raststätte! Die durchsichtigen, klaren Gewässer gaben Kühlung, die Palmen warfen liebliche Schatten, die Gräser waren saftig und zart und ein lindes Lüftchen schaukelte sie wie ein Wiegenlied in süsse Schlaftrunkenheit.
Nachdem sein Zorn sich etwas gelegt hatte, befahl Rex mit Entschiedenheit, dass sie gleich nach gehaltener Rast zu jener Stelle zurückkehren müssten, wo die Kraniche auf sie warteten.
„Von dort aus ziehen wir geradeswegs über die Berge. Das ist unser letzter Marsch. Die Pässe

sind breit, und Wiesen ziehen sich am Fuss der Berge entlang. Nur noch drei Rasten, und dann sind wir am Ende unserer Wanderung."

„Wir kehren nicht um! Lauf du, woher du gekommen bist! Unsere Wege haben sich getrennt!" erhob sich ein donnerndes Gebrüll.

Rex drehte sich mit einemmal im Kreise herum, als hätte ihn ein Stein getroffen, aber er konnte seinen Ohren noch immer nicht trauen.

„Der Weg ist eben wie über Ackerland," versuchte er zu erklären, „wir marschieren ohne Mühe, und dann kommt das Ende..."

„Du lügst! Du lügst!" kläfften ihn plötzlich alle Dorfköter an, zwischen den Schweinen hervorbrechend.

Die Wölfin mit ihrem Nachwuchs stürzte sich auf sie. Sie verteidigten sich verbissen, um so mehr, da ihnen die alten Muttersäue zu Hilfe kamen. Es entstand ein furchtbares Durcheinander.

Rex, der den Rest seiner Selbstbeherrschung verloren hatte, winselte fast demütig. Er versuchte sie zu überzeugen, ihnen zuzureden, machte ihnen Versprechungen, ermutigte sie und beschwor sie durchzuhalten. Verzweiflung blitzte aus seinen Augen, beissende Tränen flossen über seine Schnauze. Ein Abgrund hatte sich vor ihm aufgetan. Alle seine Träume stürzten in diese bodenlose Grube und überschütteten ihn wie jener unheilvolle, morsche Bergwald mit der Asche der Vernichtung. Alles hatte er ihnen geopfert, und was erntete er jetzt dafür? Er sammelte seine ganze Kraft. Ihm war, als müsste er niederstürzen, aber mit der letzten Anspannung seines Willens versuchte er noch einmal gegen die allgemeine Dummheit, Stumpfheit und Feigheit anzukämpfen. Es ging doch um ihr eigenes Heil!

„Ihr richtet euch zugrunde! Die kommenden Geschlechter richtet ihr zugrunde! Ihr werdet in dieser Wüste verderben, von Hunger aufgezehrt, von wilden Tieren zerrissen, von der Sonne versengt werden! Nur noch ein bisschen Mut, Brüder, noch ein bisschen Geduld und Glauben, wir haben schon so viel erduldet, das glückliche Ende ist so nah, und ihr wollt hier elendiglich umkommen!"

Seine Stimme klang heiser und versagte.

Ein grauer Stier mit einer mächtigen, breiten Stirn und kurzen dicken Hörnern trat aus der Menge hervor.

„Schweig, Tyrann!" brüllte er so stark, dass seine Stimme die Palmenblätter erzittern machte. „Du winselst jetzt wie ein dummer Köter, aber keiner glaubt dir ein Wort. Wir werden dir nicht folgen. Wir wollen nicht bis zum Letzten zugrunde gehen. Renn du allein hinter den Kranichstimmen her, jag hinter deinen Idealen her und such' für dich selbst nach dem Wind im Feld. Du hast Tausende mit deinen niederträchtigen Versprechungen gemordet. Es ist jetzt Zeit, dem Wahnsinn ein Ende zu machen und der gesunden Vernunft Gehör zu schenken. Seit urewigen Zeiten haben die Menschen über uns regiert und für uns gesorgt. Du hast aus uns wilde, herrenlose Landstreicher gemacht. Und wir Unglückseligen haben uns mit dem Leim deiner Freiheit fangen lassen. Um ihretwillen hast du uns gezwungen, die Heimat und das gesicherte Dasein zu verlassen. Du hast uns mit deinen dummen Wahnbildern besessen gemacht. Denn es ist nicht wahr, dass dort jenseits der Berge dein gelobtes Land der Freiheit und des Glücks liegt, es ist nicht wahr! Es ist nirgends, wo keine Menschen, keine Kuhställe, keine bestellten Aecker und kein Winterfutter ist. Das hast du gewusst, und hast uns dennoch betrogen und dem Tode preisgegeben."

„Ihr wollt ins Joch, in die Knechtschaft zurück, unter die Gewalt der Peitschen!" heulte Rex tieftraurig auf.

„Wir wollen leben!" stieg tausendfaches Gebrüll zum Himmel empor. „Wir wollen leben!"

Die Wölfin winselte und versuchte, sich verzweifelt gegen die vorrückenden Rüssel und Hunderachen zu verteidigen. Aber ehe er sie erreichen konnte, sah Rex sich selber von einer Mauer drohender Hörner eingeschlossen.

„Tod dem Tyrannen! Tod dem Verräter! Tod dem Mörder!"

Er duckte sich nieder, musterte furchtlos die Runde, und heulte dann zum letzten Male auf.

— — — — — — — — — — — — — — — — — —

Kurz darauf befleckte eine grosse Blutlache das

Ufer der blauen Gewässer im zuckenden, sonnendurchleuchteten Schattenreigen, der unter den Palmbäumen gaukelte.
In ihrer wilden Verbissenheit hatten die Herden Rex mit ihren Hufen buchstäblich zerstampft.

— — — — — — — — — — — — — — —

Siegestrunkenes Gebrüll verkündete der Welt den Tod des Tyrannen und die wiedererlangte Freiheit.

— — — — — — — — — — — — — — —

Und nun begannen die von ihren Trugbildern befreiten Herden durch die Wüste zu schlendern und unermüdlich nach dem Menschen zu suchen. Sie wussten nicht, wo er zu finden war. Sie zogen immer weiter, wo fette Weiden lockten, oder wohin der Zufall sie trieb. Sie wollten in die Heimat zurück. Wer aber konnte sich entsinnen, in welcher Richtung sie lag? Wer hätte sie dorthin geleiten können?
Sie wateten durch unermessliche Sandwüsten, die Sonne brannte erbarmungslos, Hunger und Durst wurden zu tödlichen Qualen, Sandstürme wollten sie verschütten, wilde Tiere fielen sie an, aber nichts war imstande, in ihnen das übermächtige Verlangen nach dem Herrn zu stillen.
Bis endlich nach vielen, vielen Tagen der Wanderung, sozusagen querfeldein durch die Welt, die an der Spitze ziehenden Haufen plötzlich Halt machten und bebend zu Boden sanken.
„Der Mensch! Unser Herr! Der Mensch!"
Am Rande eines undurchdringlichen Dickichts

sass im Schatten einer breitverzweigten Palme eine Affenfamilie; ein gewaltiger Gorilla sprang vor den Eindringlingen erschrocken auf.
Bei seinem Anblick fielen die Herden demütig zu Boden, und ein weithin schallendes Gebrüll entlud sich mit unwiderstehlicher Gewalt.
„Herrsche über uns! Befehle uns! Wir sind deine Diener! Verlasse uns nicht!"
Der entsetzte Gorilla flüchtete sich auf den Palmbaum, schleuderte Kokosnüsse auf die Nächststehenden und lallte etwas Unverständliches vor sich hin. Er schnaufte wütend.
Von unten aber stieg zu ihm das andächtige Flehen:
„Herrsche über uns! Befehle uns! Wir sind dein! O, unser Herr!"

Ende.

INHALT

*

MARTIN POLLACK: NACHWORT

»Die Empörung« war das letzte größere literarische Werk, das Władysław Stanisław Reymont (1867–1925) zu Lebzeiten publizierte. Der Roman erschien 1922 in Fortsetzungen in der Warschauer Zeitschrift *Tygodnik Illustrowany* (Illustrierte Wochenschrift) und 1924 in Buchform, mit dem schlichten Untertitel »Baśń«, Märchen. Im selben Jahr erhielt der polnische Autor für seinen zwischen 1902 und 1908 erschienen vierbändigen Roman »Die Bauern« den Nobelpreis für Literatur, der ihn mit einem Schlag auch international bekannt machte.

»Die Empörung« war also ein Spätwerk, das literarisch nicht an das Niveau der großen Romane Reymonts heranreichte, mit denen er sich in den Kanon der polnischen Literaturgeschichte einschrieb. Aber der schmale Roman ist trotzdem interessant und jedenfalls wert, heute wieder gelesen zu werden. Reymont erzählt hier die Geschichte vom Aufstand der Tiere gegen die Willkürherrschaft der Menschen. Wie so viele reale Revolutionen beginnt die Revolte der Tiere mit hochfliegenden Aufrufen und Parolen, sich im Namen einer besseren, lichteren Zukunft zu vereinen, um gemeinsam gegen die menschlichen

Unterdrücker zu kämpfen. Doch die großen, hehren Ideen sind bald vergessen, und der Aufstand mündet in grausame Massaker, die Reymont in unglaublich drastischen, förmlich von Blut dampfenden Bildern beschreibt. Reymont war berühmt für seine Beobachtungsgabe, die wichtigste Quelle seiner Romane. Die kommt ihm in den Beschreibungen der revoltierenden Tiere zugute. Zuerst sind es die Haustiere, die Pferde, Schweine, Rinder, Hunde, Schafe, Hühner, Gänse, die sich, angeführt vom wütenden Hofhund Rex, gegen ihre Herren und Besitzer erheben, aber schließlich erfasst die Revolte alles was kreucht und fleucht, auch die Tiere des Waldes und auf dem Feld. Wie eine todbringende Lawine walzen die entfesselten Vierbeiner, begleitet von Scharen von Vögeln, alles nieder, was sich ihnen in den Weg stellt. Das ursprüngliche Ziel verlieren sie jedoch bald aus den Augen. Die Revolution läuft ins Leere, sie vernichtet ihre eigenen Ideale und endet im totalen Chaos, in der Zerstörung.

Reymont bedient sich der Form der dystopischen Fabel, um die totalitäre Ideologie des Kommunismus und die blutigen Auswüchse der bolschewistischen Revolution zu kritisieren. Der polnische Autor, geboren und aufgewachsen im russischen Teilungsgebiet Polens, hat die Revolution von 1917 genau beobachtet. Aber seine Erfahrungen reichen weiter zurück. Die Revolution von 1905 hat auch die polnischen Gebiete des zaristischen Reiches erfasst, in Warschau, Łódź (Lodz) und anderen Städten kommt es zu Unruhen, zu Kundgebungen und Massenstreiks, die brutal niedergeschlagen werden. Reymont wird Zeuge dieser Ereignisse, der großen Demonstrationen und des darauf folgenden Blutvergießens. Die Revolution birgt einerseits die Hoffnung in sich, dass Polen die Unabhängigkeit wiedergewinnt, andererseits sagt sie der bürgerlichen Zivilisation, der Reymont sich verbunden fühlt, den Kampf an. Am Ende, so Reymonts Erkenntnis, mündet sie in die Katastrophe.

Diese Beobachtungen verarbeitet der große Erzähler Jahre später in der Parabel von der Revolte der Tiere, die er in Verwüstung und Verheerung enden lässt. Wenn wir die Geschichte lesen, denken wir natürlich sofort an »Die Farm der Tiere« des englischen Autors George Orwell, der ebenfalls die bolschewistische Revolution und die Herrschaft der Kommunisten aufs Korn nimmt. Orwells Parabel kann man ohne Übertreibung zu den bekanntesten und meistgelesenen Büchern des zwanzigsten Jahrhunderts zählen. »Die Empörung« von Reymont hingegen ist bis heute wenig bekannt. Auch in Polen wurde der Roman erst 2004 wieder aufgelegt. Bemerkenswert erscheint, dass die erste Ausgabe des Werkes über zwanzig Jahre vor Orwells »Farm der Tiere« erschien. Das legt die Frage nahe, ob der englische Autor das polnische Vorbild gekannt hat. Die meisten Experten verneinen das, wobei man natürlich nicht ausschließen kann, dass Orwell im Verlauf seiner Recherchen irgendwie auf die Geschichte stieß. Vielleicht wurde er von jemandem darauf hingewiesen. Einen Beweis dafür gibt es jedoch nicht.

Auch Reymont hatte übrigens einen Vorläufer, der allerdings, anders als Orwell, weitgehend in Vergessenheit geraten ist. Im deutschen Sprachraum ist er kaum bekannt. Der russische Autor und Historiker Nikolaj Iwanowitsch Kostomarow (1817–1885), bekannt für seine Sympathien für die ukrainische Nation, weshalb er oft als ukrainischer Schriftsteller und Historiker bezeichnet wird, schrieb eine kurze Erzählung mit dem Titel »Aufstand der Tiere«, die dasselbe Thema wie Reymont und Orwell behandelt: Auf einem russischen Gutshof erheben sich die Tiere unter der Führung eines mächtigen Stieres (bei Reymont ist es ein Hund, bei Orwell ein Eber) gegen ihren tyrannischen Herrn und übernehmen auf dem Hof die Macht. Die Publikationsgeschichte des Textes ist reichlich unklar. Datiert ist er mit 1879, erstmals publiziert wurde er vermutlich 1917 in der damals sehr populären russischen Zeitschrift *Niva*. Es gibt seriöse Hinweise, dass Orwell die Erzählung von Kostomarow, zumindest dem Inhalt nach, kannte. Bei Reymont, der als ehemaliger russischer Untertan natürlich russisch las, gilt das als sicher.

Das tut jedoch der Originalität seiner Geschichte vom Aufstand der Tiere keinen Abbruch. Reymont hatte Gelegenheit, die beiden russischen Revolutionen, die von 1905 und die von 1917, aus nächster Nähe zu beobachten. Was er dabei sah, erfüllte ihn offenbar mit tiefem Pessimismus, ja Abscheu. So lässt er auch seinen Aufstand der Tiere enden. Das Versprechen von Gleichheit und Gerechtigkeit erweist sich als Lug und Trug, die Revolte zerstört alle Grundlagen des Zusammenlebens, der Zivilisation. Am Ende wird der Anführer der Rebellion, der Hofhund Rex, von seinen eigenen Genossen, die sich wieder die Herrschaft der Menschen ersehnen, zu Tode getrampelt. Auch in der Fabel frisst die Revolution ihre Kinder.